BART LOMBAERTS | WOUTER TEMMERMAN | KOEN DENOLF | MICHEL LIBENS

DIT IS CONTENT MARKETING

HOE MET STRAFFE CONTENT JE BUSINESS DOEN GROEIEN

Lannoo
Campus

Tweede druk: februari 2021
D/2020/45/471 – ISBN 97 894 014 7235 7 – NUR 802

Vormgeving omslag: www.propaganda.be
Vormgeving binnenwerk: Astrid De Prez en Banananas.net
Illustraties: Luis Mendo

Uitgeverij LannooCampus maakt deel uit van Lannoo Uitgeverij, de boeken- en multimediadivisie van Uitgeverij Lannoo nv.

Uitgeverij LannooCampus
Vaartkom 41 bus 01.02
3000 Leuven
België
www.lannoocampus.be

Postbus 23202
1100 DS Amsterdam
Nederland
www.lannoocampus.nl

INHOUD

INLEIDING

DE TECHNIEK WORDT EEN MINDSET

Toen we in 2016 het eerste boek over content marketing in België (*Content marketing – van marketeer tot uitgever*) schreven, was deze techniek *the shiny object*. Heel wat marketeers vroegen zich af wat het was en wat er zo anders was tegenover reclame. Het boek had dus vast en zeker z'n nut. Dat bewezen de meer dan 2000 verkochte exemplaren.

Intussen zijn we vier jaar verder. En in deze olympiade is er heel wat gebeurd. Content marketing heeft zijn imago van *shiny new thing* afgeworpen en is intussen *one of the gang* geworden. Dat bewees de coronacrisis nog maar eens. Samen met digitale marketing was content marketing (dat natuurlijk ook met digitale marketing ingezet kan worden) de enige techniek die de verwoestende vloedgolf op de communicatiebureaus doorstond. Met glans.

Toch blijven er nog heel wat verbeterpunten. Zo is content (niet content marketing) een hol begrip geworden. Wat vroeger tekst, geluid of beeld was, is nu content. Maar het is niet omdat je een zin of een foto gebruikt, dat je ook aan content marketing doet. Het gaat om *customer centric* denken en handelen, niet om een trucje dat je even toepast.

Het draagt ertoe bij dat anno 2020 nog lang niet elke marketeer overtuigd is van het nut van content marketing. Voor sommigen voelt het aan als oude wijn in nieuwe zakken. Anderen probeerden en voegden wat content aan hun communicatiemix toe, maar haakten teleurgesteld af. Het werkte niet voor hen. Omdat het niet de plaats kreeg die het nodig heeft.

Daarnaast is content marketing in België ook nog niet tot volle wasdom gekomen.

Er zijn tal van redenen waarom het nog niet het aandeel in de marketingbudgetten heeft dat het in andere landen heeft. Het lijkt wel of we op een boemeltrein zitten, terwijl er overal om ons heen tgv's en Shinkansens voorbijrazen. An sich is dat ook niet nieuw: België loopt inzake marketing traditioneel zo'n twee jaar achter op onze buurlanden. En dat heeft ook voordelen: we kunnen leren uit de fouten van anderen.

Maar toch. In vier jaar tijd is er heel wat gebeurd. Het zijn uitzonderingen die content marketing helemaal niet inzetten. Het zijn uitzonderingen die niet uitgaan van de kracht van *owned media*. Het zijn uitzonderingen die de termen *inbound marketing* of *native advertising* nog niet kennen. En de groep contentmarketingfans die fantastische resultaten boekt, groeit snel. Deze voorbeelden gaan er, net als de succescases in dit boek, van uit dat het een manier van denken is, die je met de hele organisatie moet omarmen.

Het doet ons besluiten dat content marketing klaar is voor de volgende stap. De techniek wordt een mindset, die niet enkel past op je blog of in je nieuwsbrief, maar die je kunt doortrekken in je volledige marketing- en communicatieaanpak. Waarbij je niet je product in de picture plaatst, maar brengt waar je consument nood aan heeft. Om zo je doel te bereiken. Misschien wat minder direct, maar des te doeltreffender.

In dit boek willen we je zowel de allernieuwste snufjes over de techniek meegeven, als tonen hoe je content marketing ook als mindset kunt hanteren. Het is de combinatie van die twee elementen die vonken zal geven. En die ervoor zal zorgen dat je business groeit.

Onze enige bedoeling? Content marketing in België nog sterker maken. Dat is de enige manier om het de status te geven die het verdient.

Stap je mee op de trein? Of op de tgv dit keer?

Bart Lombaerts – Wouter Temmerman – Koen Denolf – Michel Libens

HOOFDSTUK 1

WAT IS CONTENT MARKETING?

CASE

A.S.Adventure

26 EURO INKOMSTEN PER GEÏNVESTEERDE EURO

Het is zonder enige twijfel de mooiste case in België. Outdoor-retailer A.S.Adventure zet al jaren in op content marketing en wordt daarvoor beloond. En goed beloond. Onder het motto 'Adventure is Everywhere' biedt het een waaier aan content. Of je nu de meest onherbergzame gebieden intrekt, kampeert in je woonkamer of je kind op het punt staat z'n eerste scoutskamp te beleven.

Daarbij staan twee doelstellingen centraal: het engagement bij de doelgroep verhogen én de (oppervlakkige) reach van *above-the-line* media afbouwen. Dat doet het via tal van kanalen. Wat begon met een magazine (geboren in 2008) is intussen uitgegroeid tot een multimediale loyaltystrategie, die klanten meer naar de shop moet doen komen en meer moet doen kopen.

Waar een aantal jaar geleden de *newsletters* het centrale punt van de strategie waren, is dat inmiddels verschoven naar sociale media. Enkele acties uit 2019? In het format 'De Tent' probeerden kampeerders hun tent bovenaan op de Facebookpagina van de retailer te plaatsen. In 'Het boomfestival' (een verwijzing naar Tomorrowland dat plaatsvindt in Boom) bezochten mensen bossen en promootten ze bomen, net zoals ze dat met festivalterreinen en artiesten zouden doen. En in 'Out of the ordinary people' deelden bezoekers zélf A.S.Adventure-waardebonnen uit aan wie een positieve maatschappelijke bijdrage leverde.

Het groeiende engagement op sociale media vond ook zijn weg naar het magazine – dat voor alle duidelijkheid nog steeds een belangrijke plek in de strategie heeft. Dat magazine kende in 2019 een kleine revolutie. Socialemediaverhalen en -beelden kregen een plaats in het magazine, tot de coverfoto toe. Zo creëerden ambassadeurs boeiende *user generated content*. Het leidde tot nummers die 24 pagina's extra tellen.

Opvallend bij de case van A.S.Adventure is dat consistentie die vernieuwing niet in de weg staat. Onder het standvastige motto worden steeds weer andere, hedendaagse initiatieven ontplooid en aan elkaar gelinkt. In 2018 en 2019 was de koepelterm op sociale media 'Random Acts of Adventure', wat helemaal past binnen 'Adventure is Everywhere'. Het zorgde online voor 48% meer bereik en 60% meer engagement.

Slotsom van deze prachtcase: een euro geïnvesteerd in content marketing is goed voor 26 euro return. *We rest our case ...*

1.1 VAN JOHN DEERE TOT GUINNESS: HOE HET OOIT BEGON

De case van A.S.Adventure is zeer sterk. Die knappe resultaten komen er niet zomaar. Ze zijn het gevolg van een uitgekiende strategie die minutieus en bijzonder creatief wordt uitgevoerd en wordt aangepast aan het mediagedrag van de doelgroep.

Die drie elementen vormen de basis van goede content marketing. Zelfs toen de term 'content marketing' nog niet bestond ... Het klinkt misschien wat raar om er een boek over het onderwerp mee te beginnen, maar content marketing is an sich helemaal niet nieuw. Wat onder andere Guinness en Michelin respectievelijk meer dan zestig en meer dan honderd jaar geleden startten, is zeker gelijkwaardig aan veel recente initiatieven.

DRIE OERVOORBEELDEN

Hoewel de term content marketing pas voor het eerst opdook in 1996 (tijdens een rondetafelgesprek van de American Society for Newspaper Editors), dateert de eerste realisatie al van zo'n eeuw eerder. In 1895 lanceerde tractorfabrikant John Deere het magazine *The Furrow*. Dat gaf en geeft landbouwers tips om hun oogst te verbeteren. Het magazine verschijnt nu in veertig landen.
In 1900 startte Michelin met de *Michelin Gids*. Die gaf mensen tips om erop uit te trekken (bij voorkeur gemotoriseerd) en restaurants te ontdekken. Hoewel er toen in Frankrijk nauwelijks 3000 auto's reden, gaf Michelin het boekje een oplage van 35.000 exemplaren.
In 1951 publiceerde Guinness de eerste versie van zijn *Guinness Book*. Daarin verzamelde het alle mogelijke records. Het bezorgde Guinness het imago van een merk dat de grenzen opzoekt.

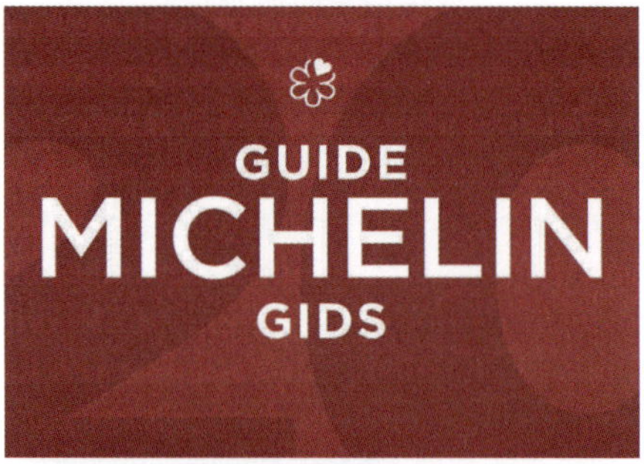

1.2 DE GEBOORTE VAN CONTENT MARKETING

Het mag duidelijk zijn, content marketing is niet nieuw, maar wat wel veranderde, is de noodzaak om het in te zetten. Waar het jarenlang een goed tot een zeer goed idee was om met content bepaalde marketingdoelstellingen te bereiken, is het tegenwoordig eerder een conditio sine qua non. In 2007 kwam marketinggoeroe Tom Foremski met de slogan 'Every company is a media company' en die uitspraak staat nog steeds als een huis.

De reden van de ontwikkeling van de techniek content marketing vinden we bij het internet. Sinds de komst ervan is het voor merken essentieel om gevonden te worden. 'Vroeger volstonden traditionele advertenties, nu bekijken mensen je voor je het als bedrijf weet dat ze je aan het bekijken zijn', zegt Dirk Vandekerckhove, *content strategist* bij MH Brand Studio en een van de pioniers van content marketing in ons land. 'De zoektocht op internet vormt het eerste deel van de sales-*funnel*. Als je daar niet gevonden wordt, zal de consument je sowieso niet overwegen.'

1.2.1 ZERO MOMENT OF TRUTH

De laatste jaren wordt het eerste deel van het aankoopproces steeds belangrijker. De percentages verschillen per onderzoek en per sector, maar volgens sommige bronnen vindt (in een b2b-context) tot 77% van de aankoopbeslissingen plaats voor de prospect met een salesverantwoordelijke heeft gesproken. In een b2c-context is tot 57% van het traject al achter de rug op het moment dat de consument de winkel binnenstapt.[1]

Google noemde deze nieuwe of op zijn minst belangrijke stap in het aankoopproces het *zero moment of truth*. De zoekrobot is dan ook verantwoordelijk voor een flink gedeelte van die evolutie. Vroeger bestond het aankoopproces uit drie fasen (zie illustratie): na een trigger was er de fase van oriënteren en aankopen (*first moment of truth*). Het gebruik en de gebruikservaring vormden de *second moment of truth*. De komst van internet heeft ertoe geleid dat zich tussen de stimulus en de aankoopfase nog een nieuwe fase heeft genesteld: het *zero moment of truth*.

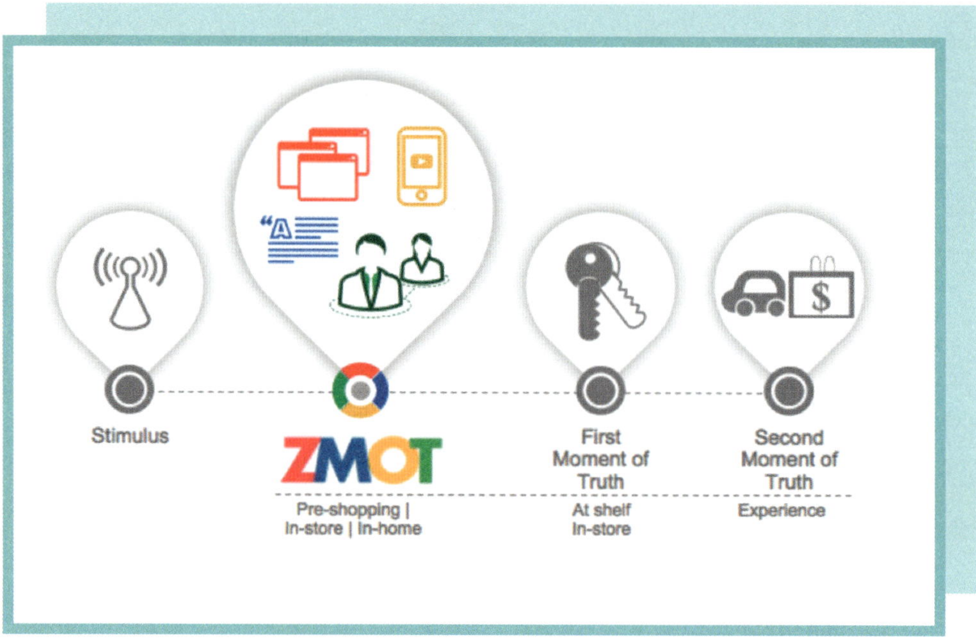

Een voorbeeld? Wie een nieuwe auto nodig heeft omdat de huidige wat mankementjes begint te vertonen (stimulus), zal zich eerst uitgebreid informeren op internet (*zero moment of truth*), alvorens naar een of twee showrooms te stappen om een keuze te maken (*first moment of truth*). Na enkele maanden kan de bestuurder met zijn nieuwe auto de weg op (*second moment of truth*).

1.2.2 KLASSIEKE MEDIA MINDER EFFECTIEF

Een tweede reden voor de bloei van content marketing heeft te maken met de effectiviteit van bepaalde traditionele communicatiekanalen die onder druk staat. Denk aan trends als het doorspoelen van reclamespots op tv, bannerblindheid of adblockers. Zo heeft maar liefst 36% van de Belgen een adblocker.[2] Wereldwijd gaat het om zo'n 50%.

Bovendien staat ook het 'advertentiemodel' op losse schroeven. Merken investeren heel wat geld om consumenten te bereiken, maar ervaren dat zodra ze de geldkraan dichtdraaien, het effect verdwijnt. Bovendien storen deze advertenties heel wat mensen, wat hun reclameontwijkend gedrag doet toenemen.

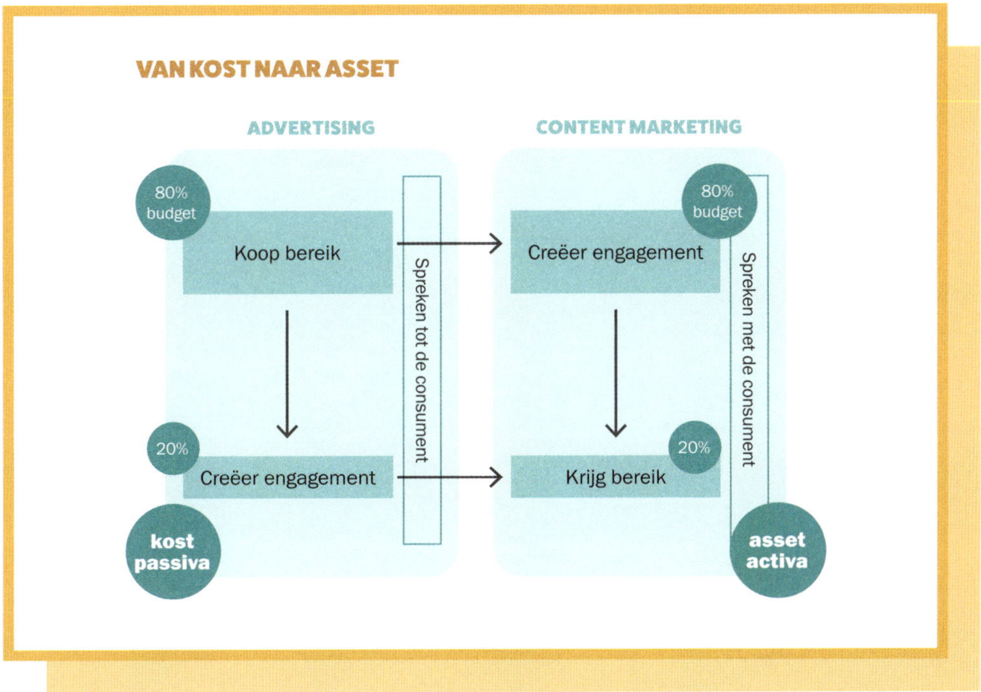

Samen met de behoefte om gevonden te worden, zorgt de dalende effectiviteit van klassieke media voor een toenemende interesse van adverteerders in content marketing. Marketinggoeroe Seth Godin vat het mooi samen: 'Content marketing is de enige marketing die nog overblijft.'[3]

1.2.3 EEN DEFINITIE

We zijn ondertussen al een tiental pagina's ver in dit boek, maar we omschreven nog niet duidelijk wat content marketing dan exact is. Laten we er daarom de definitie bijnemen van het Content Marketing Institute, de organisatie die contentmarketinggoeroe Joe Pulizzi oprichtte.

> *Content marketing is een strategische marketingaanpak die focust op het creëren en verspreiden van waardevolle, relevante en consistente content om een duidelijk afgebakende doelgroep aan te trekken en te behouden en zo consumentenactie te genereren waar het merk baat bij heeft.*[4]

Marketing vertrekt vanuit een behoefte. Zo ook content marketing. Je gaat na wat de informatiebehoefte van het beoogde doelpubliek is en welke communicatie- of commerciële doelstellingen je daarmee kunt realiseren. Die behoefte vul je in met content en je voegt er de juiste verpakking aan toe om de doelgroep te bereiken.

Aandacht voor de consument en gevonden of gezien worden, daar draait het dus om bij content marketing. Met die aandacht kun je vervolgens bepaalde marketing-, communicatie- of zelfs businessdoelstellingen realiseren. Met content marketing ga je als merk dus terug naar de kern van wat marketing is: een behoefte invullen met content, die uiteindelijk leidt naar je product of dienst. Het stelt je bovendien in staat om in dialoog te treden met je consument.

INLEVINGSVERMOGEN

Belangrijk daarbij is verder kijken dan je eigen bedrijf en je eigen producten of diensten. 'Je moet je inleven in de vraagstukken van je klanten', verwoordt Kurt Boodts het. Hij startte met content marketing in een b2b-omgeving (bij Debic, dat zuivelspecialiteiten voor chef-koks en bakkers maakt).

'Wij probeerden antwoord te geven op de bredere problematieken van chef-koks en patissiers. Dat kon gaan tot en met het nut om klassieke lampen te vervangen door spaarlampen.'

Deze manier van denken kun je vertalen naar elke mogelijke sector. Wie is mijn doelgroep en waar heeft hij nood aan? Dat is het vertrekpunt van content marketing.

Hoewel de definitie van het Content Marketing Institute an sich redelijk eenduidig is, betekent dat zeker niet dat alle content gelijkaardig is. Zo zien we twee stromingen, die zeer verschillend zijn: informatieve content en entertainende content. De *Michelin Gids* past duidelijk in de eerste categorie, de meeste initiatieven van Red Bull in de tweede. De aanpak, invulling en ingezette kanalen variëren vaak. Idealiter zorgt een merk voor een mix van beide soorten.

'Een merk dat kan entertainen, heeft er alle baat bij om dat te doen', zegt Dirk Vandekerckhove. 'Maar het is niet elk merk gegeven. Terwijl elk merk wel informatieve verhalen en content heeft.'

RED BULL DOET SPORTLIEFHEBBERS ZWEVEN

We haalden al enkele oervoorbeelden aan. Hét voorbeeld van de moderne content marketing is zonder twijfel Red Bull. De producent van energiedrankjes mikt sinds zijn lancering niet enkel op traditionele advertenties om zijn merk in de markt te zetten. Het linkte zich al snel aan extreme sporten om het merk te laten aansluiten bij een levensstijl.
Red Bull haalt alles uit de kast om zijn greep op extreme sporten te vergroten. Zo heeft het een eigen uitgeverij (Red Bull Media House) die meer dan honderd medewerkers telt.
Hun taak? Eigen content rond extreme sporten maken. De uitgeverij is rendabel omdat ze de content (o.a. tv-programma's en documentaires) aan andere uitgevers en broadcasters verkoopt.
Het meest spraakmakende project van Red Bull was ongetwijfeld Red Bull Stratos, waarbij parachutespringer Felix Baumgartner de hoogste sprong ooit maakte. Hij werd in 2012 live door miljoenen mensen gevolgd op redbull.com en op een van de talrijke tv-zenders wereldwijd.

1.2.4 DE VIER C'S VAN CONTENT MARKETING

Wil je eruit springen met je contentmarketingaanpak, dan zorg je voor een mix van entertainende en informatieve content, maar hou je het best ook volgende vier begrippen in je achterhoofd. Deze vier C's zijn immers cruciaal om met je inspanningen resultaten te boeken.

1 **Context** is belangrijk in heel veel domeinen, maar zeker ook in content marketing. Spreek de consument aan via het juiste kanaal en op het juiste moment. Wie een bedrijfsaankoop overweegt, wil graag informatie vinden op LinkedIn of Twitter, minder op Facebook. Inspelen op de actualiteit kan ook helpen om een goede context te creëren.

2 **Creativiteit** is belangrijk omdat merken een berg content produceren. Eruit springen is dus de boodschap. Dat doe je door afwisseling in de soorten content aan te brengen, maar ook door met formats qua inhoud en vorm verrassend uit de hoek te komen. Bij content marketing moet je aandacht verdienen. Dat lukt beter met een dosis creativiteit.

3 **Consistentie** zorgt voor geloofwaardigheid. Wees consistent met betrekking tot de inhoud én de frequentie van je content. Bij content marketing loont enkel de volgehouden aanpak.

4 **Customer journey** is zinvol omdat niet elke consument of prospect in dezelfde fase van het aankoopproces zit. Waar de een algemene informatie wil, kan de ander juist behoefte hebben aan zeer specifieke zaken. Wie content marketing goed aanpakt, loopt mee met de consument en weet hem op elk moment te helpen, te inspireren, te begeleiden ...

Over de vierde C, die van *customer journey*, bestaat trouwens geen consensus. Sommige schema's gebruiken ook community, *curation* en vooral conversatie. En dan hebben we het nog niet eens over de conversies die je met content marketing kunt realiseren.

1.2.5 CONTENT MARKETING KOMT DE BOARD BINNEN

De vraag of content marketing wel iets voor elk bedrijf is, is intussen achterhaald. Elk bedrijf heeft via zijn medewerkers, zijn niche, zijn specialiteit en zijn producten tal van verhalen en nuttige informatie waar consumenten iets aan hebben. En een bedrijf dat helemaal geen verhalen heeft, heeft eigenlijk geen reden van bestaan ... Minstens op je eigen website moet je aan content marketing doen, net om online gevonden te worden.

De afgelopen jaren heeft zich evenwel een belangrijke evolutie afgetekend. Steeds meer marketeers, maar ook CEO's zien content marketing als een vanzelfsprekendheid. 'Vaak zitten we niet met marketeers, maar met de CEO aan tafel', luidt het. Dirk Vandekerckhove bevestigt dat: 'Bij content marketing is de betrokkenheid van de hogere echelons vaak groter dan bij advertising. Het gaat over reputatiemanagement en dat is materie voor het directiecomité, voor het C-level. Een campagne kan weleens mislukken, daarna komt wel een volgende campagne. Maar als je als bedrijf merkt dat consumenten je linken aan informatie die ze als foutief percipiëren, dan heb je een probleem. Bovendien leeft content ook langer dan een campagne.'

ZOWEL B2C ALS B2B BLIJFT MAAR GROEIEN

Het Content Marketing Institute voert elk jaar in de Verenigde Staten een studie uit over de trends binnen content marketing, zowel in b2c als in b2b. Ook in 2020 zal het budget voor content marketing volgens het merendeel van de respondenten groeien of minstens gelijk blijven.

B2C MARKETERS' EXPECTED CHANGE IN 2020 CONTENT MARKETING BUDGET COMPARED WITH 2019

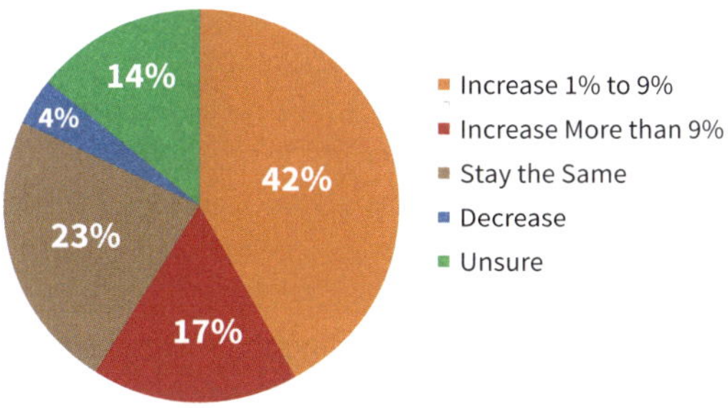

GEOGRAPHIC LOCATION OF B2C COMPANY

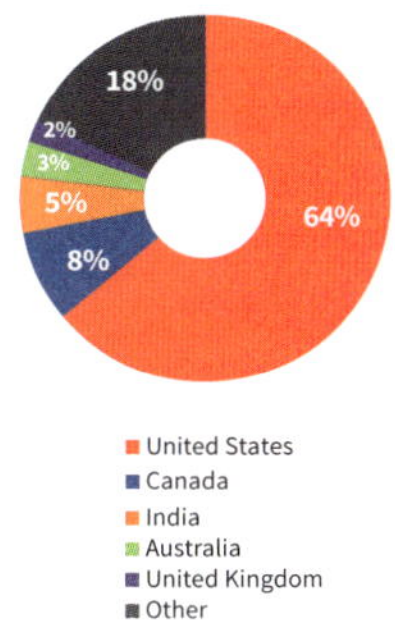

Base: B2C content marketers who reported having an annual budget for content marketing in 2019.
2020 B2C Content Marketing Benchmarks: Content Marketing Institute/MarketingProfs

SIZE OF B2C COMPANY (BY EMPLOYEES)

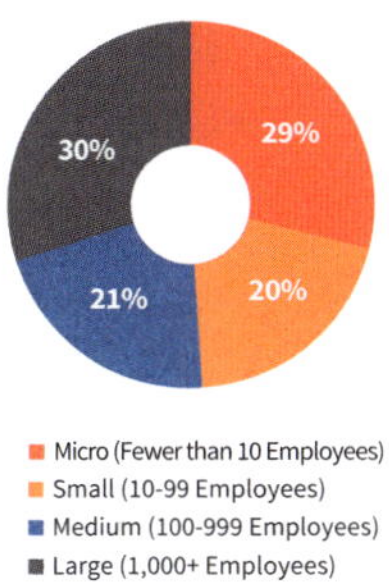

B2C CONTENT MARKETING JOB TITLE/FUNCTION

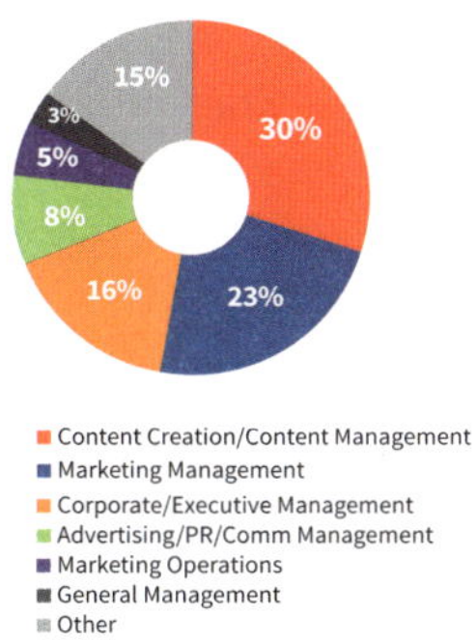

B2C INDUSTRY CLASSIFICATION

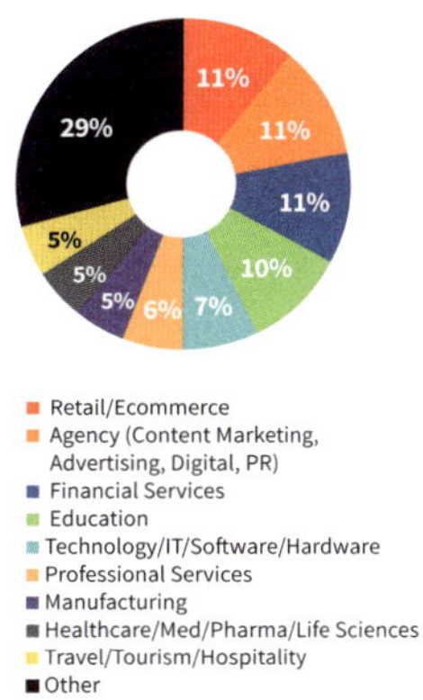

De trend waarbij zowat elk merk en elk bedrijf content marketing in z'n marketingmix opneemt, is uiteraard toe te juichen (we zijn zelf ook consumenten, niet?), maar hij heeft ook een keerzijde. Er is zoveel content dat we door de bomen het bos niet meer zien.

Nu, dat is een minder groot probleem dan bij advertising omdat content marketing de kanalen zal inzetten waar de doelgroep zich bevindt en daarbij niet-intrusief is. Maar het betekent wel dat voor merken de lat steeds hoger wordt gelegd. Het belang van goede content (zie ook hoofdstuk 4) neemt dag na dag toe. Ook in content moet je je onderscheiden. Steeds meer.

NIKE SCOORT ZONDER EEN RECORD TE BREKEN

2017 was voor Nike het jaar van Breaking2.[5] Dit project had als bedoeling (in artificiële omstandigheden) een marathon in minder dan twee uur te lopen, iets waarbij wetenschappers twijfels hadden over de haalbaarheid. Nike zette het project op met content marketing in het achterhoofd. Het draaide reportages, had een trailer van het project en zorgde voor een enorme buzz, nog voor de poging er kwam. Die werd live op Twitter uitgezonden en bereikte zowel in de aanloop, tijdens als erna miljoenen mensen. Zowat elke krant en elke sportuitzending op tv besteedde er aandacht aan. Het gaf de Nike-slogan 'Just Do It' een nieuwe invulling.

Voor de volledigheid geven we even mee dat marathonloper Eliud Kipchoge in 2017 niet slaagde (wat het project niet minder succesvol maakt). In 2019 ondernam hij een nieuwe poging, vooral gesteund door Ineos. Deze keer lukte het wel, maar was er veel minder aandacht voor de poging. Omdat niet werd ingezet op content marketing.

1.3 WAT KUN JE ERMEE?

Dat content marketing sinds de komst van zoekmachines een conditio sine qua non is voor merken, is je intussen duidelijk. We voegen er graag aan toe dat dit niet de enige doelstelling hoeft te zijn. Content marketing kun je inzetten bij het nastreven van verschillende marketingdoelstellingen.

Allereerst is er imago- en reputatiemanagement. Deze doelstelling staat voor heel wat bedrijven voorop, zeker in een eerste fase. Content marketing kan een merk immers een imago van *thought leader* rond een bepaald thema geven. Vandaar dat veel merken permanent aan content marketing doen om dat imago blijvend te versterken.

In het verlengde daarvan ligt *awareness*: consumenten laten weten dat je bestaat en met een bepaald product of bepaalde dienst bezig bent. Die *awareness* kan zich ook vertalen in SEO (search engine optimization). Pas wanneer je gevonden wordt (wanneer je SEO goed is), kunnen consumenten jouw merk ontdekken. Bereik is dus essentieel om *awareness* te creëren.

Een volgende doelstelling is *engagement*. Zowel bij prospecten als bij klanten kun je betrokkenheid en interactie genereren. Consumenten worden zo ambassadeurs en gaan je boodschappen delen, je *thought leadership* bevestigen ('endorsen'). Dat is een grote sterkte van content marketing, zeker omdat dat bij advertising heel wat moeilijker te realiseren is.

Wanneer consumenten meer interesse tonen in je product of dienst, kunnen ze evolueren tot leads of prospecten. Ze zullen meer informatie zoeken en bereid zijn hun gegevens (vaak een e-mailadres) in ruil daarvoor te verstrekken. Die gegevens laten je toe met de consument in contact te treden.

Wie content marketing tot het eind doortrekt, kan prospecten/leads zodanig informeren en inspireren dat de stap naar sales miniem wordt. Zeker in een b2b-omgeving kan content marketing rechtstreeks tot sales leiden (zie ook hoofdstuk 2).

Content marketing kun je dus in elk stadium van de sales-funnel inzetten en je hoeft daarbij geen promoties te gebruiken om de consument het laatste duwtje richting aankoop te geven. Net omdat die consument in het voortraject op zijn noden bediend is en dus veel vertrouwen in je merk heeft.

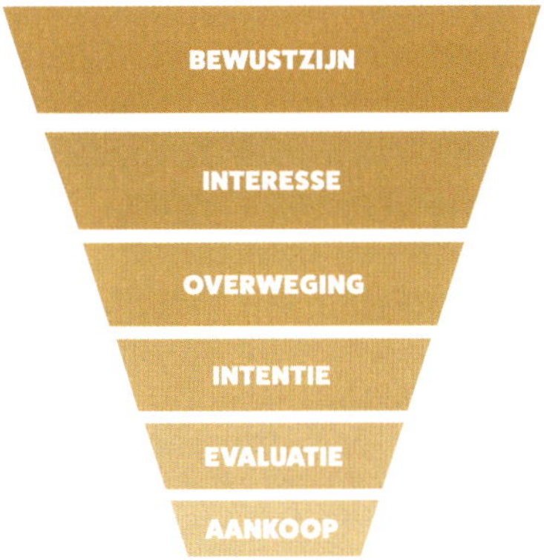

Schema met mogelijke marketingdoelstellingen – funnel.

In hoofdstuk 3 gaan we dieper in op de marketingdoelstellingen die content marketing kan realiseren.

1.4 HOE MAAK JE TEGENWOORDIG HET VERSCHIL?

Content inzetten is tegenwoordig niet meer voldoende om boven het maaiveld uit te steken. Ook in dit vakgebied is de concurrentie groot. De laatste jaren springt evenwel een aantal technieken in het oog. Ze kunnen helpen om het verschil te maken.

1.4.1 INBOUND MARKETING ZORGT VOOR LEADS

Het verzamelen van leads blijkt een populaire doelstelling van content marketing. Niet onlogisch, ze brengt sales wel heel dichtbij. De techniek die we inzetten om die leads te vergaren, noemen we *inbound marketing*. Hieronder verstaan we het aantrekken van prospecten met content en hen vervolgens hiermee voeden om hen uiteindelijk tot een *soft conversion* (het nalaten van gegevens) of een *hard conversion* (de aankoop van een product of dienst) te overtuigen.

CORILUS LOODST PROSPECTEN DOOR DE FUNNEL

'Voor ons zijn *top of funnel*-content, *middle of funnel*-content en *bottom of funnel*-content de leidraad om aan *inbound marketing* te doen.' Aan het woord is Frederik De Schrijver, *content & inbound marketeer* bij Corilus. Deze softwarespecialist voor zorgverleners en medische beroepen zweert sinds 2019 bij *inbound marketing* om prospects aan te trekken. Het doet dat door onderwerpen gelinkt aan e-health en de digitalisering van de zorg aan te bieden en daarbij geleidelijk te focussen op software voor een van de negen doelgroepen van het bedrijf.

Onder andere via e-books krijgt Corilus de gegevens van de prospecten binnen. 'We zorgen ervoor dat we geen losse eindjes hebben', zegt Frederik De Schrijver. Elk stuk content op de blog leidt naar een volgend stuk, dankzij de tool Hubspot. We houden de communicatie gaande. Daar dragen ook onze socialemediakanalen en een nieuwsbrief toe bij. Dat legt het bedrijf geen windeieren. Het websitebezoek groeit jaar na jaar, maar in de eerste vier maanden van 2020 valt vooral de sterke groei (+90%) van het blogbezoek op. De vier e-books werden samen al meer dan 2400 keer gedownload.

1.4.2 NATIVE ADVERTISING ZORGT VOOR EXTRA BEREIK

Een andere manier die in de lift zit, is het inzetten van content in bestaande media. Bij *native advertising* betaalt een merk voor de publicatie van content op een platform dat niet van hem is. *Native advertising* onderscheidt zich van de rest van het magazine of de website door een label (verwijzing naar de adverteerder die voor de inhoud betaalt) en vaak een licht ander lettertype. Inhoudelijk gaat het over een thema dat de adverteerder aandraagt. Het is wel belangrijk dat het thema en de stijl van het stuk nauw aansluiten bij het DNA van het medium waarin het verschijnt (zie ook hoofdstuk 6). Vandaar dat de uitgever (of een aparte cel van de uitgever) vaak verantwoordelijk is voor de realisatie.

Dirk Vandekerckhove voegt toe: 'Wanneer je een dergelijk stuk binnen een redactionele context brengt, moeten er duidelijke spelregels zijn. Je mag de lezer geen moment in verwarring brengen over de afzender van het stuk.' Wanneer *native advertising* goed aangepakt wordt en de lezer of surfer (vaak past een merk het toe in print en online) er iets aan heeft, creëert het een win-winsituatie voor lezers/surfers, het medium zelf en het merk. Wanneer het slecht gebracht wordt, schaadt het evenwel alle partijen.

De reden waarom merken *native advertising* steeds vaker gebruiken; is niet ver te zoeken. Door het toenemende aanbod aan content moeten merken steeds meer inspanningen leveren om die content er te doen uitspringen. Door die via kanalen met een groot bereik te verspreiden, is hun kans op een groter bereik (of een nieuw publiek) merkelijk groter.

NUCLEAIR FORUM PAST PERFECT OP NATIONAL GEOGRAPHIC

De sector van nucleaire energie kampt met een imagoprobleem: de opwekking ervan wordt als gevaarlijk beschouwd. In plaats van tegen die vooroordelen te vechten, kozen de actoren – verenigd in het Nucleair Forum – ervoor om te wijzen op de talrijke domeinen waar nucleaire energie van levensbelang is: in ziekenhuizen, landbouw, ruimtevaart ...
Het besloot een documentairereeks op te zetten, in samenwerking met National Geographic, de zender bij uitstek voor dit soort thema's.

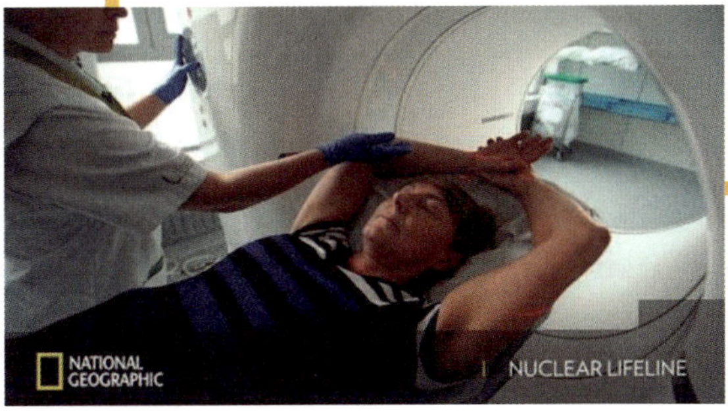

ENGIE VERBOUWT

ENGIE zet steeds meer in op producten en diensten die families helpen om van hun huis een comfortabele en energie-efficiënte plek te maken. Zo wil ENGIE zijn rol als leider in de energietransitie in België waarmaken. Thema's als isolatie, verwarming en zonnepanelen komen dan om de hoek piepen. Maar het nieuwe aanbod moet natuurlijk ook bekend worden bij het grote publiek ...

In plaats van te zeggen wat het doet, besloot ENGIE te tonen wat het doet. Dat gebeurde via een actieve sponsoring van het tv-programma 'Ons Eerste Huis', dat in 2016 en 2017 twee seizoenen liep. In het programma verbouwen drie koppels hun huis met de hulp van de ouders.

Een van de experts die in het programma langskwam, was Paul De Vylder, energie-expert van de adverteerder. Hij maakte van de gelegenheid gebruik om zich een bekende expert te tonen en hij deelde zijn kennis in *native* artikels in *De Standaard Magazine, Het Nieuwsblad Magazine* en online.

Daarnaast startte ENGIE een webreeks ('59 seconden met Paul') op YouTube over energieconsumptie en kwam hij ook aan bod in de blog 'Sweet and Smart Home' van het merk. Daar vind je tips om je huis energie-efficiënt te maken.

Het resultaat? Dankzij de *native* inspanningen vermeldde 26% van de kijkers ENGIE spontaan als sponsor.

Native advertising is niet de enige manier om content binnen betaalde media in te zetten. Zo zijn er ook nog advertorials (of publireportages) en *sponsored content*. Steeds meer doen ook contentpartnerships (waarbij een adverteerder bv. een tv-programma betaalt) hun intrede. Samen met *native advertising* bundelen we ze onder de noemer *branded content*. In Frankrijk (en zo ook in Franstalig België) wordt *branded content* trouwens weleens als een alternatief voor content marketing gebruikt. Verwarrend!

1.4.3 BRANDED JOURNALISM ZORGT VOOR KWALITEIT

Een laatste term die in de sferen van content marketing opduikt én die kan helpen om het verschil te maken, is *branded journalism*. An sich verschilt de invulling weinig van content marketing; alleen het vertrekpunt is anders. Waar content marketing vertrekt vanuit de marketingdoelstellingen, gaat het bij *branded journalism* om de meerwaarde die journalisten merken kunnen bieden.

Over *branded journalism* schreef de Nederlandse journalist Ebele Wybenga in 2013 een boek: *The Editorial Age*. Zijn punt: in een tijdperk waarin geloofwaardigheid centraal staat, zouden journalisten weleens een belangrijke rol kunnen spelen. Zij staan immers garant voor geloofwaardigheid. Bovendien hebben merken en journalisten eenzelfde doel: de aandacht van de consument. De een wil aandacht voor zijn verhaal, de ander voor zijn commerciële boodschap. Steeds meer vinden ze elkaar (terwijl journalisten decennialang op merken neerkeken).

Wie content marketing op een dergelijke, journalistieke manier aanpakt, gaat meteen in competitie met andere media. En dat heeft soms aangename kantjes: in sommige landen liggen magazines van merken in de krantenwinkel naast *Vogue* en *Men's Health*. Toch opmerkelijk: merken hoeven de content die ze zelf maken, niet gratis weg te geven.

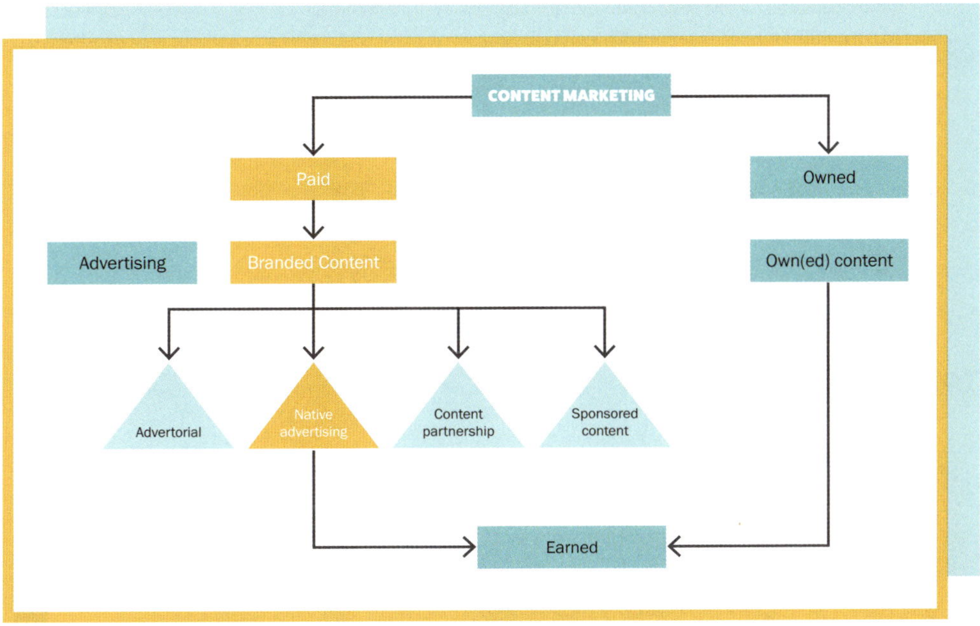

1.5 CONTENT MARKETING STAAT NIET MEER ALLEEN

Bedrijven zetten content marketing vaak in om een permanente communicatielaag te creëren. Maar steeds vaker zien we de techniek (of elementen ervan) ook opduiken in reclame. Het zijn duidelijk twee disciplines die naar elkaar toe groeien. Denk bijvoorbeeld aan de campagne 'De Tovergroentjes' van de Belgische retailer Delhaize, waarbij kinderen op tal van manieren (o.a. via podcasts) verhalen rond groenten en fruit te horen kregen om deze producten aantrekkelijker te maken (zie ook hoofdstuk 5).

Daarnaast is er ook een link met pr. Bepaalde vormen van content marketing en pr zijn immers zeer complementair. Ze kunnen elkaar versterken als ze goed op elkaar zijn afgestemd. Met je *owned media* kun je *earned media* genereren. Denk hier maar aan een merk dat als expert in z'n vakgebied gezien wil worden. De informatie die het op z'n eigen blog genereert, kan misschien ook dienen als een opiniestuk of als een startpunt voor een dossier in een vakblad.

Tot slot is ook de link met events voor de hand liggend. Heel wat events hebben een inhoudelijk gedeelte en zijn zo op zich genomen al content marketing. Wie het slim aanpakt, hergebruikt de content die op een event aan bod komt, ook via andere kanalen. Niet iedereen is immers aanwezig op een event. Je bereikt zo een breder publiek én je charmeert de aanwezigen omdat zij erbij waren ...

COCA-COLA ZET IN OP RECYCLAGE

'Don't buy Coca-Cola if you don't help us recycle'. Zo luidde de slogan van de campagne van het merk in de zomer van 2019. Het was het orgelpunt van een initiatief dat al jaren eerder was gestart via content marketing en events. Zo staat de stand van Coca-Cola op de grote festivals al jaren niet meer bol van de productinformatie, maar wel van een sensibiliseringsboodschap: het is belangrijk om te recycleren.

Ze wordt verspreid op de festivals omdat daar een jong publiek aanwezig is dat enerzijds zijn gewoonten nog kan/wil aanpassen en anderzijds ook veel *on the go* is. Net buitenshuis wringt het schoentje op het vlak van recyclage.
De stand van het merk legt jongeren op een ludieke manier uit hoe recyclage werkt en waarom het belangrijk is. Online diepte de multinational deze boodschap uit met achtergrondinformatie, cijfermateriaal en een blik achter de schermen bij recyclage.

1.6 HET IS EEN TECHNIEK, MAAR NOG MEER EEN MINDSET

In de afgelopen jaren hebben veel marketeers de techniek van content marketing voor hun organisatie verfijnd. Ze hebben zo ingezien dat de manier van denken – die anders is dan die van advertising – vruchten afwerpt en een verlengstuk kan krijgen in andere disciplines. Zo groeit een techniek uit tot een mindset.

Waar decennialang het advertisingmodel centraal stond, lijkt het om tal van redenen aan doeltreffendheid te hebben ingeboet. Wie als marketeer echt wil connecteren met zijn doelgroep, zal het anders moeten aanpakken. Volgens een model dat helemaal anders is gebouwd en dat vanuit een andere premisse vertrekt. In plaats van te doen wat merken de afgelopen jaren te veel deden – vragen (om gekocht te worden) – kunnen ze ook iets bieden. Dat onvoorwaardelijk bieden wordt door Bart Lombaerts omschreven als *meaningful* marketing.[6]

Hij beschrijft zeven manieren om aan *meaningful* marketing te doen:

- entertainment bieden;
- inspiratie bieden;
- helpen;
- nuttig zijn;
- een community bouwen;
- een maatschappelijke rol opnemen;
- mensen op psychologisch of filosofisch vlak bijstaan.

De techniek content marketing is uitermate geschikt om heel wat van deze manieren te realiseren of er op z'n minst geloofwaardig over te communiceren.

DELA ZORGT VOOR MOOIE WOORDEN

Waarom wachten met iets moois zeggen als het ook vandaag kan? Begrafenisverzekeraar Dela vertrok van het inzicht dat we vaak mooie woorden voor een dierbare hebben, maar die even vaak pas uiten op het moment dat die persoon gestorven is. Dela wilde anticiperen en bood Nederlanders via een website de kans dat al eerder te doen. Heel wat mensen gingen hierop in.

Hoewel content marketing in se al meer dan een eeuw bestaat, heeft het zich de afgelopen tien tot vijftien jaar pijlsnel ontwikkeld. Het kreeg een aantal subtechnieken die op bepaalde doelstellingen focussen, vond linken met andere disciplines en is zowel in b2c als b2b gemeengoed geworden. We zijn er echter van overtuigd dat we vandaag nog altijd in de kinderschoenen staan. *There's more to come ... Much more ...*

FREE SOLO

In 2019 won voor het eerst een contentmarketingproject een Oscar. Het gaat om de documentaire 'Free Solo', over een klimmer die zonder touw de 900 meter hoge El Capitan in Yosemite beklimt. De Oscar was het resultaat van de mooie samenwerking van National Geographic en The North Face.

WAT KUN JE ERMEE?

BEGINNER

- Content marketing is inspelen op de informatiebehoefte van het beoogde doelpubliek om zo commerciële of communicatiedoelstellingen te realiseren.
- Content marketing is zeker geen nieuwe techniek, maar door de behoefte om als merk (online) gevonden te worden, heeft het enorm aan belang gewonnen.
- Content marketing maakt vaak gebruik van eigen media (*owned media*) van een merk, maar kan ook perfect via betaalde media (*paid media*) gerealiseerd worden.
- Content marketing kan een verlengstuk krijgen in advertising, pr of events. Meer nog: content marketing ontwikkelt zich steeds meer tot een filosofie waarbij verschillende tools ingezet kunnen worden om ze tot uiting te brengen.

GEVORDERD

- Ga na of je wel echt inspeelt op de behoeften die er bij je doelgroep leven. Kwalitatief onderzoek kan je waardevolle inzichten opleveren.
- Content marketing goed doen betekent intelligent omgaan met het feit dat het een marathon is. Wat niet betekent dat een tussensprint af en toe niet kan.
- Zorg dat *owned*, *paid* en *earned media* in je content marketingplan op elkaar afgestemd zijn en elkaar versterken.
- Bekijk hoe je content marketing een verlengstuk kunt geven via andere communicatiedisciplines (i.p.v. je boodschappen van je andere disciplines ook als content marketing te verpakken). Zo evolueer je van een techniek naar een filosofie.

EXPERT

- Probeer je organisatie mee te krijgen om content marketing niet langer als techniek, maar als een filosofie te zien.
- Investeer bedachtzaam maar fors in *paid media* om je concurrentie te snel af te zijn.
- Wees ambitieus. Je hebt de afgelopen jaren geleerd wat content marketing is. Durf nu af en toe een risico te nemen en hoog te mikken.

Een internationale expert over ... content marketing

Een interview met

LAZAR DZAMIC

Lazar Dzamic was vroeger *head of brand planning North and Central Europe* bij Google ZOO, de creatieve afdeling waarmee Google z'n grootste klanten hielp. Tegenwoordig is hij vooral academicus en schrijver. Hij staat bekend om zijn uitgesproken mening.

Wat hebt u de afgelopen jaren zien veranderen in content marketing?

Content marketing was oorspronkelijk 'the new shiny thing' om te verkopen. Intussen is het uitgegroeid tot een heuse discipline. Waar tien jaar geleden zo'n 5000 mensen volgens LinkedIn een job in content marketing deden, zijn er dan nu zo'n 700.000. Dat heeft natuurlijk alles te maken met het feit dat adverteerders het medium internet op een andere manier bekijken. Omdat *display advertising* minder doeltreffend is, onderzoeken ze hoe ze met SEO hun aantal websitebezoekers kunnen verhogen. Dan is content natuurlijk heel belangrijk.

Bovendien wordt het gemakkelijker om in te zetten als je een duidelijke *purpose* hebt. Dan heb je extra tools in handen om succes te boeken met content marketing en heb je minder advertising nodig. Toch zien we nog altijd dat het vaak ondoordacht wordt ingezet, dat er te veel content wordt gemaakt of dat de content irrelevant is. En vooral: het is kleiner geworden dat wat vooropgesteld was: het is een techniek, terwijl het een filosofie zou moeten zijn.

In dat opzicht kunnen merken een voorbeeld nemen aan bijvoorbeeld L'Oréal en Unilever. L'Oréal is heel sterk in *shopper marketing*, maar 60% van de traffic komt via een organische weg (versus 40% via *paid media*). Heel wat van die organische traffic komt via brandvideo's. Bij Unilever uit de switch zich in het werken met minder bureaus en meer inhouse doen. Het resultaat zijn 30% minder *ads* en meer content, meer engagement en meer community's.

MENSEN HEBBEN GEEN RECLAME NODIG. ZE HEBBEN HULP EN INSPIRATIE NODIG EN ZAKEN DIE HET HEN GEMAKKELIJKER MAKEN.

Wat ziet u als grootste evolutie in de komende jaren?

In de volgende vijf tot tien jaar zal content marketing echt een filosofie worden. Het zal dan niet meer gaan om communicatie, maar wel over *customer experience management* (CEM). Dat is ook de reden waarom Accenture Droga 5 heeft overgenomen. De consultant is goed in data, in het volgen van consumenten, maar mist storytelling. Binnen CEM moet content een emotionele snaar raken en een nut hebben. Het is de mix van deze twee elementen die tot succes zal leiden. Nuttig mag geen synoniem voor saai zijn.

Wat is de grootste uitdaging?

Ik zie nog heel wat uitdagingen. Heel wat merken zien content als een vervanging van advertising. Daardoor is de impact van content nog beperkt: maar één contentstuk op de twintig werkt echt.

Daarnaast zijn we verblind door tools en systemen om de content te verspreiden. Dat zijn enkel distributiesystemen. Ze zorgen er niet voor dat de content goed is. Goede content blijft de basis, daarna moet je kijken hoe je die zo goed mogelijk kunt verspreiden.

Verder zijn bedrijven er helemaal niet klaar voor om content marketing als een filosofie te zien. Hoe kun je *customer experience* nu als een aparte afdeling zien?

Tot slot missen bedrijven de evoluties die aan de gang zijn. We hadden het altijd over *the year of mobile*. Dat kwam er nooit, maar intussen is alles wat we doen mobiel. Ook met *voicie*, artificial intelligence en augmented reality zal dat gebeuren. Het komt erop aan mee te zijn met de technologieën die consumenten gebruiken.

Wat is uw advies voor de Belgische marketeers?

Jullie zitten in een unieke positie. Jullie worden immers niet echt gehinderd door vroegere businessmodellen die opzijgeschoven moeten worden. Daarnaast moeten jullie profiteren van het *last mover advantage*. Jullie zijn wat later op de contentmarketingtrein gesprongen, maar dat kan een voordeel zijn. Jullie hebben gezien wat elders werkt en niet werkt. Verlies dus geen tijd en leer van wat er in het buitenland gebeurt.

En vergeet de basis niet: mensen hebben geen reclame nodig. Ze hebben hulp en inspiratie nodig en zaken die het hen gemakkelijker maken.

DEEL 1
STRATEGIE EERST

HOOFDSTUK 2

HOE ONTWIKKEL JE EEN CONTENTMARKETING-STRATEGIE?

CASE

AVEVE

DENKT ALS EEN UITGEVER, BEESTIG!

Een mooie contentmarketingcase in opbouw is 'Beestig', een krachtig contentplatform voor al wie van huisdieren houdt. Ambitieus van afzender AVEVE, zowel in doelstelling als in uitwerking. De retailer wil als expert in tuin, dier en bakplezier de brug slaan naar een nieuwe, jongere doelgroep door in te spelen op een sterke, nieuwe trend: de groeiende liefde voor huisdieren. AVEVE heeft hierover tonnen knowhow in huis en wil haar imago als dierenspecialist in een concurrentiële omgeving kracht bijzetten.

Daartoe lanceerde het bedrijf begin oktober 2018 het onlinecontentplatform Beestig.be. Hier vinden de liefhebbers *general intrest*- én servicegedreven huisdierencontent. Artikels en filmpjes geven antwoorden op bijna alle vragen over katten, honden of andere huisdieren. To the point, snel en juist, geschreven door een Beestig-ambassadeur en altijd nagelezen door een dierenarts. Welke hond past bij mij? Welke voeding heeft mijn pup nodig? Wanneer laat ik mijn kat steriliseren? Hoe weet ik dat mijn kat van

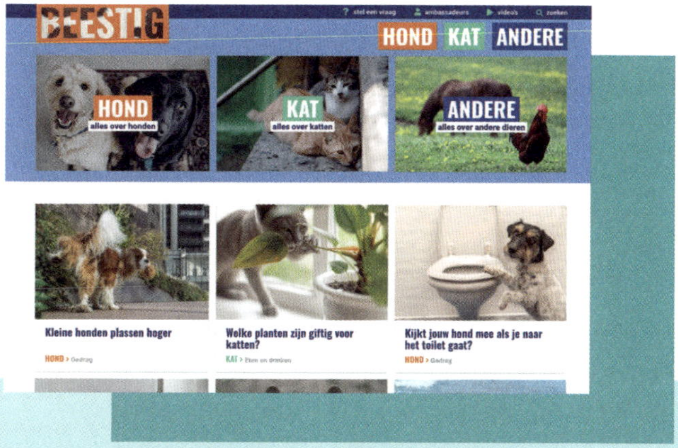

me houdt? Een beperkt aantal artikels krijgt een link naar Aveve.be voor meer en extra informatie.

Daarnaast zette het tv-programma 'Beestig' op VTM het merk meteen stevig in de markt. Een nieuwe personality, de jonge dierenarts Joshua, rijdt in een Beestig-terreinwagen naar mensen met bijzondere huisdieren. Wie is de dikste vriend van Farouk? Een portret van Thor, de Bengaalse kat met 200.000 volgers op Instagram. Wil de kijker meer weten of de filmpjes herbekijken, dan kan dat op het contentplatform. Zo genereert het tv-programma traffic naar Beestig.be.

Wie nog meer wil weten over zijn of haar huisdier, kan daarnaast het boek raadplegen: *100 dingen die je moet weten over je kat/hond*. Deze boeken zijn te koop in de winkels van AVEVE en bij Standaard boekhandel.

De aanpak met meerdere kanalen rendeert. Het contentplatform Beestig kreeg 4624 unieke bezoekers in de eerste maand. Goed voor 5603 sessies met 12.319 paginaweergaven. De gemiddelde sessieduur bedroeg 1 minuut en 15 seconden. Het tv-programma klom snel naar 364.006 kijkers voor de vierde aflevering – inclusief uitgestelde kijkers – goed voor een marktaandeel van 25,48%. Daarmee was het het best bekeken programma in dat timeslot. Van het boek *Hond en Kat* verkocht Aveve telkens 1700 exemplaren in de eerste maand na de verschijning.

Beestig is daarmee een illustratie van het contentmarketingmantra 'Denk als een uitgever'. Steeds meer merken gaan deze weg op en ook deze AVEVE-case is er een mooi voorbeeld van. Door vanaf dag 1 in te zetten op meerdere kanalen, heeft het merk Beestig daarenboven meteen de arena geclaimd. Wie huisdieren zegt, zegt straks Beestig. Een geslaagde combinatie van traditionele en nieuwe media, die bovendien prima op elkaar zijn afgestemd. Met zo veel mogelijk *touch points* installeert Beestig een sterke connectie met de consument én creëert het een nieuwe community.

2.1 TIJD VOOR STRATEGIE

In hoofdstuk 1 omschreven we wat content marketing eigenlijk is. Je hebt nu mogelijk een ruw idee of content marketing iets is voor je organisatie of je merk. Je denkt na of en hoe je met content je marketing- en communicatiedoelstellingen kunt realiseren. Je vraagt je af hoe je je doelgroepen kunt voorzien van voor hen relevante content in plaats van meteen over je product te gaan praten of erger nog, meteen iets te willen 'verkopen'.

Maar nu komt de kat op de koord: Waar begin je? Hoe begin je? Waarmee begin je?

2.2 STRATEGY FIRST

Het lijkt een open deur intrappen, maar zoals zo vaak is het antwoord ook hier: eerst denken, dan doen! En het eerste denkwerk is het denkwerk over je strategie, waarin je bepaalt wat je zult doen en niet zult doen, welke kanalen je zult inzetten en welke je niet zult inzetten, waarmee je het verschil zult maken en wat je aan je zult laten voorbijgaan.

Een uitgewerkte strategie zal je helpen om:
- je doelen te bepalen en te bereiken;
- de weg naar je doelen te evalueren;
- te meten of je op koers ligt en zo nodig bij te sturen;
- collega's en interne en externe medewerkers te betrekken bij je project;
- jezelf en anderen te overtuigen en te motiveren;
- houvast en rust te creëren.

Omgekeerd voorkomt een uitgewerkte strategie:
- dat je een foute weg kiest;
- dat je niet weet dat je een foute weg hebt gekozen;
- dat je je telkens weer moet oriënteren en van koers veranderen;
- dat je aan anderen niet uitgelegd krijgt waar je naartoe wilt;
- dat je telkens dezelfde vragen moet beantwoorden;
- dat je inspanningen enkel aan personen gelinkt zijn en dus in gevaar zijn als er personele wissels zijn;
- dat je in het wilde weg op elke opportuniteit begint te schieten.

2.3 STRATEGIE EN EFFECTIVITEIT

Onderzoek onder contentmarketeers toont zwart op wit aan dat marketeers met een gedocumenteerde strategie beduidend effectiever zijn (zie afbeelding 'Top performers'). Bovendien hebben deze marketeers opvallend minder moeite met de verschillende aspecten van content marketing, dan collega's die geen of een heel beperkt uitgewerkte strategie hebben (zie afbeelding 'Strategy, opinions & technology').

TOP PERFORMERS

This Year's B2B Content Marketing Top Performers At-A-Glance

	Most Successful	All Respondents	Least Successful
Organization's content marketing is sophisticated/mature	87%	42%	8%
Has a documented content marketing strategy	69%	41%	16%
Has a centralized content marketing group working throughout the organization	44%	25%	14%
Uses metrics to measure content performance	95%	80%	62%
Has KPIs to measure content initiatives	83%	65%	30%
Measures content marketing ROI	67%	43%	23%
Rates ability to demonstrate ROI as excellent/very good	84%	59%	25%
Uses content marketing successfully to:			
Build loyalty with customers	84%	63%	39%
Nurture subscribers/audiences/leads	83%	68%	51%
Generate sales/revenue	75%	53%	29%
Build a subscribed audience	68%	45%	30%

Een gedocumenteerde strategie lijkt tot doeltreffendheid in B2B[7]

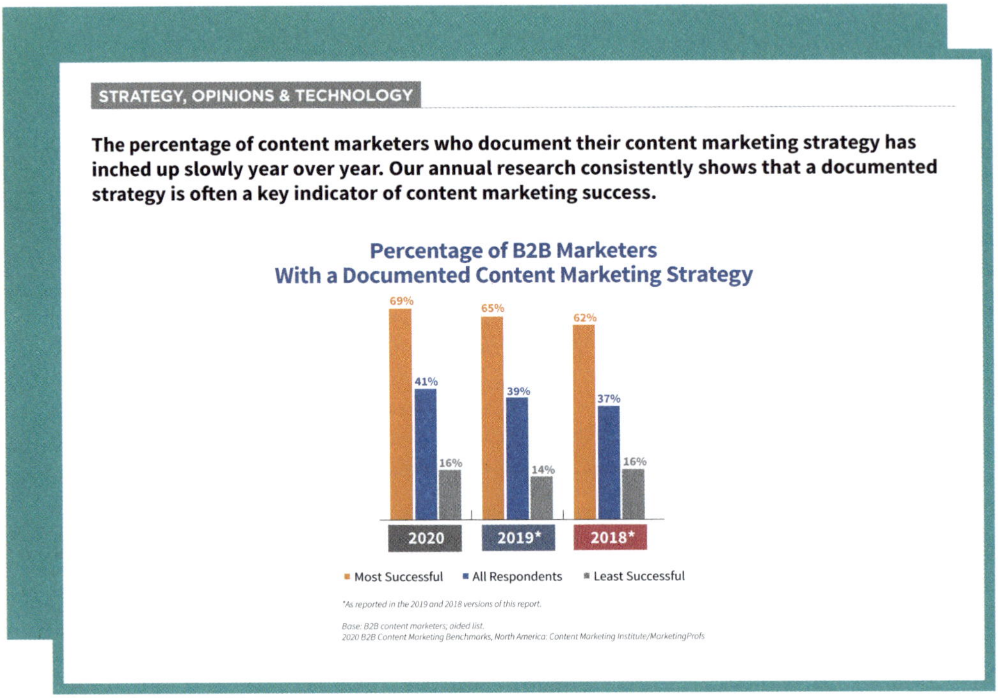

Steeds meer gedocumenteerde strategieën in B2B[8]

KEY FINDINGS

As shown here, B2C companies in the sophisticated/mature phase of content marketing maturity (see page 8) report higher levels of content marketing success when compared with all respondents. The chart also shows a few other key differences. The widest observed gap is among those who agree their organization provides customers with optimal experiences across the engagement journey.

Differences Between B2C Marketers by Organization's Content Marketing Maturity Level

	All Respondents	Sophisticated/ Mature
Organization is extremely/very successful with content marketing	29%	52%
Has a documented content marketing strategy	33%	53%
Uses metrics to measure content performance	78%	93%
Always/frequently:		
Crafts content based on specific stages of the customer journey	50%	69%
Prioritizes audience's informational needs over organization's sales/promotional message	60%	73%
Strongly/somewhat agrees:		
Organization prioritizes delivering relevant content when and where a person is most likely to see it	74%	84%
Organization provides customers with optimal experiences across the engagement journey	54%	70%

Base: B2C content marketers.
2020 B2C Content Marketing Benchmarks: Content Marketing Institute/MarketingProfs

Een gedocumenteerde strategie lijkt tot doeltreffendheid in B2C[9]

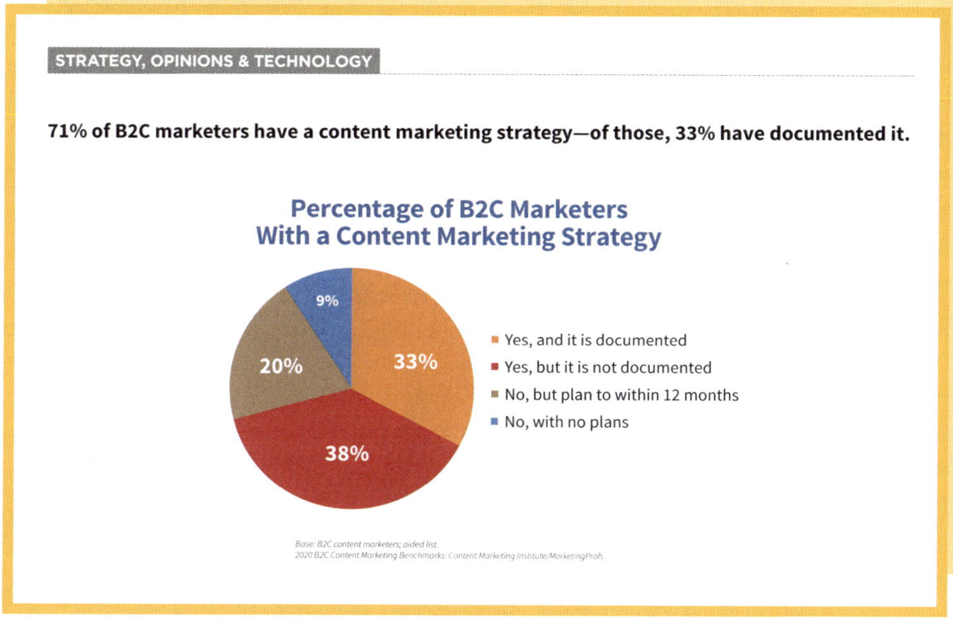

Steeds meer gedocumenteerde strategieën in B2C[10]

In dit belangrijke jaarlijks terugkerend onderzoek van CMI en MarketingProfs in de Verenigde Staten (zie voorgaande figuren) geeft 33% van de ondervraagde (b2c-) marketeers aan dat ze een gedocumenteerde strategie hebben. 38% zegt dat er wel een strategie is, maar niet gedocumenteerd en niet uitgeschreven. De overige 29% heeft blijkbaar helemaal geen strategie. De cijfers voor b2b-marketeers lopen redelijk gelijk.

In het onderzoek wordt dieper ingegaan op de effectiviteit van deze beide groepen. Hier valt meteen op dat van de marketeers van wie de contentmarketingorganisatie zeer efficiënt scoort, 69% een gedocumenteerde strategie heeft. En om het belang van een gedocumenteerde strategie helemaal te onderstrepen: bij de minst effectieve contentmarketingorganisaties heeft maar 16% een uitgewerkte strategie.

Een grote groep van de marketeers met een gedocumenteerde strategie geeft aan dat ze hun strategie ook erg dicht volgen. En juist die groep marketeers scoort beduidend beter op zaken als projectmanagement, regelmaat in contentcreatie, meten van effectiviteit en ROI.

Sinds de publicatie van dit onderzoek noemen verschillende specialisten en auteurs het hebben van een gedocumenteerde strategie dan ook een van de drie belangrijkste succesfactoren voor content marketing.

2.4 DE STRATEGIEOEFENING

De voordelen van een duidelijke gedocumenteerde strategie zijn dus duidelijk. Hoe begin je er nu aan, hoe stel je die strategie op, waar begin je? Denk even na over het volgende statement:

> ***Als je content marketing niet bijdraagt aan de bedrijfsdoelstellingen en er dus niet op de een of de andere manier voor zorgt dat je 'at the end of the day' meer producten of diensten verkoopt, dan is wat je doet geen content marketing maar gewoon content.***[11]

Als je aan de uitwerking van je contentmarketingstrategie begint, is het doel een plan dat aangeeft hoe en waar content marketing onderdeel is van het globale marketingplan. Als je organisatie heel sterk inzet op content marketing, dan kan het contentmarketingplan ook de facto het marketingplan zelf zijn natuurlijk.

De makkelijkste en in de praktijk de beste manier om te starten met het bepalen van je contentmarketingstrategie, is het stellen en beantwoorden van een reeks belangrijke vragen. We noemen die verderop de W-vragen. Liefhebbers van modellen zullen deze W-vragen in verschillende vormen terugvinden.

2.4.1 W3-FRAMEWORKMODEL

Een basic en goed voorbeeld van zo'n model is het W3-framework, dat gebruikt wordt door Amos Schwartzfarb. De drie W's staan hier voor *Who (are you selling to), What (is your customer buying)* en *Why (is your customer buying it).*

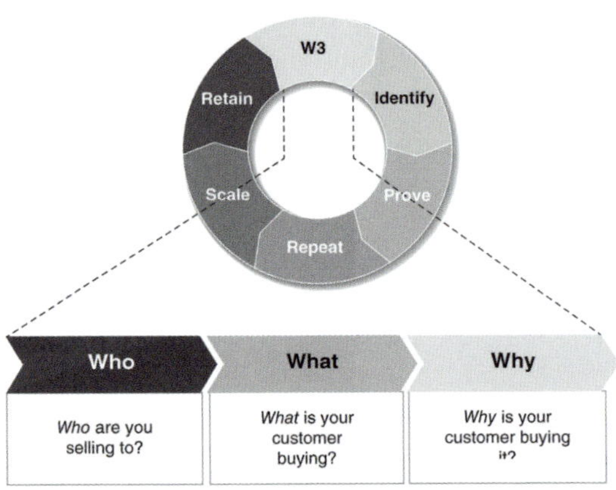

W3-frameworkmodel[12]

2.4.2 GOLDEN CIRCLE MODEL

Een ander veelgebruikt model in content marketing is de *golden circle* van Simon Sinek. Die bestudeerde de drijfveren van koopgedrag. Uit zijn bevindingen blijkt dat de consument zich bijna altijd laat leiden door emotionele drijfveren, die hij pas achteraf gaat rationaliseren. Nog te veel merken gaan uit van hun grote gelijk en communiceren heel rationeel over USP's. Het probleem van die features is dat ze zelden zo uniek of bijzonder zijn zoals ze voorgesteld worden en dat ze ook geen motivator zijn om naar het verhaal van een merk te luisteren of het merk überhaupt in overweging te nemen.

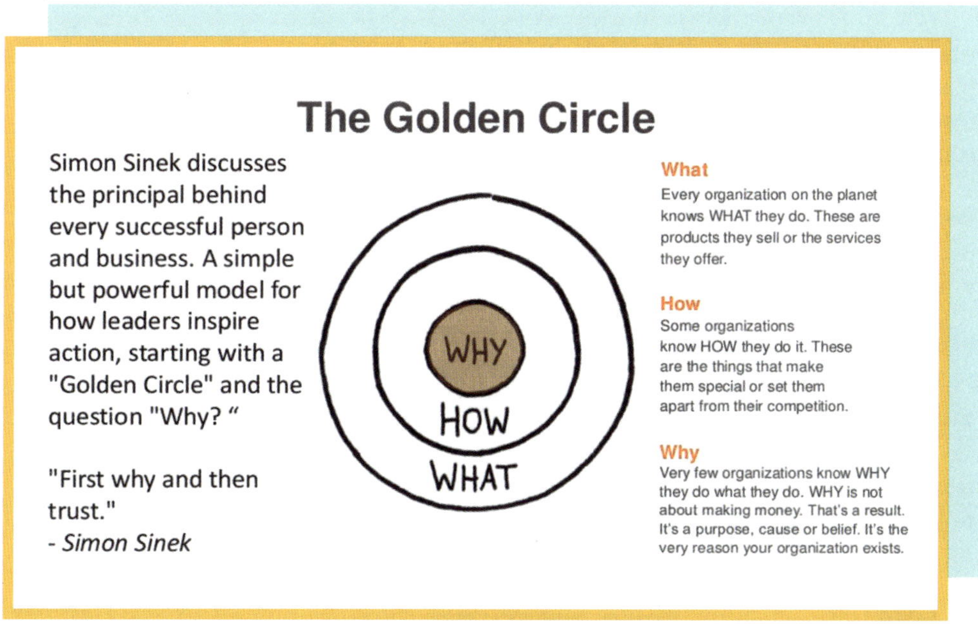

Golden circle model[13-14]

In de *golden circle* start je communicatie altijd vanuit *why*, waarom je als merk doet wat je doet en wat dat betekent voor je publiek. Met andere woorden: wat is je reden van bestaan? Een klassiek voorbeeld is Apple. Apple verkoopt geen computers, maar een filosofie: 'Think different.' Als jij iemand bent die aangetrokken wordt door dat *why*, dan ga je wel luisteren naar wat Apple allemaal te vertellen heeft. Hoe ze dat doen – het *how* – is door steeds grenzen te verleggen en ten slotte wat ze uiteindelijk verkopen – het *what* – is een uitvloeisel van *why* en *how*: computers, telefoons, uurwerken enzovoort.

2.4.3 W-VRAGEN: WIJ

Terug naar onze contentmarketingstrategie. Hier stellen we ons een eerste reeks W-vragen: de Wij-vragen. Die hebben betrekking op de eigen organisatie, het eigen merk. Het zouden vragen moeten zijn die elke marketeer blindelings kan beantwoorden.

Wij-vragen
- Wie zijn we?
- Wie willen we zijn?
- Wat is onze reden van bestaan?
- In welke markt/business zijn we actief?
- Waarom doen we wat we doen?
- Wat doen we anders dan de anderen?
- Wat doen we beter dan de anderen?
- Wat doen we minder goed dan de anderen?
- Wat hebben we daarover eigenlijk te vertellen?
- Hoe past dit verhaal bij ons merk?
- Welke waarde bieden we de consument?
- ...

Al deze vragen moet je in detail kunnen beantwoorden. Het is ook interessant om na te gaan of in de organisatie daarover eensgezindheid is. Als hierover geen eensgezindheid bestaat, moet je dat debat voeren vooraleer je aan content marketing begint. De antwoorden op deze vragen geven je een goed beeld van je eigen sterktes en zwaktes. Ze bepalen en kleuren dus mee je content.

2.4.4 W-VRAGEN: VOOR WIE

Een tweede reeks W-vragen zijn de 'voor Wie-vragen'. Hier staat de doelgroep centraal. Voor wie doe je wat je doet? Ook hiermee zou de rechtgeaarde marketeer geen problemen mogen hebben. Zonder kennis van je doelgroep geen marketing, toch?

Voor Wie-vragen
- Wie zijn onze klanten?
- Wie zijn onze toekomstige klanten?
- Hoe segmenteren we onze klanten? En vervolgens telkens per segment:
- Welke problemen hebben onze klanten?
- Wat zijn hun uitdagingen?
- Wat zijn hun angsten?
- Wat zijn hun verlangens?
- Waar liggen ze wakker van?

- Wanneer zijn ze succesvol?
- Welke problemen lossen wij op voor hen?
- Hoe komen onze producten of diensten daaraan tegemoet?
- ...

Een techniek die je kan helpen bij het scherpstellen en documenteren van de antwoorden op de 'voor Wie vragen' is het creëren van zogenaamde *buyer persona's*.

Je probeert dan om de verschillende doelgroepsegmenten zo gedetailleerd mogelijk te beschrijven. Het is belangrijk om elk segment in de vorm van een concrete, denkbeeldige maar realistische, persoon te beschrijven. Probeer je gekozen segment zo veel mogelijk voor te stellen als een mens van vlees en bloed. Je beschrijving moet concrete antwoorden bevatten op vragen als:

- Leeftijd?
- Samenstelling gezin?
- Studieachtergrond?
- Functie?
- Aspiraties?
- Angsten?
- Meest voorkomende problemen en hindernissen?
- Kijk op het leven?
- Hobby's?
- Karakteristieke dagindeling?
- Leesgedrag?
- Favoriete websites?
- Shopvoorkeuren?
- Karakteristieke quote?
- ...

Je vindt online honderden voorbeelden en templates. Of je je *buyer persona's* uiteindelijk ook een naam geeft of niet, is op zich niet zo belangrijk. Voorstanders geloven dat dat nog beter werkt om de oefening concreet te maken, anderen spreken dan weer liever over een 'gemiddelde' persoon en laten hem/haar liever *onbenaamd*.

Een effectieve manier om inzicht te krijgen in *buyer persona*,[15] is via het afnemen van interviews. Veel marketeers realiseren zich nog te weinig dat het luisteren naar het verhaal van je (potentiële) klant de basis is om hem/haar als koper te begrijpen.

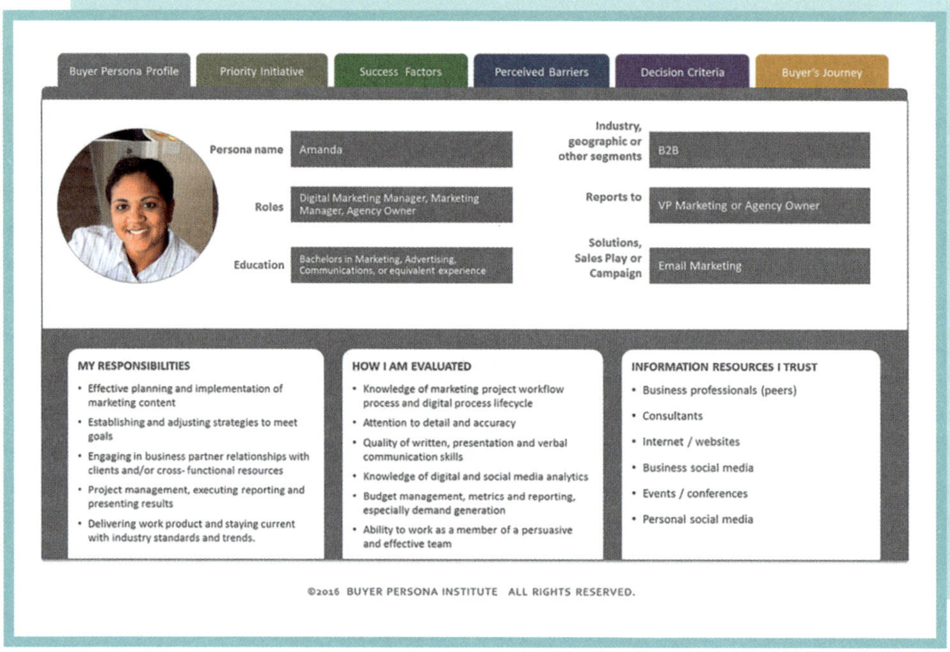

Voorbeeld van een persona[16]

Deze gedetailleerde beschrijving van je *buyer persona* helpt jou en je collega's om helder voor ogen te houden voor wie je straks content gaat maken. Als je de contentcreatie uitbesteedt, is dit bijvoorbeeld een essentieel onderdeel van je briefing.

Je kunt deze oefening ook prima als een soort checklist gebruiken om na te gaan of bestaande of nieuwe content wel echt relevant is voor de beschreven persoon. Deze persona is als het ware een ijkpersoon voor contentrelevantie. Ook succesvolle uitgevers gebruiken nog steeds deze manier van werken om een ijkpersoon te creëren voor elk van hun media. *Buyer persona's* kunnen veranderen in de loop der jaren. Het is dan ook belangrijk deze oefening regelmatig (elke drie jaar bv.) te herhalen.

Wie *buyer persona's* bepaalt, zal merken dat je op een andere manier over je merk en je product denkt. Deze 'techniek', dwingt je om in termen van UBP (*unique buying proposition*) te denken in plaats van (het bekendere, maar heel erg verkoopgerichte) USP (*unique selling proposition*). Wie denkt in termen van UBP vertrekt vanuit de consument die op zoek is naar een oplossing voor zijn probleem of een antwoord op zijn vraag, verzuchting, aspiratie ... Op zoek naar informatie dus. En dat betekent: op zoek naar content.

PAUL

Algemeen directeur
KMO
10 mio omzet
65 FTE

Hallo,
ik ben Paul (44j). Ik ben ***getrouwd*** met Esther (45j), vader van Jolien (11j) en Nahla (7j). Ik heb ***T.E.W. gestudeerd aan de KULeuven***, heb 7 jaar ***bij EY gewerkt*** en ben intussen al ***10 jaar algemeen directeur van KMO***, een fabrikant van white label snoep voor verschillende klanten in Europa.

Motivaties professioneel

- Ik werk graag met **mensen**
- Ik houd er van om te **winnen**
- Ik wil mij meer met **strategie** en **partnerships** bezighouden

Doelstellingen professioneel

- Ik wil het bedrijf verder **laten groeien** in **omzet én ebit**
- Ik wil samen met het **team** zorgen voor een **aangename** en **FUN werkomgeving**
- Ik wil een **sterk managementteam** dat zich binnen enkele jaren 100% met alle operationele aspecten kan bezighouden

Bezorgdheden, angsten professioneel

- Ik heb **te weinig tijd** voor de belangrijke dingen
- Ik moet altijd **verschillende dingen tegelijkertijd** doen, heb het gevoel dat ik dan geen van alle uitmuntend kan doen
- Ik vrees dat we **niet genoeg innoveren**
- Ik vrees dat we technologisch **niet altijd mee** zijn
- Ik ben bezorgd om de **loyauteit** van mijn key mensen
- Ik heb **geen tijd** voor het **lezen** van de belangrijkste managementboeken

Bezorgdheden, angsten privé

- Ik heb te **weinig tijd** voor **familie en vrienden**
- Ik zou graag een **muziekinstrument** leren bespelen
- Ik wil eigenlijk een **sabbatical** van 6 maanden maar zie dat door de drukte niet zitten

Media- en consumptie

- Abonnement op TIJD, Trends en MT, print én online
- Abonnement op alle vakbladen voor de snoep en retail sector
- Heavy LinkedIn gebruiker (500+ contacten)
- Actief lid van VOKA en Lions
- Gadget freak (Apple watch, mini-drone, ...)

Voorbeeld van een persona[17]

2.4.5 W-VRAGEN: WAT

Een derde reeks vragen om tot een contentmarketingstrategie te komen, zijn de Wat-vragen. Deze vragen helpen je om te bepalen welke content je voor je doelgroep zou kunnen maken.

Wat-vragen
- Waar zoeken onze (toekomstige) klanten vandaag naar antwoorden op hun vragen?
- Hoe zoeken ze naar die antwoorden?
- Hoe helpt content hen hierbij?
- Hoe helpt onze content hen hierbij?
- Waar zoeken/vinden onze klanten en prospects deze content?
- In welke vorm consumeren ze die content?
- Weten we in welke vorm ze die content zouden willen consumeren?
- Wat doen ze met de content na gebruik?
- Welk type content zou deze klanten het meest helpen?
- Voor welk type content zouden deze klanten bereid zijn te betalen?
- Wie zien ze vooral als betrouwbare bron van content?
- Welke zoektermen gebruiken ze online?
- ...

Weten wat en hoe je doelgroep zoekt naar oplossingen, is cruciaal om je strategie te bepalen. Je kunt dat op verschillende manieren nagaan. Klassieke *keyword*-analyse leert je wat mensen online zoeken. Er zijn een heleboel betalende, maar ook gratis tools om te weten te komen op welke *keywords* mensen zoeken, op welk moment en in welke context ze dat doen.

Vergeet daarnaast zeker de voor de hand liggende bronnen niet; je salescollega's, de medewerkers van het callcenter, de *point of sales*-medewerkers ... allemaal collega's die je meestal graag vertellen welke de echte vragen zijn die de doelgroep zich stelt.

Bij de analyse van het huidige contentsearch- en consumptiegedrag is het natuurlijk ook belangrijk de vraag te stellen wat morgen belangrijk zal zijn. Welke trends komen eraan en hoe kun je die (nu al) koppelen aan je content? Wat vind je belangrijk genoeg binnen je eigen propositie om (nu al) op in te zetten?

2.4.6 JE EIGEN CONTENTSWEETSPOT VINDEN

De antwoorden op de WIJ-, WIE- en WAT-vragen kun je vervolgens gebruiken om je zogenoemde contentsweetspot te bepalen. Dat is de overlap tussen de gedefinieerde pijnpunten of aspiraties van je (potentiële) klanten en de unieke en specifieke expertise die je bedrijf, je merk te bieden heeft of de propositie die je gekozen hebt.

De sweetspotoefening is een van de belangrijkste onderdelen in de bepaling van je contentmarketingstrategie. Het correct bepalen en het juist kiezen van deze sweetspot zal ervoor zorgen dat je content marketing focus krijgt. De juiste sweetspot zal je ook helpen om niet zomaar content te produceren, maar content die het verschil zal maken.

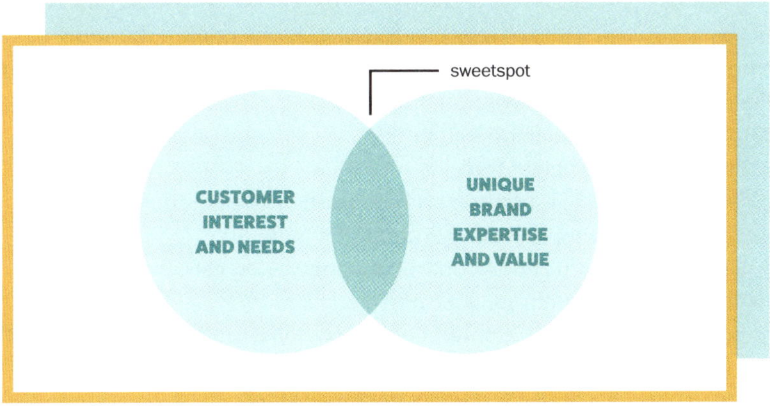

Contentsweetspot[18-19]

Idealiter kies je natuurlijk een sweetspot die nog niet ingevuld is door concurrenten of een sweetspot waarvan je denkt dat jij ze beter en relevanter kunt invullen dan de concurrentie. Vergeet hierbij ook niet dat bepaalde merken misschien op het eerste gezicht geen concurrent van je zijn, maar de content die ze verspreiden kan wel concurrentieel zijn voor wat jij van plan bent. Ook media kunnen hier trouwens je concurrent zijn.

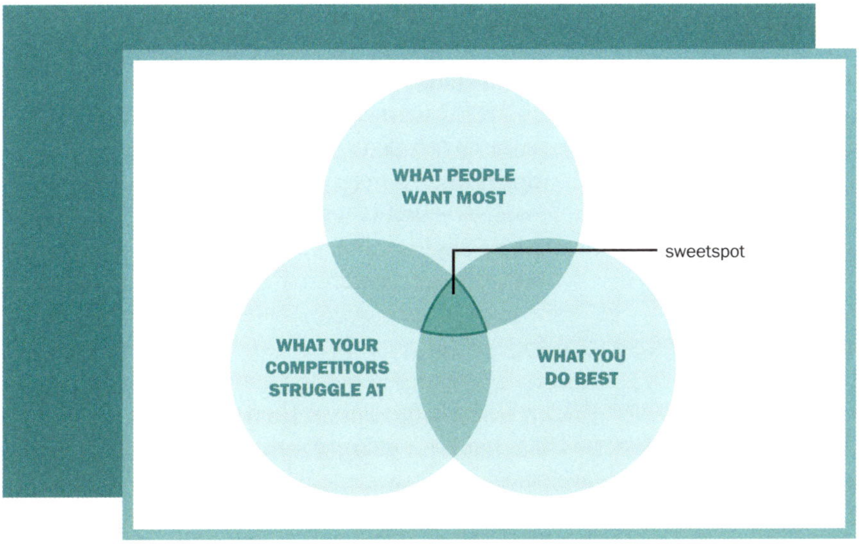

Contentsweetspot

Een goed gekozen sweetspot past op natuurlijke wijze bij het DNA van je merk en/of organisatie. Slecht gekozen sweetspots voelen ongemakkelijk en onnatuurlijk aan. Wanneer je als bank je klanten recepten stuurt bijvoorbeeld (overigens, een echt gebeurd voorbeeld). Of wanneer je als energieleverancier content over vakantiebestemmingen gaat maken (helaas ook een echt voorbeeld). Klanten en prospects voelen meteen dat er iets niet klopt. Meer nog, een foute contentsweetspotkeuze (zoals de twee van hiervoor) werkt ook contraproductief; in het hoofd van de consument daalt je geloofwaardigheid.

Voorbeelden van goed gekozen sweetspots zijn

- Proximus dat met zijn Perspectief-content focust op de mogelijkheden die technologie schept voor kmo-zaakvoerders die hun business willen versnellen/ verbeteren (en dus niet over ICT, bits & bytes praat).
- Red Bull dat resoluut kiest voor content met een sterk avontuurlijk en gedurfd karakter.
- Sibelga dat alle vragen rond energie in Brussel wil beantwoorden in zijn energids. be-platform.

Extra redenen om de sweetspotoefening goed te doen zijn:

- de *premium drive*
  Nu steeds meer bedrijven en organisaties de kracht van content ontdekken, heeft je doelgroep steeds meer content ter beschikking. De enige manier om in deze tsunami van content overeind te blijven, is content creëren die zo goed, zo relevant is dat je boven het maaiveld uitkomt. Premiumcontent dus. Slimme sweetspotkeuzes zetten je op weg naar de creatie van deze vorm van content. In hoofdstuk 4 (dat uitlegt hoe je sterke content maakt) gaan we hier nog dieper op in.

- de *meaningful drive*
  Merken en organisaties gaan de komende jaren hard inzetten op het meer *meaningful* zijn voor hun publiek. Op meer betekenis hebben. Marketeers die dat goed hebben begrepen, zullen proberen om op tal van manieren waarde toe te voegen voor hun doelgroepen. Het aanbieden van relevante content, die antwoordt op echte vragen, zorgen en interesses, kan een belangrijk onderdeel zijn van die waarde.[20-21]

2.4.7 W-VRAGEN: WAAR EN HOE

Wanneer je de WIJ-, WIE- en WAT-vragen beantwoord hebt en een passende contentsweetspot hebt gevonden, ben je al een heel eind op weg. Maar je strategie staat nog niet helemaal op punt. Nu is het tijd voor de organisatievragen. Die slaan niet op je merk en hoe je dat invult (dat kwam aan bod bij de wij-vragen), maar op de operationele kant. Wat zit er in de organisatie, waar zit het en wat heb je nog nodig.

WAAR- en HOE-vragen

- Is de gehele organisatie overtuigd van het belang van helpende content?
- Wie levert in onze organisatie de sterkste content?
- Wie kan in onze organisatie beschouwd worden als een expert?
- Wie kan buiten onze organisatie beschouwd worden als een expert?
- Welke content is er nu al in onze organisatie?
- Welke content is makkelijk te maken op basis van al aanwezige bronnen?
- Wie zijn de mensen die daarvoor nu verantwoordelijk zijn?
- Welke en hoeveel toegevoegde waarde heeft de content die we voor ogen hebben?
- Welke organisatie hebben we nodig om die content te maken?
- Welke organisatie hebben we nodig om die content te distribueren?
- Over welk budget beschikken we?
- Hebben we de go van het topmanagement, inclusief de CEO?
- ...

In het hoofdstuk over organisatie (hoofdstuk 8) komen we hier uitgebreid op terug, maar we geven hier al even mee dat deze vragen je meteen een beeld geven van de gevolgen van de keuze voor content marketing. Je zult een team en een budget op poten moeten zetten die je ambities kunnen waarmaken.

2.4.8 W-VRAGEN: WAAROM

Nu komen de WAAROM- of de DOEL-vragen aan de beurt. Het is erg belangrijk om vanaf de start goed na te denken over je doelstellingen. Wat wil je met je contentmarketinginspanningen bereiken? Content omwille van de content is zonde van het weggegooide geld en de verspilde energie en tijd. Je content moet aan minstens één marketing- en/of businessdoel bijdragen (zie ook hoofdstuk 6). Zo niet is het geen content marketing maar gewoon content, dat schreven we al eerder.

Content marketing heeft als enorm groot voordeel dat een combinatie van doelen of doelstellingen mogelijk is. Dit voordeel is ook een van de redenen waarom content marketing de laatste jaren steeds meer ingezet werd. Maar hoe verleidelijk het ook is om een hele serie doelen voorop te stellen, besef dat een beperkte slimme combinatie beter werkt. Daarnaast zul je al die doelen natuurlijk ook moeten kunnen meten én heb je een methodologie nodig om te meten.

Hierna vind je een lijst van mogelijke doelen (niet geordend), over de meest nagestreefde doelen lees je meer in het volgende hoofdstuk.

- Brand awareness verhogen
- Merkimago bijsturen
- Prijsperceptie bijsturen
- Top of mind-positie versterken
- Ambassadeurs maken van je klanten
- E-mailadressen verzamelen
- SEO
- Prospecten selecteren
- Prospecten kwalificeren
- Salesleads verzamelen
- Prospects converteren naar klanten
- Store traffic
- Website traffic
- Hogere conversie
- Crossselling
- Opt-in krijgen
- Basket value verhogen
- Vragen uitlokken
- Loyalty club use increase
- Upselling
- ARPU, de gemiddelde omzet per gebruiker verbeteren
- Referral bereiken
- De trouw van bestaande klanten verhogen
- De churn rate verbeteren
- Beter geïnformeerde klanten
- ...

Onthoud wel dat je niet alles kunt willen. Je kunt elk van deze doelstellingen realiseren met content marketing, maar het is onmogelijk om ze allemaal tegelijkertijd te realiseren. Kies er bijvoorbeeld twee of drie en controleer regelmatig of ze nog de juiste prioriteit zijn.

Bij het beantwoorden van de WAAROM- en DOEL-vragen en het nauwkeurig definiëren van je (combinatie van) marketing- en communicatiedoelen ontstaat al snel de vraag hoe je dat allemaal wilt gaan meten. Hoe bepaal je de key performance indicatoren (KPI's) op basis waarvan je kunt meten of je op weg bent naar je doel? Hoe helpen deze KPI's je om je koers bij te sturen? En welke *metrics* zijn in dit licht wel en niet belangrijk? (Dit vraagstuk komt uitgebreider aan bod in hoofdstuk 7.)

Een goede en gedocumenteerde contentmarketingstrategie bevat dus ook de manieren waarop je de effectiviteit gaat meten. Je kunt daarin bijvoorbeeld een eigen *return on content investment ratio* opstellen waarin wordt samengevat wat je wilt bereiken, hoe je dat wilt meten en wanneer je het resultaat al dan niet geslaagd vindt.

2.4.9 STRATEGIE - TACTIEK - OPLOSSING

De antwoorden op al deze vragenreeksen vormen de basis van je contentmarketingstrategie. De mate waarin content een centrale rol speelt in het beantwoorden van deze vragen, geeft aan in hoeverre content voor je bedrijf in het algemeen een echte businessstrategie is of eerder een tactiek of een oplossing voor specifieke communicatievraagstukken.

Misschien wil je content enkel inzetten om online beter vindbaar te worden. Dan creëer je content die uitmunt in betrouwbaarheid en bruikbaarheid, in directe relatie tot het koopproces van je klanten. Je focus ligt vooral op zoekmachineoptimalisatie, *shareability* en volume. Of misschien beperk je je tot basiscontent (ook wel hygiënecontent genoemd in het 3H-contentmodel zie verder in dit hoofdstuk). Het beantwoorden van vragen van klanten levert ongetwijfeld ook voor andere klanten en potentiële klanten interessante content op. Deze content op de juiste manier ontsluiten voor iedereen is een dikwijls doeltreffende en makkelijk haalbare eerste stap.

Mogelijk wil je nog wat verder gaan en wil je met content vooral *thought leadership* creëren. Dan toon je aan de hand van goed gemaakte content aan dat jij in de business van je klanten een betrouwbare en marktleidende speler bent. Je content overstijgt het specifieke product- of dienstenniveau en handelt vooral over het hele veld waarin jij en je klanten actief zijn. Onderzoek, neutrale content van sectorexperts en testimonials vestigen de aandacht op je betrouwbaarheid en marktleiderschap.

Nog een stap verder gaan, betekent je content inzetten als volwaardig onderdeel van je merk- of businessstrategie. Je beschouwt het maken en ter beschikking stellen van relevante, inspirerende en tot actie aanzettende content dan als een fundamentele bouwsteen in je klantenrelatie. De relatie met en de perceptie van je klanten wordt als het ware mee bepaald door de content die je deelt. In deze fase ga je als merk 100% te werk als een uitgever of media-exploitant. Je content creëert aandacht en interesse, verleidt nieuwe klanten en maakt van bestaande klanten merkambassadeurs. Je content maakt je premium, je content creëert mee je business.

In de meest verregaande vorm zit er achter je contentmarketingactiviteiten ook een verdienmodel. Je verdient letterlijk geld met het aanbieden van je content en/of met het aanbieden van ruimte en bereik (klassieke advertising) in je contentmedia. In deze visie wordt marketing dan zelfs een *profit center*. In het laatste hoofdstuk gaan we daar verder op in.[22]

2.4.10 DE LINK MET JE CUSTOMER JOURNEY MODEL

Een manier om de verschillende vormen en fases van content te ordenen, is ze te plotten op een *customer journey*-marketingmodel. Je bepaalt zo gemakkelijk welke content voor welke fase in de *customer journey* bedoeld is.

Het oermodel hier is het AIDA-model (*attention, interest, desire, action*) toegeschreven aan advertisingpionier Elias St. Elmo Lewis. Dit model werd intussen verder uitgewerkt en uitgepuurd in voor content marketing zeer bruikbare varianten.

AIDIA-model[23]

2.4.10.1 CONTENT IN EEN SEE-THINK-DO-CARE-MODEL

Populair de laatste jaren is het *see–think–do–care*-model van Google. Dit model helpt je om de *customer journey* relatief eenvoudig in kaart te brengen en zo te beslissen welk type content kan helpen om een volgende stap te bereiken.

In de *see*-fase zijn consumenten zeer algemeen of zelfs onbewust op zoek naar informatie (= grootste verzameling suspects mogelijk).

- 'Misschien moet ik mijn huis renoveren?'

In de *think*-fase erkent een deel van die consumenten al hun specifieke behoefte.

- 'Zou ik mijn ramen niet vervangen?'

In de *do*-fase zoeken die consumenten concreet naar een oplossing en zijn ze langzaam klaar om tot kopen over te gaan.

- 'Wat zouden nieuwe ramen kosten? Kies ik hout of aluminium?'

In de *care*-fase zit dan alle content die reeds bestaande klanten krijgen. Content die keuzebevestigend werkt en die mogelijk aanzet tot herhalingsaankoop, *ambassadorship* en *referral*.

- 'Raadpleeg voor je ramen zeker ook merk X, de service was uitstekend!'

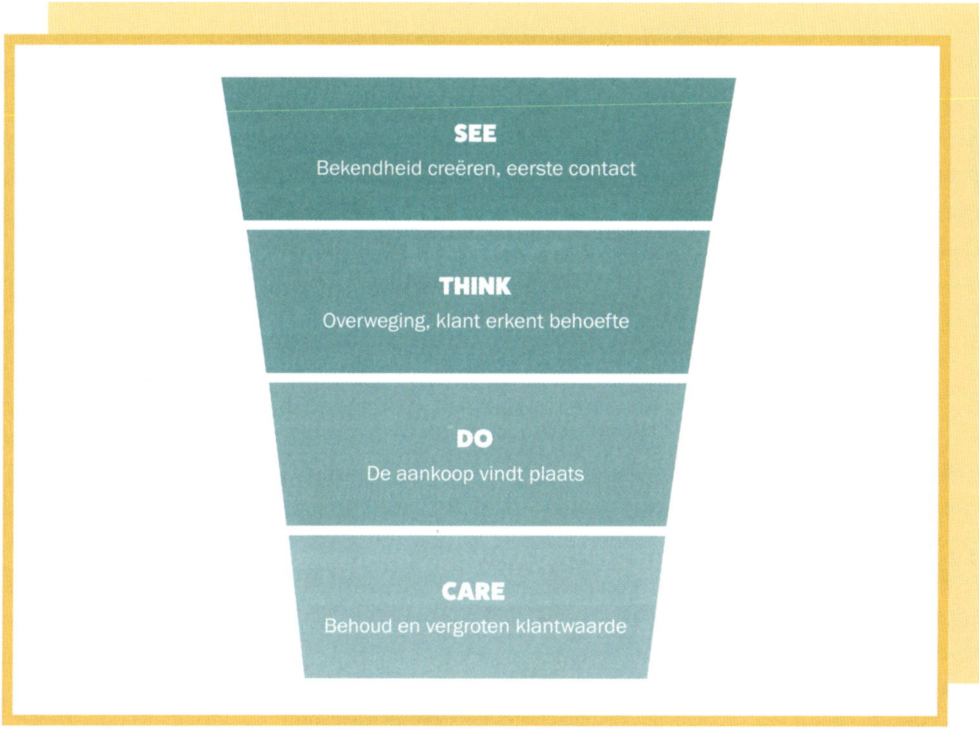

See-think-do-care-model[24]

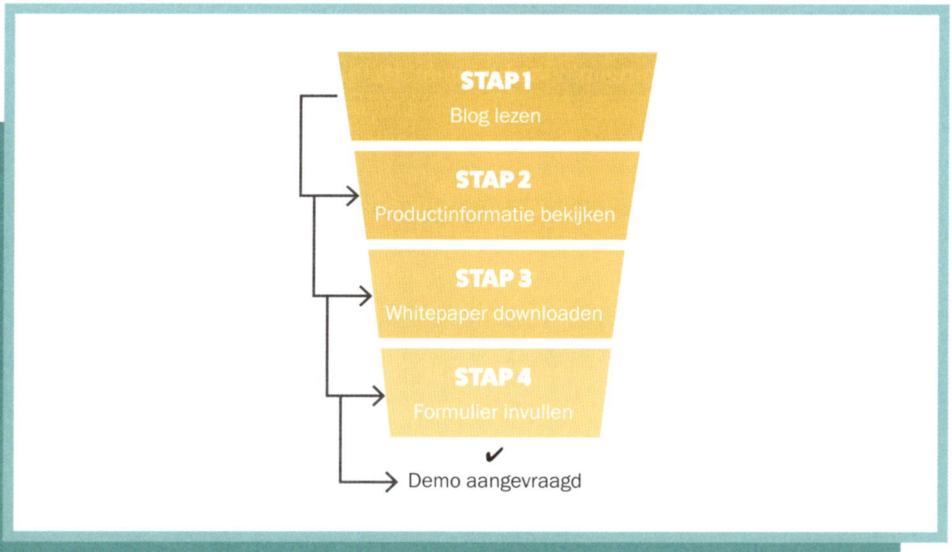

See-think-do-care-model[25]

Onderweg haken natuurlijk veel consumenten af. Met een goede contentremarketingstrategie stimuleer je eventueel deze mensen om de draad weer op te pakken, en toch door te gaan naar de volgende stap in het proces.

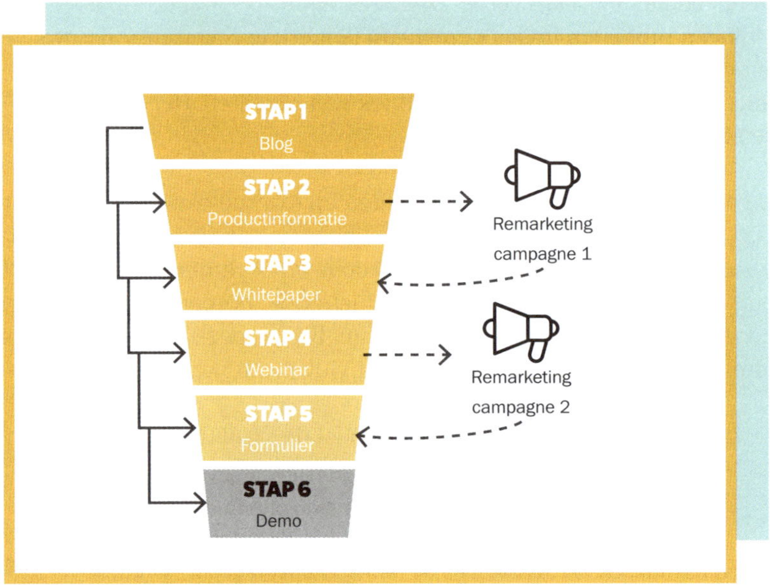

See-think-do-care-model[26]

2.4.10.2 CONTENT IN HET TOFU-MOFU-BOFU-MODEL

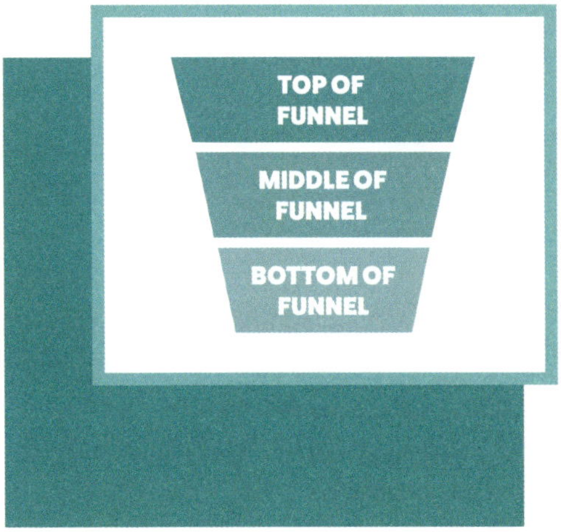

Wil je met je content nog dichter bij de verschillende fasen van de *buyers journey* zitten, dan is het TOFU–MOFU–BOFU-model zinvol. Dit model – voluit: *top of funnel*, *middle of funnel* en *bottom of funnel* – duidt op een goede manier de rol van content afhankelijk van de plaats in het verkoopproces.

TOFU-content

Bij *top of funnel*-content bevinden we ons in de *awareness*-fase. Met de content in deze fase wil je je publiek vooral informeren, hen attent maken op een situatie, een opportuniteit, een probleem, zodat ze op zoek kunnen/zullen gaan naar de oplossing die hen een stap verder brengt in de *funnel*. Dat doe je door zo breed mogelijk een probleem in de context van je merk te schetsen: 'Alles wat je moet weten over de renovatie van je huis?' Het zijn eerder journalistieke stukken, waarmee je een zo groot mogelijk publiek wilt bereiken. Het merk is enkel aanwezig als afzender.

TOFU-content bevindt zich in veel gevallen op externe platformen, los van de eigen site. Dat kan een apart contentplatform zijn, maar ook sociale media en *native advertising*, waarbij mediaruimte aangekocht wordt, kunnen dienen voor TOFU-content. Een duidelijk *call to action* (CTA; letterlijk: oproep tot actie) moet mensen doen doorklikken naar het volgende niveau. Bijvoorbeeld door een *content offer* in de vorm van een tweede artikel, een extra video, een whitepaper ... aan te bieden.

Lezers van TOFU-content krijgen in dit model de kwalificatie 'leads'.

MOFU-content

Bij *middle of funnel* bevinden we ons in de *consideration*-fase. Via het TOFU-stuk hebben we aandacht gekregen en nu wil de contentconsument wel eens weten hoe de vork precies aan de steel zit. Het is *how to*-content die toont hoe ze hun problemen daadwerkelijk kunnen oplossen: 'Waar moet ik allemaal op letten als ik mijn huis wil renoveren?' De content is nog altijd geschreven vanuit een objectief standpunt, maar het merk kan wel in de marge aanwezig zijn, bijvoorbeeld aan de hand van de experts die het opvoert.

Met MOFU-content wil je mensen liefst op je eigen site krijgen. Dat kan een blog zijn met cases, inzichten en *listicals*, maar ook downloads of content achter een landingspagina, waarmee het mogelijk is om data te verzamelen van je publiek. Mensen komen meestal op MOFU-content terecht, omdat ze op een link in TOFU geklikt hebben of via remarketing op basis van het bekijken van TOFU-content.

Lezers of kijkers van MOFU-content noemen we in dit model *marketing qualified leads* (MQL's).

BOFU-content

Dit is het conversiegedeelte binnen je contenttraject. Zodra iemand helemaal onderaan de sales-*funnel* is geraakt, wil die vooral heel praktische informatie: een demo waar de specs worden getoond, referenties, reviews van klanten, productvergelijkingen, calculatiemodellen, verkooppunten, openingstijden, contactgegevens enzovoort. Verveel hen hier niet met storytelling of lange uitweidingen.

Zorg dat inhoud en structuur van je BOFU-laag helder is, zo niet haakt de bezoeker alsnog af. Zet mensen met formulieren en duidelijke *calls to action* aan tot reageren, zodat ze zich bekendmaken. Geef hen de kans om extra vragen te stellen, contact op te nemen met een verkoper, een afspraak te maken ...

Iemand die tot op het niveau van BOFU-content komt, beschouwen we als een *sales qualified lead* (SQL's).

2.4.10.3 CONTENT KOPPELEN AAN HET GEKOZEN MODEL

Hygiëne - hub - hero

Het 3H-model is de meest gebruikte manier om content te structureren en is nauw gelinkt aan de hiërarchie volgens TOFU–MOFU–BOFU. Het model werd oorspronkelijk bedacht door YouTube om videocontent te ordenen, maar wordt inmiddels gebruikt voor alle soorten content. De 3H staat voor hero-, hub- en hygiëne- of helpcontent. Eigenlijk heb je meestal een combinatie van de drie nodig: hero om aandacht te krijgen en publiek op te bouwen, hub om de band met je publiek te versterken en hygiëne om een antwoord te geven op vragen en tot concrete actie over te gaan.

Als je het model eenmaal in de vingers hebt, is het een ideale manier om de koppeling te leggen met het gekozen *customer journey*-model.

De noodzakelijke ingrediënten van elke contentstrategie

Herocontent

Met herocontent wil je de essentie van je merk, je sweetspot, onderscheidend in de kijker zetten. Hier zet je in op creativiteit, kwalitatieve executie en (meestal externe) media, met als doel maximale *awareness* van je boodschap, op korte termijn. Dit is waar de marketeer werkelijk uitgever wordt. Hier gaat het merk zijn nek uitsteken, de relatieve veiligheid van *keyword*-analyses loslaten en meer middelen investeren in het creëren van unieke content. *Paid media* en pr zullen daarbij een grote rol spelen. In die zin ligt herocontent het dichtst bij traditionele reclamecampagnes, die je ook maar twee tot drie keer per jaar plant.

De Nederlandse Spoorwegen zet zich al jaren in om boeken en lezen te promoten, door onder andere de jaarlijkse Boekenweek te sponsoren. Met het uitbrengen van de WhatsApp-thriller 'Ontspoord' onderstreepten ze de link tussen lezen en treinen. Aan de hand van 210 berichten, foto's en video's kon je in een week een spannend avontuur volgen. Het werd een groot succes, dat alle nieuwsmedia haalde.

Herocontent voor de NS: de trein is een goede plek om te lezen

Hubcontent

Dit is de *always on*-laag, de content die je met een zekere frequentie verdeelt via blog, nieuwsbrief, sociale media enzovoort. Hier kun je spreken over cases, inzichten, meningen, cijfers en – in de marge – over jouw aanbod. Idealiter is er een contenthub, een centrale plaats waar je content verzameld staat, met daaromheen een aantal aanjagers, die mensen moeten aanzetten om naar die hub te gaan: sociale media, een nieuwsbrief, een videotrailer op YouTube, een signatuur in e-mails, een eigen magazine (dat dan al een groot stuk van die hubcontent bevat) enzovoort. Er moet wellicht ook geïnvesteerd worden in (betaalde) distributie (*sponsored posts*, portkosten ...) om hubcontent visibiliteit te geven.

Wat vorm en inhoud betreft, moeten we hier extra zorgen voor consistentie. Dat kan door:

- een zekere periodiciteit na te streven, die gemonitord wordt aan de hand van een contentplan;
- de keuze van de onderwerpen (vastgelegd in contentpijlers);
- terugkerende rubrieken en formats.

Omdat dit in de meeste gevallen gaat over pushcontent, zal de vorm mee bepalend zijn voor het succes. Breng sterke verhalen, in een aantrekkelijk design. De belangrijkste functie van hubcontent is je publiek informeren of entertainen, een band opbouwen of onderhouden en leads opbouwen.

Hygiënecontent

Ook wel help- of basiscontent genoemd. Dit is de (min of meer) vaste content op de site, die een antwoord biedt op alle vragen die (potentiële) klanten zich kunnen stellen over jouw aanbod en de leefwereld waarin het zich bevindt. Stel dat je aanbod deuren en ramen is, dan willen mensen weten uit welk materiaal die gemaakt zijn of wat de werkwijze en de kosten zijn enzovoort. Dit is het domein dat belangrijk is voor SEO. Mensen stellen vragen in Google en dan wil jij met je hygiënecontent bovenaan verschijnen in de zoekresultaten.

Aan de hand van *keyword*-analyses kom je te weten welke informatie je publiek zoekt. Je concurrenten doen uiteraard dezelfde oefeningen en zullen content maken op basis van diezelfde *keywords*. Veel merken zien dat als een verplicht nummertje en gaan niet verder dan het opsommen van een aantal feiten. Ook hier kunnen kwaliteit, volledigheid en vorm er net voor zorgen dat je het beter doet in de zoekresultaten dan je concurrenten. Deze content is op zich vrij tijdloos, maar het is toch aangewezen om ze met een zekere regelmaat te updaten en aan te vullen. Bijvoorbeeld met actuele data of nieuwe voorbeelden.

Typische hygiënecontent zijn reviews van klanten, instructievideo's en stappenplannen. De vorm zal feitelijker, meer to the point zijn. Het is een goed idee om de pagina's die goed scoren in de zoekresultaten, te analyseren: wat maakt ze beter? Video kan daar al een rol in spelen. Google favoriseert video op tekst in zijn zoekresultaten. In hoofdstuk 7 wordt dieper ingegaan op SEO.

TAKEDA: 'WIJ HEBBEN CROHN'

Farmabedrijf Takeda zette een contentplatform op voor patiënten met de ziekte van Crohn. De site wijhebbencrohn.be werd opgebouwd rond de sweetspot 'leven met de ziekte van Crohn'. Om dat te concretiseren, werd content ontwikkeld op de 3H-niveaus.
Herocontent: in het videoformat 'De Uitdaging' proberen patiënten dagelijkse zaken – die moeilijk geworden zijn door hun ziekte – zoals sporten of gezond eten opnieuw een plek te geven in hun leven.
In een van de video's trainde ex-profwielrenner Johan Museeuw Crohn-patiënt Benny om de Ronde van Vlaanderen te rijden.
Hubcontent: een schare patiënten en medische professionals delen in blogstijl aspecten uit 'leven met de ziekte van Crohn': relaties, solliciteren, voeding ...
Hygiënecontent: antwoorden op veelgestelde vragen als: 'Wat zijn nu de symptomen van de ziekte van Crohn?', 'Is er al een medicijn?' en 'Wat met zwangerschap?'

Hero, hub en hygiëne hebben elk hun rol en versterken elkaar ook. Onbekend is onbemind: met herocontent krijg je een piek in de aandacht, waardoor je je sweetspot kunt neerzetten. Met hubcontent kapitaliseer je op die aandacht en bouw je gradueel een publiek op. Het effect van hygiënecontent zal groeien naarmate je er meer aanbiedt en naarmate die door de kwaliteit een hogere ranking krijgt in zoekmachines.

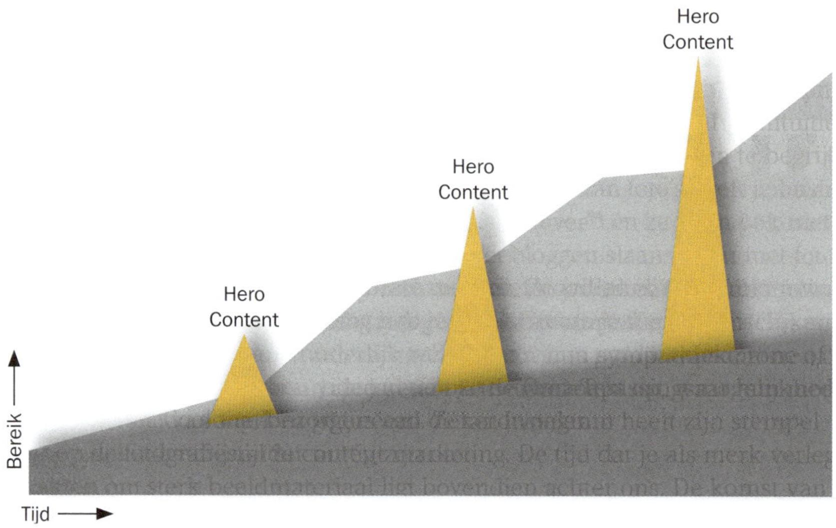

Het effect van werken met Hero – Hub – Hygiëne[27]

2.4.11 JE MISSIONSTATEMENT

Een erg goede manier om je contentmarketingstrategie samen te vatten en tegelijkertijd helder te maken voor collega's en externe medewerkers, is ze vast te leggen in een missionstatement. Dat is een document waarin je kort omschrijft waarom, hoe en waar je content gaat inzetten voor het bereiken van je marketingdoelstellingen. Een goede en krachtige missionstatement helpt fundamenteel bij het succesvol uitdragen van je strategie.

In dit voorbeeld van Proximus vind je de kernachtige antwoorden op de W-vragen meteen terug.

- Het multimediale (WAAR) 'One'-platform wil een bron zijn (WAT) waar ICT-beslissingsnemers op C-level (VOOR WIE), relevante informatie vinden voor het uitoefenen van hun job en het leveren van *added value* binnen hun business (WAT).
- 'One' ziet ICT en digitale transformatie als een *business enabler* in plaats van als een kostenpost (SWEETSPOT).
- Het concept achter 'One' vertrekt vanuit een *make professionals grow*-aanpak. Op deze manier positioneert 'One' Proximus als *trusted partner*, in plaats van als klassieke leverancier van producten (WIJ en WAAROM).

De volgende formule helpt je mogelijk bij de creatie van je eigen contentmarketing-missionstatement.

> De content die we maken helpt ons bedrijf om DIT DOEL te bereiken. Daarom maken we DIT TYPE content voor DEZE DOELGROEP. Met deze content voelt deze doelgroep zich ZO en ZO en komt er deze ACTIE.

Contentmarketingmissionstatement[28-29]

2.4.12 MASTERPLAN ALS BASIS VOOR DEELPLANNEN

Als je dit huiswerk gemaakt hebt, kun je zeggen dat je de basis voor je contentmarketingstrategie hebt gelegd. Van hieruit kun je dan verder naar de meer tactische approach. Het masterplan krijgt dan zijn concretisering in duidelijke deelplannen.

Aan de orde zijn daar types content, contentpijlers, contentkalenders, distributieplannen en governance-afspraken. Deze thema's komen in de volgende hoofdstukken aan bod.

2.5 UPDATE REGELMATIG JE CONTENTSTRATEGIE

Niets is voor altijd, en daarom is ook je contentmarketingstrategie niet in steen gebeiteld. De marktomstandigheden veranderen, de middelen waarover je beschikt kunnen veranderen, de technologie verandert sowieso snel, doelgroepen evolueren, je concurrenten zitten niet stil, aankooppatronen wijzigen enzovoort. Redenen genoeg om regelmatig je strategie nog eens onder de loep te nemen. De beste contentmarketeers zorgen voor een jaarlijkse update van hun strategisch plan.

Let op! Updaten betekent wel degelijk een aanpassing aan de veranderde omstandigheden en de gemeten resultaten (KPI's en *metrics*). Updaten betekent niet een totaal nieuw plan bedenken. Een jaarlijkse totaal vernieuwde strategie komt eigenlijk overeen met het ontbreken van een strategie en dat leidt nooit tot het gewenste succes of de gewenste overwinning.

Enkel wanneer je bij het merendeel van je gestelde doelen moet vaststellen dat je ondanks volgehouden inspanning (content marketing is een marathon, geen sprint) geen resultaten behaalt, moet je je plan herschrijven. In dat geval gebruik je opnieuw de Wij-, Wie-, Wat-, Waar- en Waarom-vragen om te checken waar je fouten maakte.

WAT KUN JE ERMEE?

BEGINNER

- Begin niet zomaar met het maken van content, maar denk na over de strategie die je wilt hanteren.
- Een uitgewerkte strategie helpt onder andere om je doelen te bepalen en die ook te bereiken, te meten of je op koers ligt en zo nodig bij te sturen.
- Bepaal je contentmarketingstrategie door het beantwoorden van een reeks W-vragen: Wie ben je als merk? Voor wie maak je content? Wat zoekt je doelgroep? Welke doelen beoog je?
- Zorg voor een unieke en relevante contentsweetspot.
- Hou vol. Content marketing vergt continuïteit.

GEVORDERD

- Een strategie bestaat uit een plan dat aangeeft hoe content marketing een onderdeel is van het globale marketingplan. Als je organisatie sterk bezig is met content marketing, dan kan het contentmarketingplan de facto het marketingplan zijn. Documenteer je plan zoveel je kunt.
- Werk volgens een van de aangereikte modellen je *customer journey*-model uit, blijf bij dat ene model en koppel je content zo goed mogelijk aan dat model.
- Bepaal in je gekozen *customer journey*-model vooraf je doelen en je calls to action (CTA's).
- Denk na over hero-, hub- en hygiënecontent en de rol van elk type.

EXPERT

- Maak een contentmarketingmissionstatement.
- Weet en communiceer dat een investering in goede content een investering is in iets tastbaars, iets waardevols en iets dat herbruikbaar is. Beschouw je eigen content dus niet louter als een kostenpost maar als een deel van je activa.
- Doe een content maturity assessment aan de hand van een goed model (bv. Gartner, Content Strategy inc.) en check hoe je de volgende stappen kunt zetten.
- Vraag (het best) een externe expert je contentmarketingplan en activiteiten te auditen en te challengen.

Een internationale expert over ...
contentmarketingstrategie

Een interview met ROBERT ROSE

Robert Rose van het Content Marketing Institute is een van de godfathers (zoals Amerikanen dat in hun bekende stijl graag noemen) van content marketing. Hij focust in tal van artikelen, boeken en keynote speeches steeds meer op (het belang van) contentmarketingstrategie.

Met het Content Marketing Institute doen jullie jaarlijks onderzoek, dat ook in dit boek uitgebreid aan bod komt. Zijn er specifieke lessen voor contentmarketingstrategie?

Het onderzoek van dit jaar wijst opnieuw uit dat bedrijven nog steeds serieus omgaan met hun strategische content. 78% van de deelnemers zegt dat ze content volgens een strategie beheren. 60% zegt dat deze strategie gedocumenteerd is. Interessant genoeg is dat onder degenen die niet over een contentmanagementstrategie beschikken, als de voornaamste reden een gebrek aan de nodige processen wordt opgegeven (63%). Op de tweede plek staat dat het geen prioriteit is van leidinggevenden (57%), gevolgd door een tekort aan financiële investeringen in de nodige middelen (52%).

Ik denk dat, als we postcorona deze vraag vandaag opnieuw zouden stellen, de cijfers voor de opgegeven redenen voor het niet hebben van een strategie beduidend lager zullen liggen. Een crisis is soms de enige drijfveer voor een bedrijf om communicatie beter en strategischer te organiseren. Stel jezelf daarom deze vragen:

- Is het altijd een crisis die ons drijft om te innoveren op het vlak van communicatie en content marketing? En om te communiceren als één bedrijf in plaats van als gescheiden silo's?

- Welke processen, middelen en content zijn we tijdens deze crisis aan het ontwikkelen die we ook erna zouden moeten behouden?

Wat is jouw top 3 van aanbevelingen voor marketeers die starten met contentmarketingstrategie?

Normaal gezien is mijn eerste aanbeveling om twee vragen te stellen.

De eerste vraag luidt: 'Waar ervaar je de meeste pijn?' Met andere woorden, welk deelaspect van marketing is momenteel het moeilijkste? Misschien ben je een jong bedrijf dat nog maar net een naam voor zichzelf wil maken. Of misschien ben je al een grote speler en wil je voornamelijk je huidige klanten behouden. Ergens moet het een beetje pijn doen, misschien zelfs op verschillende plaatsen. Beginnen bij het grootste pijnpunt is gewoonlijk waar we met behulp van content marketing de grootste impact kunnen maken. Het is ook hier dat onze bazen mogelijk een beetje meer flexibiliteit tonen als we iets nieuws willen proberen.

Maar het neemt ook tijd in beslag. Dat brengt me tot de tweede vraag: 'Waar kun je het meeste tijd spenderen in het ontwikkelen van klantenrelaties?' Content marketing is een investering op lange termijn en zou in feite alle andere marketingstrategieën die je gebruikt, moeten complementeren. Het vergt tijd en geduld om een sterke en waardevolle *audience* te creëren. Naast kijken naar de pijnpunten van je marketing, moet je dus ook kijken naar waar je je het kunt veroorloven om iets langer pijn te ervaren. Als je bijvoorbeeld als bedrijf op het punt staat om kopje-onder te gaan als je niet meteen je verkoopcijfers de hoogte in duwt, dan is dat niet het moment om een contentmarketingprogramma op te starten.

MIJN EERSTE VRAAG LUIDT: WAAR ERVAAR JE DE MEESTE PIJN?

Mijn eerste aanbeveling is dus om jezelf de vraag te stellen waar je überhaupt een contentmarketingstrategie nodig hebt, rekening houdend met je grootste pijnpunt, maar ook met de plaats waar je het meeste tijd kunt spenderen. Mijn tweede aanbeveling zou zijn om de vraag te stellen: 'Welk type content (of ervaring) dat ik momenteel kan aanleveren, kan ook het grootste doelpubliek bereiken?' En ten slotte zou mijn derde aanbeveling zijn om na te denken of je die content/ervaring moet bouwen of kopen. Met andere woorden, moet je een blog bouwen, of een *resource center* of een event ...? Of is er een mediabedrijf in je omgeving dat reeds een doelpubliek heeft dat je zou kunnen gebruiken?

Belangrijk om in gedachten te houden: begin het best met één doelpubliek, één platform en één deel van de reis. Daarna focus, focus, focus.

BEGIN HET BEST MET ÉÉN DOELPUBLIEK, ÉÉN PLATFORM EN ÉÉN DEEL VAN DE REIS. DAARNA FOCUS, FOCUS, FOCUS.

En omgekeerd, wat zie jij als de meest voorkomende fouten of valkuilen in contentmarketingstrategie?

De grootste fout die we hebben ondervonden, is dat bedrijven zich proberen te richten tot te veel doelgroepen tegelijkertijd en dat ze te veel in hun contentervaringen willen stoppen. Een business bouwt bijvoorbeeld een blog, maar probeert daarbij vier verschillende doelgroepen aan te spreken en focust op verschillende delen van de *customer journey*. Het resultaat is een mix van content die niet echt goed is, die sterk lijkt op sales en die niet focust op het aanleveren van waarde aan een specifiek doelpubliek. Dit soort contentplatform zal bijna altijd falen.

IETS WAT CONTENTMARKETEERS IN DE VERENIGDE STATEN TEGENHOUDT, IS DAT ZE TE HARD BEZIG ZIJN MET DE RANGORDE IN GOOGLE.

We denken dat de Verenigde Staten in vergelijking met België twee tot drie jaar verder staan in contentmarketingmaturiteit. Wat is jouw advies voor Belgische marketeers om die kloof (sneller) te dichten?

Wees niet zo bezorgd om search engine optimization of het bouwen van een grote aanwezigheid op sociale media. Iets wat contentmarketeers in de Verenigde Staten tegenhoudt, is dat ze te hard bezig zijn met de rangorde in Google en het bouwen van een grote socialemedia-aanhang. Je moet er uiteraard voor zorgen dat je content gevonden kan worden, maar spendeer veel meer tijd aan het waardevol maken van je content voor je doelpubliek. Besteed ook veel meer tijd aan het bouwen van jouw eigen contenthub, in plaats van het bouwen van stevige fundamenten op Facebook, LinkedIn of Twitter. Je zult heel wat tijd besparen en veel tevredener zijn op termijn.

HOOFDSTUK 3

WAAROM DOE JE AAN CONTENT MARKETING?

CASE

Nuon-Vattenfall

ACHTER DE KNOPPEN BIJ UTRECHT CENTRAAL

Energieleverancier Nuon-Vattenfall wilde op de Nederlandse bedrijfsmarkt maar wat graag het marktleiderschap veroveren. Deze uitgesproken businessdoelstelling vertaalde het in 2018 naar een heel duidelijk marketingdoel: *awareness* creëren in de zakelijke doelgroep en dan vooral bij de grote bedrijven.

De contentstrategie die het daarvoor ontwikkelde (de 'Energiekenners'-strategie[30]), moest Nuon-Vattenfall positioneren als een *thought leader* op het thema energie in de zakelijke markt. Wat was de bedoeling? Via een mix van contentformats wilde de energieleverancier dat ondernemers in Nederland binnen twee jaar de kengetallen en energietermen in hun hoofd hebben. Ze moeten mee kunnen praten en zich een mening kunnen vormen over iets wat ooit extreem *low interest* was: energie. Naast *awareness* en *thought leadership* schreef Nuon-Vattenfall dus zeker ook informeren mee op het doelenlijstje. De ingezette formats deden wat ze moesten doen en bezorgden Nuon-

Vattenfall de *awareness* die het zocht. Het mooiste moest echter nog volgen.

De energieleverancier dook 2019 in met de ambitie om de *awareness*-gedreven aanpak om te bouwen tot *lead generation*. Het wilde dat bovendien doen zonder hart van de oorspronkelijke strategie te verliezen. Met onder andere een toegenomen focus op expertvideo's kreeg de *funnel* een totaal andere opbouw die uitmondde in meer directe conversie. De meest zichtbare exponent werd de contentcampagne 'Achter De Knoppen'. De format zat al in de *awareness*-aanpak en was daar meteen een topper.

Het gaat om een videoformat dat een kijkje neemt achter de schermen van iconische Nederlandse gebouwen en monumenten. Van de gevangenis van Utrecht Centraal tot de schaatstempel Thialf. Het verhaal is vaak helder en duidelijk: we produceren bier, we organiseren concerten, we maken auto's. Maar wat gebeurt er achter de knoppen? Wat is er allemaal nodig om de boel draaiende te houden, hoe gaat het in zijn werk? Wat is er technisch zoal nodig om een voetbalwedstrijd te organiseren, en hoe zit dat met de elektriciteit?

Maar een goed gekozen format volstaat niet om de funnel om te draaien. Hoe doe je dat precies? Rond de video in Utrecht Centraal bouwde het een campagne en zette het een specifieke distributiestrategie in. In de aangepaste *funnel* bleef Nuon-Vattenfall de heroformat produceren als kern van de campagne, maar het zette minder actief in op de distributie van deze content. In plaats daarvan joeg het de expertvideo's (de verdieping) aan, met een directe focus op conversie en leads. In de expertvideo's, ook wel themavideo's genoemd, gaan Vattenfall-experts en experts uit de hoofdvideo dieper in op specifieke energiegerelateerde onderwerpen. De experts vertellen hoe zij een bepaalde uitdaging hebben aangepakt, geven aan wat de resultaten zijn en welke lessen ze hebben geleerd. Deze video's inspireren de doelgroep om zelf met dit onderwerp aan de slag te gaan, ze geven concrete tips en laten de kijkers doorklikken naar andere relevante content. Deze video's zijn een belangrijke verdieping van de hoofddocumentaire.

Bovenop de hoofddocumentaire en de expertvideo's volgden video-*snippets* (verspreid via sociale media) en whitepapers die nog dieper in de materie doken en de doelgroep echt handvatten gaven om zelf stappen te zetten. Met name de expertvideo's en de whitepaper waren het sluitstuk richting conversie en leads.

Met 'Achter De Knoppen' genereerde Nuon-Vattenfall op die manier 773 leads bij grote ondernemingen. Dat was ruim boven het vooropgestelde doel (168 leads). Tegelijk bleef de content goed scoren in termen van *awareness*. De combinatie van doelen slaagde omdat de content nog steeds de doelgroep raakt. Het gaat niet enkel om zo veel mogelijk leads scoren, maar de aanpak blijft vertrekken vanuit de toegevoegde waarde van de content.

De cijfers op een rijtje

Totaal aantal impressies alle video's:
8.411.036 (doelstelling: 4.225.000).

Totaal aantal clicks:
47.921 (doelstelling: 21.000).

Totaal aantal leads:
773 (doelstelling: 168).

Totaal aantal landingen op campagnesite:
22.604 (doelstelling: 15.000).

CTR: 0,57% (doelstelling: 0,49%) (display naar whitepaperdownload).

CPC: 1,32 (doelstelling: 3,17).

Uitkijkpercentage hoofdvideo:
57% (57% van iedereen die de video begint, kijkt minimaal 75% van de video die bijna 11 minuten duurt).

Uitkijkpercentage expertvideo's:
50% (50% van iedereen die de video begint, kijkt minimaal 75% van de video die 3 minuten duurt).

3.1 MAAK JE CONTENT OF DOE JE AAN CONTENT MARKETING?

Meer business. Een beter imago. Mijn reputatie versterken. Mensen goed informeren. Als je marketeers vraagt wat ze met content willen bereiken, dan krijg je uiteenlopende ambities als antwoord. Af en toe horen we van marketeers dat ze hun doelpubliek zo goed mogelijk willen vooruithelpen. Wie dat zegt, zit dicht bij de kern van de zaak. Het zijn marketeers die beseffen dat klanten of toekomstige klanten tijdens hun *customer journey* op vragen en problemen stoten. Problemen die een stukje dieper gaan dan de vraag waarom ze bij bedrijf X of Y moeten kopen. Sterke content is zeer vaak een uitstekend antwoord op die problemen en wordt zo een manier om mensen te helpen.

DE GEZONDHEIDSMISSIE VAN DETTOL

Als producent van handzeep had Dettol de keuze: het kon de samenstelling van de zeep uitspelen tegenover die van de concurrentie of het kon via content ingaan op vraagstukken rond hygiëne. Dat laatste helpt de doelgroep meer, oordeelde het Britse merk. Dettol besefte dat klanten niet bezig zijn met de werking van een flesje zeep, maar wel met hoe ze hun kinderen of zichzelf gezond houden. Daarom maakt Dettol al een decennium lang content over items als persoonlijke hygiëne, een gezonde badkamer, gezond blijven tijdens de zwangerschap en nog veel meer. De 'Mission for Health'-strategie begon in 2011 met een campagne die tv-spots combineerde met een digitaal contentsysteem van *paid*, *owned* en *earned media*.[31] De focus op content vertaalde zich meteen in een veel groter publiek (+40% na de switch) en werd een strategie op de lange termijn.[32]

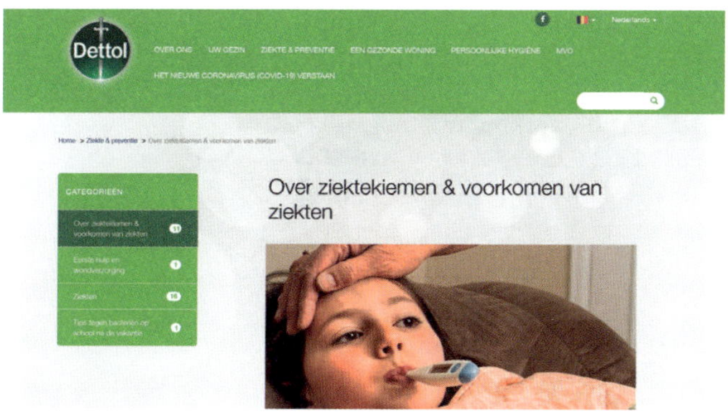

Helpen is de kern van de zaak, maar het is niet het einddoel van content marketing. De positieve impact van de hulp die je met content biedt, maakt de weg vrij voor het realiseren van de marketingdoelstellingen die je voor ogen hebt. Dat is het essentiële verschil tussen content maken en aan content marketing doen. Want content maak je niet om de content. Het hebben en verdelen van content is geen doel op zich, maar een middel dat bijdraagt aan het realiseren van een of meer doelstellingen, die ook in je algemene marketingstrategie te vinden zijn. Het zijn net die missies die we in dit hoofdstuk uit de doeken doen.

3.2 HET ENE DOEL IS HET ANDERE NIET

Voor we in de doelstellingen van content marketing duiken, is het goed om een belangrijke verwarring uit de weg te ruimen. Het onderscheid tussen zakelijke of businessdoelstellingen en marketingdoelen is immers niet in elke strategie even helder. Een typisch zakelijk doel zoals het vinden van nieuwe klanten krijgt vaak het etiket van een marketingdoel, terwijl een marketingdoelstelling zoals het verhogen van de merkbekendheid wel vaker bij de businessdoelen terug te vinden is.

De doelen die je in dit hoofdstuk terugvindt, zijn typische marketingdoelstellingen. Slaag je erin die doelstellingen te halen, dan draag je bij tot een businessdoel. Wil je als bedrijf je verkoop opkrikken, dan is het binnenhalen van leads (*lead generation*) een marketingdoelstelling die daar uitstekend bij aansluit. Focus in je contentmarketingstrategie in de eerste plaats op de marketingdoelen die je wilt realiseren, maar vergeet bij het definiëren van die doelen niet wat het grotere plan is voor de onderneming.

Wat zijn dan die typische marketingdoelstellingen voor wie met content aan de slag gaat? Jaarlijks terugkerend onderzoek van het Content Marketing Institute laat daar weinig twijfel over bestaan. Zowel in b2c[33] als b2b[34] spannen vijf doelen steevast de kroon. De hierna volgende grafieken geven de populariteit weer van de contentmarketinggoals zoals ze te lezen staan in de in 2020 gepubliceerde studies voor Noord-Amerika. Het CMI omschrijft ze uniform als contentmarketinggoals, maar in realiteit zie je een mix van communicatiedoelstellingen (zoals naambekendheid of *thought leadership*) en marketingdoelstellingen (zoals *lead generation* of verkoop). De top vijf geciteerde doelen zijn merkbekendheid (*brand awareness*), informeren (*education*), geloofwaardigheid, *lead generation* en trouw (*loyalty*). In b2b maakt het CMI nog een onderscheid tussen *lead generation* en *lead nurturing* (het voeden van leads met de juiste content).

DOELSTELLINGEN DIE B2C-MARKETEERS BEREIKTEN DOOR HET SUCCESVOL GEBRUIK VAN CONTENT MARKETING IN DE VOORBIJE TWAALF MAANDEN.

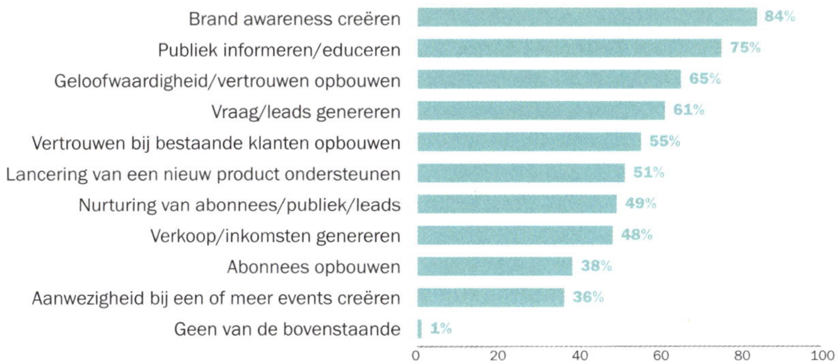

Basis: B2C content marketeers – meerdere antwoorden mogelijk
2020 B2C Content Marketing Benchmarks – Content Marketing Institute/MarketingProfs

DOELSTELLINGEN DIE B2B-MARKETEERS BEREIKTEN DOOR HET SUCCESVOL GEBRUIK VAN CONTENT MARKETING IN DE VOORBIJE TWAALF MAANDEN.

	Alle respondenten	Een jaar geleden*
Brand awareness creëren	86%	81%
Publiek informeren/educeren	79%	73%
Geloofwaardigheid/vertrouwen opbouwen	75%	68%
Vraag/leads genereren	70%	68%
Nurturing van abonnees/publiek/leads	68%	58%
Vertrouwen bij bestaande klanten opbouwen	63%	54%
Aanwezigheid bij een of meer events creëren	52%	49%
Verkoop/inkomsten genereren	53%	45%
Abonnees opbouwen	45%	43%
Lancering van een nieuw product ondersteunen	45%	40%
Geen van de bovenstaande	0%	1%

*Vergeleken met de 2019 B2B Content Marketing Benchmarks, Budgets and Trends North-America
Basis: B2B content marketeers – meerdere antwoorden mogelijk
2020 B2B Content Marketing Benchmarks North America – Content Marketing Institute/MarketingProfs

Die vijf grote doelen hoeven echter niet voor eeuwig in steen gebeiteld te staan. In dit hoofdstuk maken we vanuit dit vijftal de sprong naar doelen die de wind in de zeilen hebben. Het verbeteren van de klantenervaring (*customer experience*) is uiteraard geen nieuwkomer in de strikte zin van het woord. Wel nieuw is de vaststelling dat het voor bedrijven belangrijker wordt om via content marketing aan de *customer experience* te werken. Het is een inzicht dat aanleunt bij die andere nieuwkomer: betekenisvol zijn. Marketing wil meer *meaningful* worden en in dat streven is content niet meer weg te denken.

3.3 BRAND AWARENESS

De populairste van de klas worden. Met enige zin voor overdrijving kunnen we *brand awareness* of merkbekendheid tot dat doel terugbrengen. Je merk in de hoofden van de consument krijgen, is een heel belangrijk doel voor contentmarketeers. Volgens de hiervoor geciteerde studies van het Content Marketing Institute is het zelfs hét topdoel. Je merk bekender maken, kan uiteraard op heel wat manieren, zoals met televisiespots of magazineadvertenties. Vertaald naar content betekent het dat de kwaliteit van de inhoud ervoor zorgt dat je merk meer bekendheid gaat genieten of dat het überhaupt gevonden wordt (denk aan het *zero moment of truth* van Google). Of anders gezegd: het merk spreekt een ruimer publiek aan of bouwt een groter bereik op. Klanten en mogelijke klanten raken vertrouwd met je merk en van daaruit kun je je differentiëren van je concurrenten. Bijvoorbeeld bij de lancering van een nieuw product of met het oog op andere businessdoelen. *Brand awareness* is een marketingdoel dat uitstekend past bij bedrijven die nieuw zijn in een bepaalde markt en op zoek zijn naar nieuwe klanten. Al kun je zeker ook je bekendheid bij bestaande klanten verhogen en zo de verkoop stimuleren.

Hoe goed je het doet bij het verhogen van de *brand awareness*, kun je niet enkel aflezen aan de scores in Google Analytics (zie ook hoofdstuk 7). De term *brand awareness* is op zich al opgedeeld in verschillende subtermen[35] die aanduiden hoe ver je staat. Zo betekent *brand recognition* dat je merk herkend wordt, bijvoorbeeld in een bepaalde productcategorie. Een trapje hoger vinden we *brand recall*, wat wil zeggen dat klanten spontaan aan je merk denken als ze op zoek gaan naar info over een product of een dienst. *Top of mind awareness*, zowat de heilige graal onder de merkherkenning, betekent dat ze niet enkel aan je merk denken, maar dat jouw merk ook als eerste op het blad staat. In die overtreffende trap vinden we ook de merken die haast synoniem zijn geworden voor het product: een bic, een velux, tipp-ex.

Wat is het sterke punt van *brand awareness* opbouwen via content? Met content kun je bijvoorbeeld zeer goed werken aan *thought leadership*. Groeit je CEO uit tot een autoriteit (zie punt 3.5) dan is dat een prima voedingsbodem voor de merkbekendheid. Maar het is zeker niet de enige weg naar meer *brand awareness*. Merken die zich als uitgever gedragen, leren de vergelijking te maken tussen wat een doelgroep zoekt en de content die al op de markt is. Die zogenaamde *gap analysis*[36] zorgt ervoor dat je het als merk niet enkel kunt opnemen tegen de concurrenten in je sector, maar ook tegen de traditionele uitgevers. Een hotelketen die reiscontent verspreidt, concurreert niet enkel met andere hotels, maar ook met de reismagazines. Merken die de kloof tussen vraag en aanbod goed analyseren en afstemmen op hun contentsweetspot hebben alle troeven in handen om hun *brand awareness* te verhogen.

Brand awareness opbouwen houdt ook een belangrijke valkuil in. Elk merk kan hier en daar makkelijk bekendheid opbouwen door efficiënt of overdadig middelen in te zetten, maar het moet ook tot iets leiden. Te vaak zien we voorbeelden van merken die zwaar inzetten op *awareness*, maar lager in de *funnel*, bij het zoeken naar leads of extra sales, compleet de mist ingaan ...

ITUNES-FAN ≠ U2-FAN

Het kan ook de beste overkomen. Een van de meest legendarische missers (uit 2014) komt op het conto van Apple. Om de iPhone 6 te lanceren, beslisten Tim Cook en co. om gratis het U2-album *Songs of Innocence* via iTunes bij alle gebruikers te verspreiden.[37] Of ze dat nu wilden of niet. Een fatale vergissing en niet alleen omdat het niet U2's beste album was. De gemiddelde iTunes-gebruiker was niet de gemiddelde U2-fan. De foute inschatting was meteen goed voor een valse start voor de *awareness* van de iPhone 6.

3.4 INFORMEREN

Angelsaksische contentmarketeers omschrijven dit doel als *education*. In plaats van je doelgroep te bestoken met je elevatorpitch, voed je je publiek op. Toegegeven, in het Nederlands klinkt dat – zelfs als we het 'educatie' noemen – eerder belerend. Als we *education* echter vertalen in je publiek wijzer maken of informeren, dan sluit het al heel wat dichter aan bij de missie om te helpen met content.

'Moeten we dan stoppen met verkopen?', vragen contentmarketeers vaak als ze het advies krijgen om het accent te verleggen naar het informeren van hun publiek. Helemaal niet. Kijken we naar de business van een bedrijf, dan moet content aan het einde van de rit steun bieden aan doelen als verkoop, kosten verlagen of klanten een stukje blijer maken. Wie content van je merk leest of bekijkt, weet ook dat je bedrijf finaal daarop mikt. Maar hoe meer je klanten kunt informeren, of zelfs opvoeden, hoe minder erg ze het vinden dat je als merk ook zakelijke belangen dient. In de oertijd van de content marketing verklaarde Jonathan Mildenhall, toen *VP global advertising strategy* bij The Coca-Cola Company en later CMO van Airbnb, tijdens een interview:[38] 'Als ik het emotionele niveau van het merk [Coca-Cola] kan opvullen, dan moet ik het steeds minder verhandelen.' Dat is de essentie van goed informeren: het doet je minder snel vervallen in zelfpromotie, waardoor je – het lijkt contradictorisch – verderop in de *funnel* minder hard zult moeten verkopen.

Het maakt van informeren een van de meer psychologisch getinte doelen van content marketing. Je verpakt je pitch als het ware in informatieve content. Contentstrategen vertrekken van verschillende technieken om te bepalen hoe ze het publiek goed kunnen informeren. Je toont voorbeelden die aangeven dat een merk begrijpt waar het probleem van lezers of kijkers zit. Of je toont je eigen fouten als merk om je publiek iets bij te leren, legt uit hoe iets praktisch in zijn werk gaat of je neemt het publiek mee op pad door een verhaal waarin het van alles leert. De technieken zijn legio en de denkoefening opent vaak de weg naar originele formats (zie hoofdstuk 4).

Vaak zie je nog een onderscheid tussen informatieve en instructieve content,[39] maar beide dienen hetzelfde doel: de doelgroep iets bijleren. Informeren noemen we doorgaans ook in één adem met vermaken of entertainen. Entertainment duikt niet op in de lijstjes met topdoelen, maar kan net zo goed werken. In plaats van het te laten bijleren, prikkel je het gevoel van je publiek met ontspannende, grappige of ontroerende video's of artikels.

Entertainende en informatieve content delen dezelfde valkuil. Je kunt met heel wat content mensen informeren en vermaken, maar het moet wel iets te maken hebben met je merk en met de sweetspot die je hebt bepaald (zie hoofdstuk 2). Als merk stort je niet meteen in het ravijn als in je contentplanning een artikel binnensluipt dat afwijkt van die sweetspot, het is vooral zonde van de geïnvesteerde middelen. Neem wat afstand van je product en staar je niet blind op sectorgrenzen. Red Bull produceert energiedrank en dat leek in eerste instantie ook weinig te maken te hebben met extreme sporten.

VOETBALLERTJES TRAINEN EN VERMAKEN

In Nederland heeft ING een nauwe band met het Nederlands voetbal. Het sponsort het Nederlands elftal sinds mensenheugenis (1996 om precies te zijn), liet zich al in 2011 opmerken met een jeugdvoetbalplatform en schakelde de voorbije jaren een tandje bij in het informeren en vermaken met content. Het informeert niet over bankzaken, maar maakt voetbalfilmpjes waarmee jonge voetballers hun vaardigheden kunnen aanscherpen. Het is een mix van informeren en entertainen waarmee ING zich al snel als een echte redactie ging gedragen. 'De time to market moet zo klein mogelijk zijn', vertelde toenmalig socialemediamanager Thijs Jaski daarover in 2018 op Vidcon Europe in Amsterdam. De bank transformeerde zo tot een uitgever die snel wil inspelen op actualiteit.[40]

3.5 VERTROUWEN EN GELOOFWAARDIGHEID

Een expert worden in je domein is een zeer gerichte doelstelling die aansluit bij de zoektocht van je bedrijf naar een nieuw publiek. Door consequent en regelmatig hoogwaardige content te verspreiden, zal je publiek je bedrijf of merk als een autoriteit (of als een *thought leader*) gaan percipiëren. Je contentkanalen worden op die manier betrouwbare media waarin lezers of kijkers op zoek gaan naar vernieuwende informatie, trends of andere interessante content.

Een autoriteit zijn is geen conditio sine qua non voor bedrijven die nieuwe klanten willen vinden via content. Het is echter wel een doelstelling die het makkelijker maakt om als merk sneller *awareness* en engagement op te bouwen.[41] Je kunt dat zogenaamde *thought leadership* nog het best zien als een soort deeltjesversneller voor bedrijven die hun klantendatabase willen uitbreiden.

Het is opvallend dat autoriteit, geloofwaardigheid of *thought leaderschip* vaak samen opduiken met het winnen van vertrouwen als doelstelling van content marketing. Is een merk met geloofwaardige content ook automatisch een merk dat te vertrouwen is? Een interessant antwoord op die vraag vinden we bij Nielsen Norman Group, dat een model[42] bedacht dat hiërarchie aanbrengt in het vertrouwen van je publiek. Het model toont hoe vertrouwen groeit in fases en past dat toe voor websites. Het basisniveau is vertrouwen in relevante content. Het vertrouwen groeit vervolgens omdat de content beter is afgestemd op de voorkeuren van het publiek. Maar het echte vertrouwen komt pas als je van het publiek persoonlijke (een mailadres) of financiële gegevens (kredietkaartdata bij een transactie) krijgt. Het hoogste niveau van vertrouwen zien we wanneer je publiek expliciet te kennen geeft dat het zich op lange termijn aan je merk vastklikt. Denk aan de vele Apple-fanaten die voor alle devices aan één merk trouw blijven. Het vertrouwen is niet blind, maar wel zeer groot.

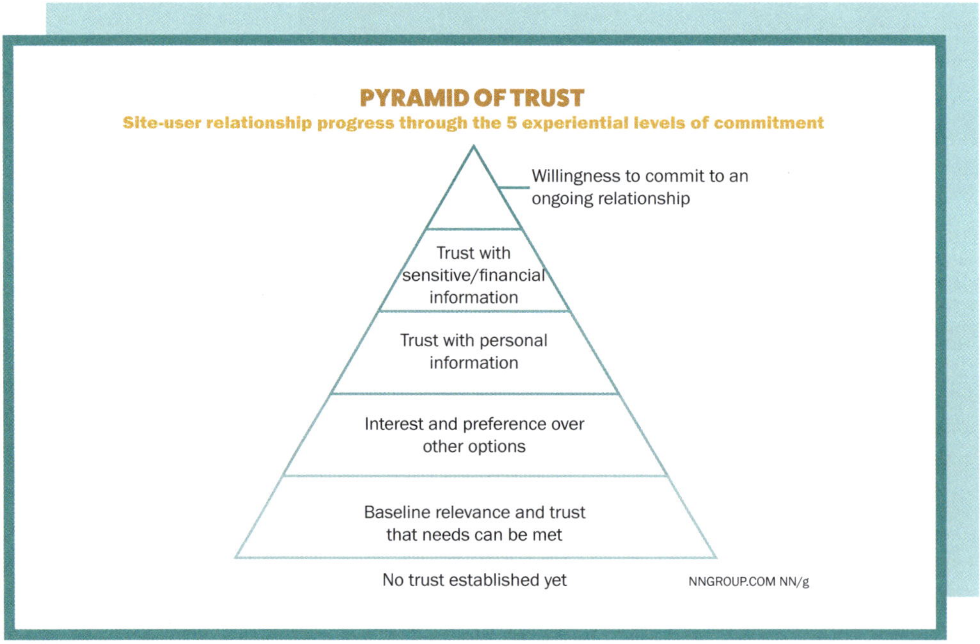

Wat vertrouwen en autoriteit gemeenschappelijk hebben, is dat ze beide beginnen bij mensen. Marketeers die via content het vertrouwen in merken willen maximaliseren,[43] kijken het best eerst in de richting van de gezichten achter een merk of bedrijf. Het kan gaan om de CEO, de woordvoerder, maar net zo goed om je verkopers in het veld of de technici die langsgaan voor herstellingen. Misschien verspreiden ze zelf geen content, maar dan nog blijft het belangrijk om wat ze doen, af te stemmen op je contentstrategie (en vice versa). Het brengt ons bij de tweede laag: ook de kanalen waarlangs je je content verspreidt, zijn bepalend voor het vertrouwen. Kies juist, zowel in *paid*, *owned* als *earned media*. Schrijft je CEO een opiniestuk, dan boezemt aandacht in een gereputeerde krant veel meer vertrouwen in dan een verschijning op een obscure opiniesite met een bedenkelijke aanpak. Kies dus juist, want uiteindelijk is vertrouwen in je content een opstapje naar meer vertrouwen in je merk of in het bedrijf achter dat merk.

SETH'S BLOG

Onnodig om Seth Godin aan marketeers voor te stellen. Voor marketing, reclame of, zelfs ruimer, voor iedereen die wil bijleren over leiderschap, is hij de vleesgeworden autoriteit. Hij veroverde een plekje in de Marketing Hall of Fame van de American Marketing Association in New York en trekt volle zalen dankzij de content in zijn boeken, presentaties ... en blog. In alle eenvoud, zonder veel toeters en bellen, is 'Seth's blog' het ultieme voorbeeld van hoe hij met relevante en consistente content door de jaren heen tonnen aan krediet heeft opgebouwd. Zelfs over dat krediet heeft hij een consistente mening. 'Een geweldig verhaal is waar', aldus Godin. 'Niet per se omdat het feitelijk juist is, maar omdat het consistent en authentiek is. Consumenten zijn te goed in het opsporen van inconsistenties zodat een marketeer niet weg kan komen met een verhaal dat hij zonet uit zijn duim heeft gezogen.'

3.6 LEAD GENERATION

Een nieuw publiek vinden via content is één zaak. Van je publiek ook gegevens bemachtigen waarmee je verderop in de *funnel* aan de slag kunt, is een ander paar mouwen. Als merk help je je klanten of prospecten met zeer gerichte, vaak niet-promotionele informatie, die mensen bijstaat tijdens hun zoektocht naar een oplossing voor een zeer specifiek probleem. Een positieve reactie op die helpende content zorgt voor meer bekendheid, autoriteit of engagement, maar uiteindelijk ook voor meer verkoop. De tussenstap naar meer verkopen is het verwerven van gegevens over je potentiële klanten. Een e-mailadres, inzicht in wat ze zoeken, socio-demografische details enzovoort. Met content marketing kun je zeer direct het aantal leads verhogen dat je als bedrijf verzamelt. Leads zijn het eerste contact met een potentiële klant, vaak via formulieren of documenten, online en offline, waardoor je als merk over die kostbare gegevens van een geïnteresseerde beschikt.

Content die leads genereert, is content die je publiek zin geeft om hun gegevens achter te laten. Denk maar aan een interessante blogpost, gevolgd door een e-book dat extra informatie toevoegt. Vaak plaatsen bedrijven een *call to action* onder het blogartikel. Wie daarop doorklikt en zijn gegevens invult, ontvangt het e-book. De gegevens die je ontvangt, zijn een lead die je aan content te danken hebt. Omdat het invullen vaak op een specifieke plaats gebeurt (een landingspagina of een invulkaart bij een artikel in een magazine), is *lead generation* een contentdoel dat zeer goed in kaart te brengen is.

Niet elke lead is echter meteen klaar om een klant te worden. Een e-book boeiend vinden, betekent niet dat een prospect rijp is om iets te kopen. Op basis van de plaats die leads krijgen in de *customer journey*, kun je wel inschatten hoe je als merk het best de interactie met je prospect opbouwt. Sommige studies beweren dat het consumeren van vier stukken content van iemand een hot lead maakt. *Lead nurturing* is een bijbehorend contentdoel om die relatie verder te ontwikkelen. Je blijft de potentiële klant gedurende zijn klantenreis voeden met de juiste content. Dat is content die precies op het goede moment komt en hem steeds weer een stapje vooruithelpt. Zo gebeurt het vaak dat een lead die zich ooit gewoon inschreef op een nieuwsbrief, gaandeweg meer interesse voor je producten of diensten vertoont. Op dat moment schakelen bedrijven bijvoorbeeld over op content die meer casestudy's bevat om, zonder al te opdringerig op een aankoop aan te sturen, hun toegevoegde waarde in de kijker te zetten. Om leads op een goed onderbouwde manier te voeden met content doen veel bedrijven een beroep op marketingautomation (zie hoofdstuk 7).

DE LEADSPURT VAN GE

Elke week krijgen meer dan 100.000 mensen de GE Brief in hun mailbox. Op dinsdag en donderdag krijg je dankzij GE content over NASA-windturbines, energiecentrales in Irak en nog veel meer. Een van de motoren achter de *lead generation* is de nieuwssite GE Reports. Die is al sinds 2008 online en bekoort meer dan een half miljoen lezers. De sterke verhalen daar drijven mensen naar de nieuwsbrief. De contentstrategie achter de site bewerkstelligde een opvallende knik in de cijfers.

GE knokte lang om de database uit te bouwen tot 25.000 ontvangers. Daarna had het slechts zes maanden nodig om naar 100.000 te springen.[44] 'De tijd die je publiek aan content besteedt, is echt een transactie', zegt Tomas Kellner, de hoofdredacteur van GE Reports daarover. 'Je moet iets waardevols in de plaats geven. Wordt de content te promotioneel, te zelfbedienend, dan ben je je publiek ook weer snel kwijt.'

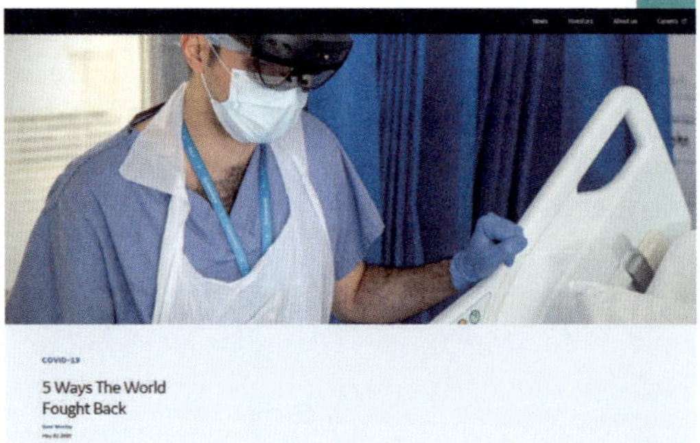

3.7 MERKTROUW EN KLANTGERICHTHEID

Content helpt niet enkel om nieuwe prospecten te vinden of om die prospecten tot klanten te transformeren, maar ook bij het vasthouden van die nieuwe klanten. Retentie is voor de langetermijnambities van een bedrijf een cruciale doelstelling. Ook hier biedt content marketing een helpende hand door retentie te vertalen in enkele concrete targets. Veel van de retentiedoelen passen onder de zeer brede paraplu van de merktrouw. Content helpt uitstekend bij het verhogen van de klantentrouw. Uiteraard ligt de basis van die getrouwheid bij tevredenheid over je diensten of producten, maar zodra aan die voorwaarde voldaan is, kun je als contentmarketeer opnieuw terugvallen op je basisfilosofie.

Vertaal de noden die je terugvindt in de *customer journey* (die stopt niet na de aankoop ...) in content die je klanten blijvend helpt. Net zoals je leads voedt met de juiste content, blijf je ook klanten voeden met sterke informatie. De appreciatie voor die hulp heeft een duidelijke impact op de beslissing om ook in de toekomst klant te blijven. Je kunt die trouw ook via andere ingrepen naar een hoger niveau brengen. De data die je genereert, leveren inzichten op over wat je klanten belangrijk vinden, wat ze voor verbetering vatbaar vinden of wat ze precies van je bedrijf verwachten. Benut die data om de ervaring van de klant te verbeteren.

Lessen trekken uit content marketing zorgt ervoor dat je als bedrijf grote stappen vooruit kunt zetten op het vlak van klantgerichtheid. *Customer experience* is in dit hoofdstuk een eerste van twee doelen dat niet meteen opduikt in lijstjes met 'topdoelen', zoals dat van CMI. Toch schuiven we het mee naar voren omdat we verwachten dat het, samen met *meaningful* zijn (zie verder), de komende jaren steeds vaker in de picture zal komen bij contentmarketeers.

In zijn basisvorm kan content bijdragen tot een betere klantenervaring door netjes uit te leggen wat voor ervaring een klant mag verwachten. *Onewheel*-fabrikant Pint deed dat bijvoorbeeld door in de straten van New York video's te maken die tonen hoe rijden op één wiel er kan uitzien. Die content vulde het aan met een *onewheel*-bibliotheek vol video's die de eerste ervaringen toonden tot voer voor gevorderden op verschillende terreinen. Elk type rijder kreeg een idee van wat zijn ervaring zou kunnen zijn.

Bedrijven die aan hun klantgerichtheid willen werken, focussen daarbij nog te vaak op een enge vorm van operationele excellentie: schaven aan je logistiek of je productie bijvoorbeeld.[45] Specialisten als Kristine Halvorson[46] wijzen erop dat bedrijven nog te weinig aan dit type content denken als ze gaan schaven aan de *customer experience*. Ze investeren in logistiek of productie om klanten een betere ervaring te bezorgen, maar denken te weinig aan content om die inspanningen te versterken. Met content spreek je klanten immers aan op verschillende *touch points*. Net op al die *touch points*, van de winkelvloer tot een Facebookpagina, kun je schaven aan je relatie met de klant om uiteindelijk een grotere trouw en tevredenheid op te bouwen. En de inzichten die je verzamelt op die *touch points*, komen vaak heel erg van pas om andere processen, zoals je logistiek of je productie, nog klantgerichter te maken.

ERVAAR DE MATRASSEN VAN PURPLE

Een heel leuk voorbeeld komt van de Amerikaanse matrassenmaker Purple. Geen saaie uitleg over hyperelastisch polymeer, maar een reeks van hilarische video's en landingspagina's om het publiek in de materie in te wijden. Het YouTubekanaal van Purple bevat video's die helpen uitzoeken of je matras bijvoorbeeld de menselijke *egg drop test* doorstaat.

Maar Purple werkt niet enkel op de lachspieren. Het denkt klantgericht met video's die je in staat stellen om voor de aankoop in te schatten of de matras iets voor jou is. En het werkt reactief, want ook gebruikers sturen *user generated content* door waarin ze de tests naspelen.

3.8 BETEKENISVOL ZIJN

Iets meer dan driekwart van de merken zou zomaar mogen verdwijnen, zonder dat consumenten dat echt erg vinden. Het is een van de opvallende cijfers uit de internationale Meaningful Brand-studie van Havas.[47] Dat schisma tussen merk en consument heeft de voorbije jaren een denkoefening op gang gebracht over hoe marketing meer betekenisvol kan worden. Net daarom is betekenisvol een tweede extra doel dat we hier graag aanstippen omdat het de komende jaren aan belang zal blijven winnen. Merken die betekenisvol willen zijn, slagen er op een heel natuurlijke manier in om hun publiek iets onvoorwaardelijks te bieden.[48] Het merk biedt iets aan zonder iets terug te eisen. Dat kan gaan van betekenis vanuit een duidelijk maatschappelijk doel tot het onvoorwaardelijk aanbieden van pure inspiratie, informatie of entertainment.

HET ARMBANDJE VAN NIVEA

Nivea maakte in Brazilië een advertentie, waarbij de lezers een armbandje konden afscheuren en om de arm van hun kind kleven. Met een app konden ze (via gps) bepalen hoever hun kind van de gsm verwijderd mocht zijn. Eenmaal dat punt overschreden, kreeg de lezer een notificatie. Nivea koos als merk een domein waarvan het weet dat het de doelgroep aanbelangt: op het strand willen ouders graag weten waar de kinderen zich bevinden en waarbinnen het de kans krijgt om als merk onvoorwaardelijk een meerwaarde te bieden.

Is betekenisvol zijn een doel dat je par excellence met content kunt realiseren? *Meaningful* marketing maak je concreet door het nemen van *meaningful* initiatieven, die allemaal passen binnen eenzelfde thematiek.

Wie het groeiende aantal cases[49] van *meaningful* marketing bekijkt, stelt vast dat content marketing samen met eventmarketing zeer prominent in beeld komt. Waar content marketing zich vooral toespitst op het online of via print delen van informatie of inspiratie, brengen live *experiences* mensen samen. Kun je dan alleen maar met content of live ervaring betekenisvol zijn? Uiteraard niet, maar het is wel een krachtige combinatie. Traditionele kanalen kunnen er prima op aansluiten door de *meaningful* initiatieven bekendheid te geven en ze toe te laten sneller van de grond te komen. Als een bedrijf dat enkel via eigen kanalen moet doen, dan is dat immers vaak een zeer langzaam proces.

3.9 DOELEN MAPPEN IN JE FUNNEL

Het is inherent aan de hiervoor vermelde en alle andere contentmarketingdoelen dat ze hun opwachting maken op een specifieke plaats in de *funnel*. Vaak zal die plaats voor zich spreken: *awareness* bevindt zich als doel aan de *top of the funnel* (TOFU), terwijl *loyalty* aan het einde van de rit een plekje verdient. Logisch, maar het is niet voor elk doel even vanzelfsprekend. Maak daarom de oefening met de modellen (*see–think–do* en TOFU–MOFU–BOFU) in de hand.

Bij het mappen kun je vertrekken vanuit de grote doelen zoals we die hiervoor beschrijven. Het is echter zeker een meerwaarde als je die doelen zeer precies verfijnt op maat van jouw ambities. Gaat het om leads genereren of om het uitbouwen van je e-maildatabase? Mik je op pure bekendheid of denk je ook aan meer engagement? Wil je de retentie verhogen of de aankoopfrequentie stimuleren?

In het bijbehorende schema zie je hoe je een set van voorbeelddoelen kunt koppelen aan de *funnel* met TOFU–MOFU–BOFU. In de hoofdstukken over de types content en de *metrics* bouwen we hierop verder en maken we extra koppelingen.

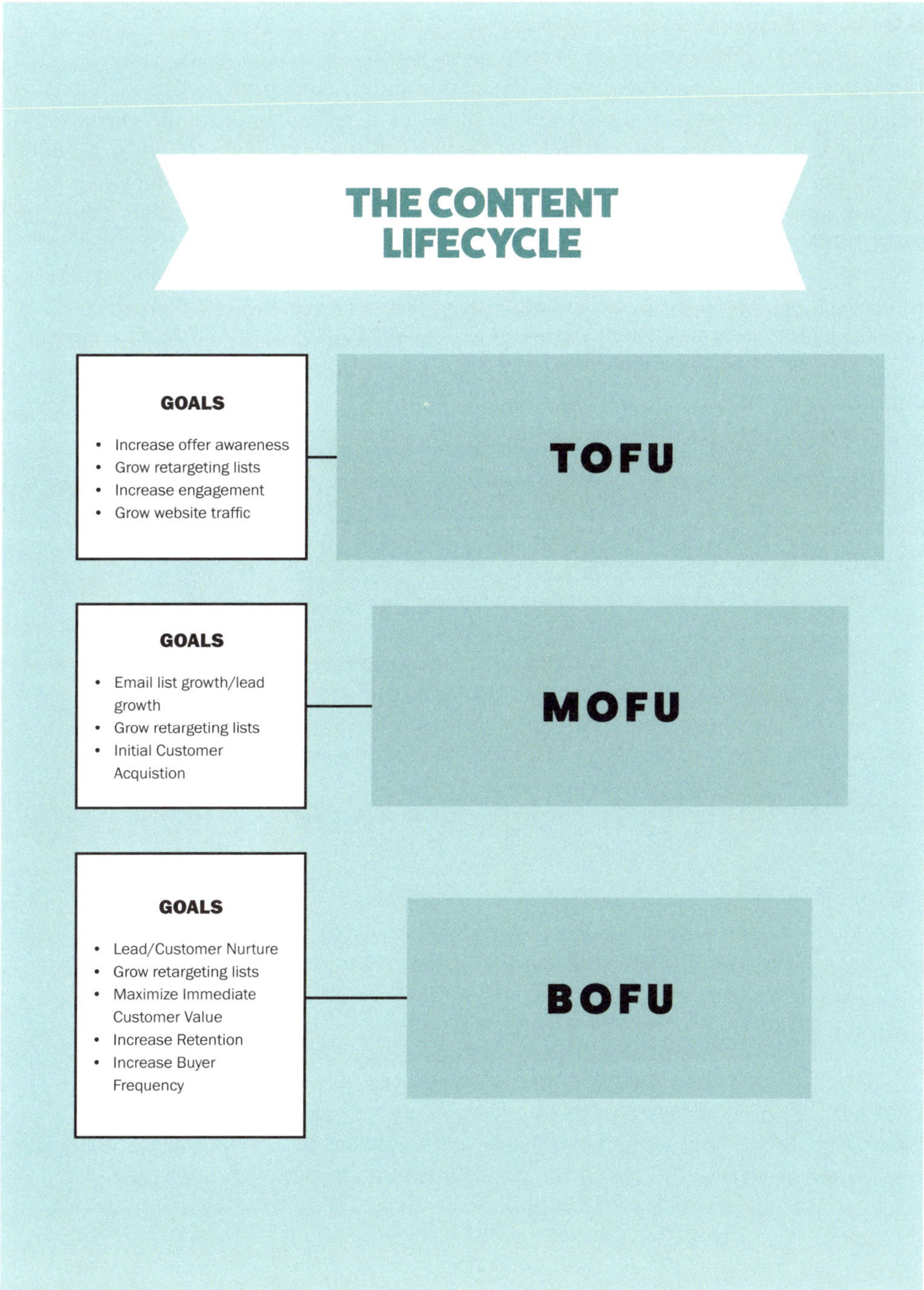
THE CONTENT LIFECYCLE
GOALS
Increase offer awareness
Grow retargeting lists
Increase engagement
Grow website traffic
TOFU
GOALS
Email list growth/lead growth
Grow retargeting lists
Initial Customer Acquistion
MOFU
GOALS
Lead/Customer Nurture
Grow retargeting lists
Maximize Immediate Customer Value
Increase Retention
Increase Buyer Frequency
BOFU

WAT KUN JE ERMEE?

BEGINNER

- Maak het onderscheid tussen business en marketing. Weet dat merkbekendheid een marketingdoel is dat aansluit bij het zakelijke doel van het vinden van mogelijke nieuwe klanten.
- Stel je bij het uitstippelen van contentmarketingdoelen de vraag of je efficiënt en effectief bezig bent. Effectiviteit komt voor efficiëntie. Het heeft geen zin om de foute doelen zeer efficiënt uit te voeren.
- Jezelf niet promoten is eerder een troef dan een nadeel bij het nastreven van je contentmarketingdoelen.

GEVORDERD

- Kwalitatieve content kan leiden tot meer bereik, meer leads en een grotere database, maar weet dat succes vergankelijk is. Wijs alle betrokkenen in het contentproces erop dat je publiek snel weer kan afbrokkelen als de focus op kwaliteit zakt of de drang naar zelfpromotie de overhand neemt.
- Gooi geloofwaardigheid niet te grabbel. Het is een van de hoekstenen van je contentmarketingmodel. Waak over uitschuivers, niet enkel inhoudelijk, maar ook op het vlak van contentdistributie.
- Houd de vinger aan de pols van verschuivende verwachtingen bij je doelpubliek. Als gevorderde zit je daarvoor in de geknipte positie. Beginners kennen je publiek nog maar kort, terwijl de experts vanuit hun leiderschap bouwen aan de rol van content in de organisatie. Als je met content andere informatiebehoeften moet gaan invullen, is het jouw taak om aan de bel te trekken.

EXPERT

- Als expert strateeg heb je de bagage om die heel moeilijke losse eindjes te verbinden. Je CEO zal voor het eerste vraagstuk zorgen, het vraagstuk over rendement. Houd dat in gedachten zodra je start met het op papier zetten van contentdoelen en leg meteen ook het verband met de businessdoelstellingen van je bedrijf.
- Even later zullen ook andere C-collega's op de deur kloppen. Houd je met content wel rekening met de purpose van het bedrijf? Maak een duidelijk onderscheid tussen purpose en betekenisvol zijn en leg uit hoe content bijdraagt tot meaningful maken van marketing.
- Een derde lastig vraagstuk komt van de verkoopdirecteur. Hoezo, content kan een rol spelen in het meer klantgericht worden? Maak sales tot een compagnon de route om andere departementen te overtuigen content in te schakelen om de hele organisatie meer klantgericht te maken (zie ook hoofdstuk 8).

Een internationale expert over ... doelstellingen

Een interview met KRISTINA HALVORSON

De Amerikaanse Kristina Halvorson is all-in-one: schrijfster, ondernemer, spreker, podcaster en vooral expert op het gebied van contentstrategie. Ze is de oprichter en CEO van Brain Traffic, een adviesbureau voor contentstrategieën, en van de contentstrategieconferentie Confab. Al sinds ze in 2009 *Content Strategy for the Web* schreef, observeert ze de doelen die contentmarketeers nastreven. We gingen met haar in gesprek over de meest recente evoluties.[50]

Content marketing draait traditioneel rond het verhogen van je merkbekendheid, autoriteit en trouw of geeft de aanzet tot lead generation. Vandaag vragen marketeers zich af hoe ze betekenisvol kunnen zijn. Past dat als doel in het rijtje?

Ik zie veel bedrijven die dat toch nog overslaan omdat ze willen besparen of omdat ze het in een project rond *purpose* onderbrengen. En net daar wringt het: vaak weten bedrijven niet hoe ze dat dan precies moeten invullen. Betekenisvol zijn begint uiteindelijk toch met het inschatten van wat je doelgroepen precies willen. Ga met hen praten om erachter te komen waar ze om geven en wat nuttig is. Zonder mensen die meedogenloos eerlijk aangeven wat er schort op het vlak van content, kun je niet betekenisvol worden.

Wordt content maken en verhandelen een doel op zich? De inspanningen om van content een business te maken, naar analogie van voorbeelden als Red Bull Media House, zetten zich in Europa niet echt door. Hoe komt dat?

Het klopt dat dit de voorbije tien jaar sterk naar voren is geschoven als een mogelijk model. Sinds de uitbraak van de coronacrisis is de wereld echter veranderd. Ik verwacht dat steeds minder mensen content als een businessmodel

MET DE STEUN VAN DE BEDRIJFSLEIDING KUN JE CONTENT MAKEN DIE VEEL MEER BETEKENIS HEEFT DAN DE MAKE ME GO VIRAL-CONTENT DIE WE VANDAAG ZIEN.

zullen blijven zien. Het maken van content is duur, net als alle goede dingen, maar dat maakt content nu minder tot een businessopportuniteit. We zitten momenteel in de fase dat bedrijven onder druk, denk aan de luchtvaartmaatschappijen, het maken van content als duur beschouwen en dus on hold zetten. Laat staan dat ze erover nadenken om er een apart businessmodel rond te bouwen. De huidige crisis draait de evolutie terug.

Wat wordt de marsrichting in de komende jaren? Blijven de conversiegerichte doelen de toon aangeven of schuiven we op richting imagodoelen voor content marketing?

Bij Europese klanten merk ik de vraag om hun imago te boetseren met content. Het is echter uitkijken voor de valstrik. Zie content niet als een imagoproject. Het is geen gratis showcase met posts op LinkedIn of Instagram en enkele podcasts. Als je je merk vorm wilt geven, moet je ook voor het gebruik van content echt je identiteit en je waarden kennen. Je moet je kernpubliek begrijpen of anders duik je als het ware in een vacuüm. Het is belangrijk om te vermijden dat je content als excuus gaat gebruiken omdat je nog niet hebt uitgezocht hoe je met content direct rendement op je investering kunt halen.

Welk doel zal volgens u aan belang blijven winnen voor contentmarketeers?

Momenteel schrijf ik een boek over het groeiende belang van *customer experience*. Het boek moet duidelijk maken hoe je content in je bedrijfsbeheer kunt inzetten om de klantenervaring te verbeteren. Ik bekijk het dus ruimer dan marketing, het gaat om de volledige – 360° – klantenervaring en het inzetten van content in dat kader. Ik denk dat bedrijven en hun consultants al heel lang lippendienst bewijzen aan *customer experience*. We praten veel over producten, servicedesign en leiderschap. Maar helaas stopt het gesprek vaak met het aanprijzen van een technologieplatform. Daar moeten we voorbij. We moeten praten over het belang van content bij het activeren van de klantenervaring. Ik begrijp de uitdaging: het is moeilijk om de stipjes te verbinden. In een organisatie zitten vele onderdelen die je moet samenbrengen. Momenteel voer ik onderzoek bij bedrijven die er een heel goede klantenervaring op na houden. Ze kunnen ons leren hoe ze de regels en taken rond content hebben opgezet met het oog op een betere klantenervaring.

Wat verwacht je te ontdekken?

Ik vermoed meer te ontdekken over de rol van de leiders in de organisatie. De oplossing ligt bij leiders die het belang van content begrijpen en bereid zijn daarin te investeren. Ik vermoed dat ik fantastische modellen van samenwerking tussen teams zal vinden. Ik vermoed ook dat er veel waarde schuilt in het centraal beheren van elementen als tone of voice, het creëren van helderheid in de content enzovoort. Ik ben het beu om te praten met directeurs die denken het begrepen te hebben, maar dan toch weer op de enge manier naar content gaan kijken.

ZONDER MENSEN DIE MEEDOGENLOOS EERLIJK AANGEVEN WAT ER SCHORT OP HET VLAK VAN CONTENT, KUN JE NIET BETEKENISVOL WORDEN.

Moet leiderschap geen doel worden voor contentmarketeers?

Inderdaad. Het helpt in elk geval bij het ontmantelen van het idee dat enkel volume en bereik belangrijk zijn. Ik denk dat het voor marketeers heel belangrijk is om goed te begrijpen wie ze proberen te bereiken en wat voor soort acties ze willen ondernemen. Je hebt leiders nodig die continu uitleggen welke veranderingen zinvol zijn voor je business. Van daaruit kun je content maken die veel meer betekenis heeft dan de *make me go viral*-content die we vandaag zien. Content heeft leiders nodig die dat beseffen.

DEEL 2
STRAFFE CONTENT

HOOFDSTUK 4

HOE MAAK JE QUALITY CONTENT?

CASE

Geodan

GEODAN MAAKTE LOCATION INTELLIGENCE TOEGANKELIJK VOOR IEDEREEN

Wat kun je je voorstellen bij geolocatietechnologie? Weinig allicht. Het kan je nochtans slimme inzichten geven voor bijvoorbeeld het vinden van vastgoedlocaties of mogelijke oplossingen bieden voor de energietransitie. Het blijft abstract en sowieso voor iedereen heel onbekend. Dat was het vertrekpunt van Geodan in hun doel om de mogelijkheden duidelijk te maken bij 32.000 professionals voor wie *location intelligence* nuttig kan zijn.

Geodan nam de moedige keuze om een apart contentplatform op te zetten, los van de corporate website. Zo kreeg de content een onafhankelijk en objectief karakter. Het unieke platform 'The Meridian' wordt gemaakt samen met een team van experts en (ervarings) deskundigen, die dieper ingaan op telkens één specifiek maatschappelijk thema, zoals de infrastructuur in Nederland. Elk dossier vertrekt vanuit een bepaalde probleemstelling; met antwoorden op 'wat als'-vragen wordt een ideaalscenario geschetst, hoe *location*

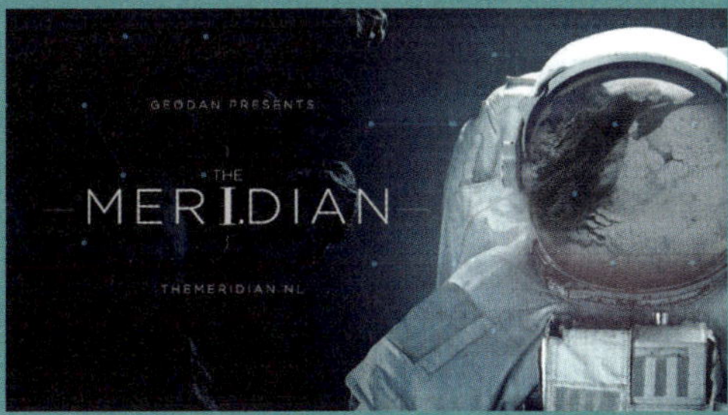

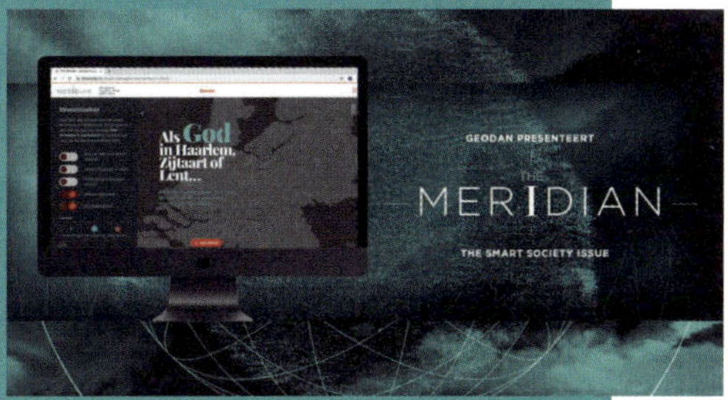

intelligence het verschil kan maken voor de maatschappij. 'Wat als een storm Nederland platlegt?', dat wil iedereen wel bekijken. Deze maatschappelijke benadering trekt veel lezers aan en zorgt ervoor dat iets wat eerder technisch is, heel bevattelijk wordt.

'The Meridian' ziet er fantastisch uit, met een inspirerende mix van artikelen, video's, interactieve kaarten, audioverhalen, gifs en fotografie. Het geeft je direct zin om erin te duiken. Elk specifiek thema richt zich op een van de vier *buyer persona's*, wat op zich weer helpt bij de keuze van onderwerpen, invalshoeken, contentvormen en distributiekanalen.

De journalistieke benadering met diepgaande dossiers trekt in de eerste plaats lezers aan die op zoek zijn naar inspiratie, om hen vervolgens uit te nodigen door te klikken naar de Geodan-website, met daarop cases en blogs van experts. Om deze *quality content* optimaal te laten renderen, is er een gericht distributieplan, met bij elke editie een Netflixachtige trailer, die verspreid wordt via LinkedIn, Facebook en een nieuwsbrief.

Dat kwaliteit loont, tonen de resultaten: na één jaar en slechts twee edities werd al ongeveer een derde van de doelgroep bereikt. Bezoekers blijven gemiddeld vijf minuten op een pagina, bezoeken meerdere pagina's per bezoek en ruim 10% keert terug voor meer. 'The Meridian' blijkt na twee edities al de belangrijkste aanjager van nieuwe bezoekers naar de corporate website van Geodan. Deze bezoekers blijven vervolgens negen minuten op de website hangen.

Goede content heeft ook het vermogen om verwijzingen te krijgen van anderen. Een van de artikels uit de tweede editie werd breed opgepikt door de pers, wat een geschatte pr-waarde van ruim 250.000 euro opleverde. Het is het bewijs dat investeren in kwaliteit loont.

4.1 HET BELANG VAN QUALITY CONTENT

Goede content maken kost geld, maar brengt ook geld op. Veel geld, als je het juist aanpakt. Het omgekeerde geldt ook: minderwaardige of doorsneecontent doet niets voor je merk en in het slechtste geval brengt het zelfs een negatieve perceptie teweeg. Het is bovendien zonde van de moeite en het budget. In dit onderdeel geven we jou een aantal argumenten die je kunt gebruiken om je case te maken en in te zetten op *quality content.*

4.1.1 GEEN CONTENT MARKETING ZONDER GOEDE CONTENT

Content marketing gaat over gevonden of gezien worden, vertrouwen krijgen, een publiek opbouwen en converteren. Het middel waarmee we dat doen is content. Is je content minderwaardig, dan haken mensen al van het eerste moment af. Lok je ze met valse beloftes, die je niet kunt waarmaken: weg vertrouwen en weg publiek. Alles wat we doen in content marketing heeft maar zin als we het goed doen. Of nog beter: meer dan goed. Er is geen shortcut.

We kunnen niet genoeg hameren op het belang van kwaliteit. Vandaar dat we er hier in dit boek een speciaal hoofdstuk aan wijden. Kwaliteit valt uiteen in meerdere elementen. Vergelijk het met uit eten gaan. Een restaurant kan jouw honger stillen, maar het is de kwaliteit van de ingrediënten, de bereidingswijze, de vriendelijkheid van het personeel en de hele omkadering, die zullen bepalen of je fan wordt en terugkomt.

4.1.2 (TE) VEEL CONTENT WORDT GEWOON NOOIT GEZIEN

In de pioniersdagen van content marketing maakte het niet zo veel uit of je content kwalitatief was of niet, alles wat je publiceerde, werd gezien. Er was immers veel minder concurrentie en het algoritme van Google was nog niet zo gesofisticeerd. Duchtig strooien met de juiste *keywords* was voldoende om ergens bovenaan te verschijnen in de zoekresultaten.

In 2014 voorspelde Mark Schaefer dat we met de hele sector afstevenen naar contentshock,[51] een moment waarop het volume content dat geproduceerd wordt, ons vermogen om het allemaal te kunnen bekijken, zou overstijgen. Dat moment ligt al enkele jaren achter ons en het klopt dat je in sectoren als finance, retail en *automotive* zelfs al kunt spreken van contentoverload. In 2014 was Schaefer nog heel pessimistisch over content marketing als aanpak. De strijd zou gewonnen worden door merken met de dikste portefeuilles, die meer content kunnen produceren én ook nog verspreiden via *paid media*. Het reclamemodel, met andere woorden.

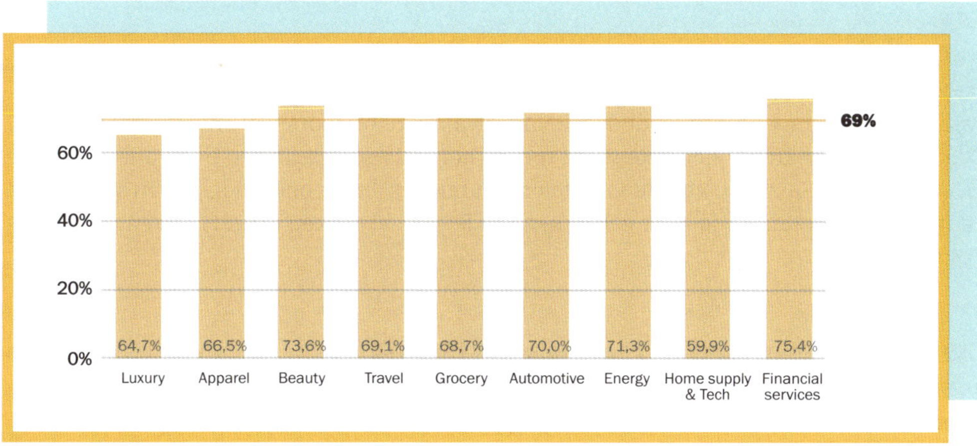

Percentage van content die niet gezien wordt, per sector. Bron: Contentsquare

In 2020 zien we daadwerkelijk dat bijna 70%[52] van de content niet wordt bekeken of gevonden door het beoogde publiek. Moeten we dan opgeven? Natuurlijk niet. Het antwoord is: inzetten op *quality content*, meer kwalitatieve content.

4.1.3 EEN NICHE CLAIMEN

Quality content is een manier om een bepaald domein voor jou te claimen, om gezien te worden als *thought leader*, de bron die mensen consulteren wanneer ze meer willen weten over dit specifieke domein. Om die niche – of sweetspot – te bepalen, moet je op zoek naar het kruispunt tussen wat je merk te bieden heeft, waar je publiek naar op zoek is en de context die daarop een invloed kan hebben.

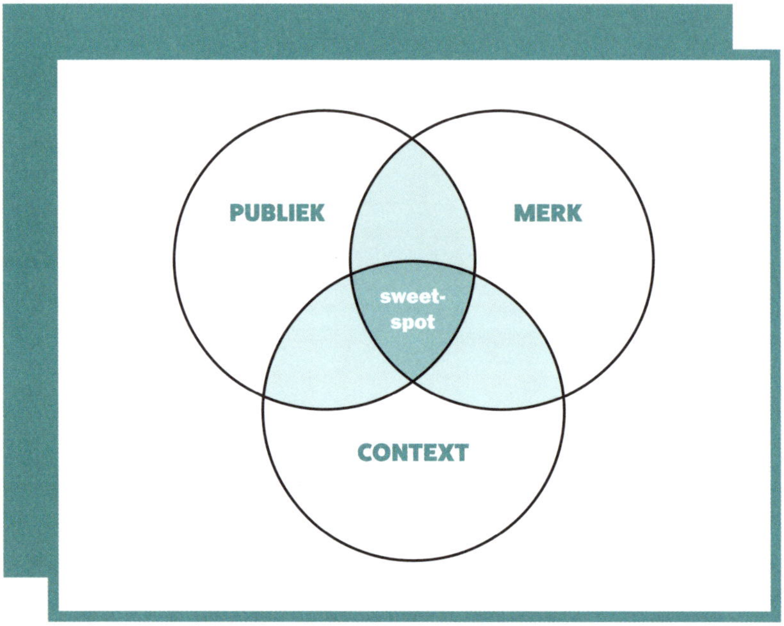

Je sweetspot vind je in het samenkomen van de noden van je publiek, wat je als merk te bieden en vertellen hebt en wat er allemaal gebeurt in de context van je merk.

Welke noden heeft je *publiek*?

Wie is jouw beoogde publiek en waarmee kun je hen helpen of inspireren? Waar zoeken mensen op online? Welke vragen komen binnen via sales, het callcenter, winkelpersoneel, fora? Wat zijn de barrières die je publiek ervaart? Bestudeer ze, creëer *buyer persona's*, vraag wat hen interesseert (zie ook hoofdstuk 2).

Wat heb je als *merk* te bieden?

Denk verder dan USP's en andere instrumentele waarden, want die zijn in veel gevallen onderling inwisselbaar en missen een emotionele laag om connectie te maken. Heb je een specifieke aanpak, een uitzonderlijke ontstaansgeschiedenis, bekende stichters die je kunt uitspelen of een motivatie – de *why* – die mensen kan aanspreken? Simon Sinek bestudeerde met zijn *golden circle* de drijfveer van koopgedrag: mensen kopen niet wat je doet, maar waarom je het doet. (Koop)gedrag wordt aangestuurd door emotionele drijfveren, die we pas achteraf gaan rationaliseren.

Welke factoren kunnen een invloed hebben, in de *context* van je merk?

Wat gebeurt er allemaal in de wereld van jouw publiek, in de ruime context van jouw markt: is er bepaalde wetgeving die een invloed kan hebben, welke trends komen eraan, wat doen je concurrenten, rechtstreekse en onrechtstreekse? Stel dat je aanbod met voeding te maken heeft en je concurrent is de koning van Instagram met een sterke format rond koken. Dan heeft het geen zin om op hetzelfde kanaal een gooi naar de troon te doen met hetzelfde, tenzij je overtuigt bent dat je nog beter kunt. Ook onrechtstreekse concurrenten, zoals mediabedrijven, kunnen je keuze beïnvloeden.

KIDSLIFE

KidsLife is in België een van de aanbieders van het Groeipakket (de vroegere kinderbijslag). Om te komen tot hun sweetspot, werd deze oefening doorlopen:

- *Merk*: 'Elk kind verdient geluk', KidsLife helpt ouders met het financieel draagbaar maken van de opvoeding van hun kinderen.
- *Publiek*: wil in de eerste plaats de kinderbijslag op tijd krijgen, maar worstelt ook met administratie en oplopende kosten inherent aan kinderen hebben.
- *Context*: sterke concurrentiële markt, waar aanbieders allemaal hetzelfde doen en vertellen, zonder een duidelijke focus te leggen.
- *Sweetspot*: onder de noemer 'Wij zorgen ervoor dat je niks mist' staat KidsLife op alle mogelijke manieren ouders financieel bij.
- *Content*: over de kosten van kinderen opvoeden en hoe je dat draagbaar maakt.

KidsLife

4.1.4 MEERWAARDE CREËREN

De kracht van content marketing schuilt in het creëren van een meerwaarde voor je publiek. Veel content wordt veelbelovend aangekondigd, maar blijkt uiteindelijk teleurstellend. Het ziet er diepgaand uit, maar wat er staat is mager en voor de hand liggend. Een gulden regel is: verspil mensen hun tijd niet. Doug Kessler noemde *crappy* content de grootste bedreiging voor content marketing, omdat daardoor mensen hun barrières weer gaan verhogen, zoals gebeurd is bij reclame.[53]

Meerwaarde betekent dat je je publiek moet serveren wat het nodig heeft en niet per se wat het wil. Dat vraagt inzicht en research, om te komen met content die gerespecteerd wordt. B2b-marketeer Gina Balarin maakte een acroniem rond de elementen die die meerwaarde bepalen: BRACES.

- *Brave* (dapper): omdat het durft in te gaan tegen wat algemeen verondersteld wordt of omdat je het op een geheel andere manier brengt of distribueert.
- *Researched*: gebaseerd op echt onderzoek en data, niet op wat Google op de eerste pagina van de zoekresultaten voorstelt.
- *Astute* (slim): omdat het mensen echt vooruithelpt.
- *Credible* (geloofwaardig): onderbouw, benoem bronnen, spreek met experts en klanten.
- *Educational*: je leert ervan als lezer, omdat het nieuw is of omdat het op een interessante manier voorgesteld is.
- *Skimmable*: de tijd is beperkt, stel je content zo voor dat lezers er makkelijk kunnen doorlopen en er zaken uitpikken.

4.1.5 VERTROUWEN KRIJGEN

De meeste marketinginspanningen zijn gericht op nieuwe klanten aantrekken, terwijl er meer aandacht zou moeten gaan naar het vergroten van jouw *circle of trust*. De mensen die dicht bij jou staan – jouw klanten, personeel, journalisten, leveranciers en influencers – hebben een grote invloed op aankoopbeslissingen, omdat ze over jou spreken tegen hun omgeving.

Hoe groter jouw *circle of trust*, hoe groter jouw businesspotentieel. De sleutel tot het vergroten van die cirkel zit in:

- kleine authentieke (lees: niet-corporate) verhalen die mensen graag doorvertellen. Zoals Dollar Shave Club dat populair werd met zijn rebelse houding tegen de grote merken en uiteindelijk door groot merk Unilever overgenomen werd (maar dat is een ander verhaal);
- beoordelingen en reviews op alle mogelijke sites die je publiek bezoekt, zoals Google en e-commerceplatformen. Hoe persoonlijker, hoe beter;
- bovenaan komen in zoekmachines met zo veel mogelijk online assets, zoals je site, je reviews, je sociale media enzovoort;
- commentaren op je blog en de conversaties die je er voert met je publiek;
- social engagement: *shares*, volgers en likes tonen de trouw van je publiek.

Dollar Shave Club bouwde een circle of trust op door de status quo aan te vechten en werd uiteindelijk door een van de grote spelers overgenomen

4.1.6 JE EIGEN STEM LATEN KLINKEN

Als meer merken over hetzelfde gaan vertellen, krijg je snel content die onderling inwisselbaar is. Die eigen stem zal helpen om eruit te springen. Dat gebeurt door als merk een bepaald domein te claimen, maar ook door de specifieke invulling: de verhalen die je vertelt, de vorm, de creativiteit, de accenten die je legt en de standpunten die je inneemt. Iedereen wil graag *thought leader* zijn in zijn domein. Dat word je door conventies te doorbreken, in jouw hoogst eigen stijl.

Tom Petty zaliger aan het woord bij Norman's Rare Guitars

In veel sectoren is content jammer genoeg vrij generiek. Het zijn daarom de initiatieven die accenten durven te leggen, die succesvol zijn. Een mooi voorbeeld daarvan is een lokale gitaarwinkel uit California, Norman's Rare Guitars. Norman maakt video's met de muzikanten die zijn winkel bezoeken, onder hen de occasionele celebrity. Hij maakt daarbij duidelijke keuzes, zonder compromissen. Het is content voor gitaaraficionado's en dan mag het best wel wat gitaarnerdy zijn. De heel authentieke productie, zonder franjes, is perfect in deze context. Ondertussen volgen ongeveer 450.000 mensen zijn YouTubekanaal.

4.1.7 TONEN DAT JE GEEFT OM JE PUBLIEK

Moeten we al die opgebouwde kennis zomaar gratis weggeven aan de wereld? Het antwoord is volmondig 'Ja!'. Door je content gratis te delen met je publiek, toon je dat je hen in de eerste plaats wilt helpen en dat je om hen geeft. En dat je hen pas iets wilt verkopen als ze helemaal geïnformeerd en overtuigd zijn.

Het is net door te denken als een uitgever en niet als een verkoper of marketeer, dat je nuttige content gaat maken voor je publiek. Door het etaleren van die kennis toon je je expertise en hulpvaardigheid om hen te helpen. Doe jij het niet, dan zal een ander merk het vroeg of laat in jouw plaats doen en een bevoorrechte speler worden in het domein dat jij wilt claimen.

4.1.8 EEN PUBLIEK OPBOUWEN

Dit is misschien nog de belangrijkste reden om te investeren in *quality content*: je bouwt een publiek van volgers en zelfs fans op. Die fans zullen jou vertrouwen, van jou kopen, positief over jou spreken en je content verder delen in hun netwerk. Die fans verzamel je idealiter in een e-maildatabase, maar het kunnen ook volgers van jouw YouTubekanaal of socialemediapagina's zijn, of bijvoorbeeld als leden van een heel specifieke Slackgroep.

GoPro bouwde met quality content een grote fanbasis op

Sommige grote merken zoals Red Bull en LEGO zijn erin geslaagd om met buitengewone content een heel sterke fanbasis op te bouwen, met commercieel succes tot gevolg. Cameramaker GoPro bouwde op YouTube een publiek op van negen miljoen mensen, die uitkijken naar de video's die professionele atleten maken met hun camera's.

4.2 WAAR LOOPT HET VEELAL FOUT?

Te veel content passeert als een schip in de nacht: ongezien. Waar ligt dat aan? Wat volgt is een lijstje met de meest voorkomende redenen waarom content niet opgepikt wordt, beklijft en converteert. Hou jezelf een spiegel voor en kijk welke gelden voor jouw content.

4.2.1 ME ME ME

Veel merken hebben moeite met de notie dat het in content marketing in de eerste plaats over de klant gaat en dan pas over hen. Verwar content marketing niet met reclame, waar je schaamteloos je merk kunt ophemelen. Met content marketing breng je 'inhoud' die je publiek helpt of inspireert. *Het gaat niet over jou*, maar over zaken die je publiek interesseert. Dat *customer centered* denken blijkt voor veel marketeers een grote uitdaging, omdat ze zich meer vertrouwd voelen in het spreken over USP's en features van hun nieuwste automodel of wasmachine.

Probeer niet te verkopen in je content, toch niet rechttoe rechtaan. Content marketing is geen *quick win*. Het ondermijnt wat je wilt vertellen en zal alleen maar irritatie teweegbrengen. Merken die vooral over zichzelf spreken, boezemen geen vertrouwen in, waardoor hun publiek gewoon afhaakt.

4.2.2 NIETS TE VERTELLEN

Waar moeten we het dan wel over hebben? Wat is relevant voor mijn publiek? Veel van de content die marketeers brengen, draagt niets bij. Het contentplan dicteert dat er een wekelijkse nieuwsbrief is of dat er elke dag gepost moet worden op sociale media, maar is dat wel nodig? Wordt er wel iets van waarde gebracht? Wat heeft het publiek nodig? Is het hier wel naar op zoek? Wordt het hierdoor geïnspireerd? Stel dat je er morgen mee stopt, zal dan iemand treurig zijn? Zo niet: *back to the drawing boards*.

4.2.3 TE SNACKABLE

Op congressen krijg je regelmatig het broodje aap geserveerd dat mensen een kortere aandachtsspanne hebben dan een goudvis. Dat is jouw cue om de zaal te verlaten, want wat volgt, zal hoogstwaarschijnlijk weinig verheffend zijn. Deze gefabriceerde goudvismythe heeft marketeers en hun bureaus de voorbije jaren aangezet om steeds kortere, *snackable* content te maken. Door dogma's als 'Een video mag niet langer dan 90 seconden duren' werd alles wat die video aantrekkelijk of anders maakte, weggeknipt. Mensen kunnen – in tegenstelling tot goudvissen – probleemloos tien afleveringen van een nieuwe Netflixserie bingen. Video's en artikels mogen dus best lang zijn, zolang ze relevant zijn en blijven boeien.

Langer is beter, zegt deze studie van Semrush[54]

Een studie van Semrush bij 700.000 blogartikels toonde zelfs aan dat langere stukken die een onderwerp diepgaand behandelen, meer worden bekeken, dat er meer naar wordt gelinkt en dat ze sneller gedeeld worden. Het kan wel verstandig zijn om korte stukjes in te zetten als aanjager naar het grotere stuk. Een beetje zoals een trailer mensen aanzet om naar de volledige film te gaan kijken.

4.2.4 TE VEEL ...

Vul maar in: te veel doelgroepen, te veel doelen, te veel kanalen, te veel verschillende formats. Door je inspanningen heel breed uit te spreiden, is de kans groot dat je net heel weinig bereikt. Omdat je focus mist (wat willen ze nu eigenlijk vertellen?), omdat niemand zich aangesproken voelt of omdat je al die kanalen en verschillende uitingen niet onder controle kunt houden.

'Wie kiest, wordt gekozen.' Durf keuzes te maken. De Nederlandse verzekeringsmaatschappij a.s.r. startte een blog over verzekeren, volledig geschreven vanuit het standpunt van vrouwen, waardoor ze heel generieke problemen vanuit een heel specifieke context kunnen belichten, met een heel eigen tone of voice.

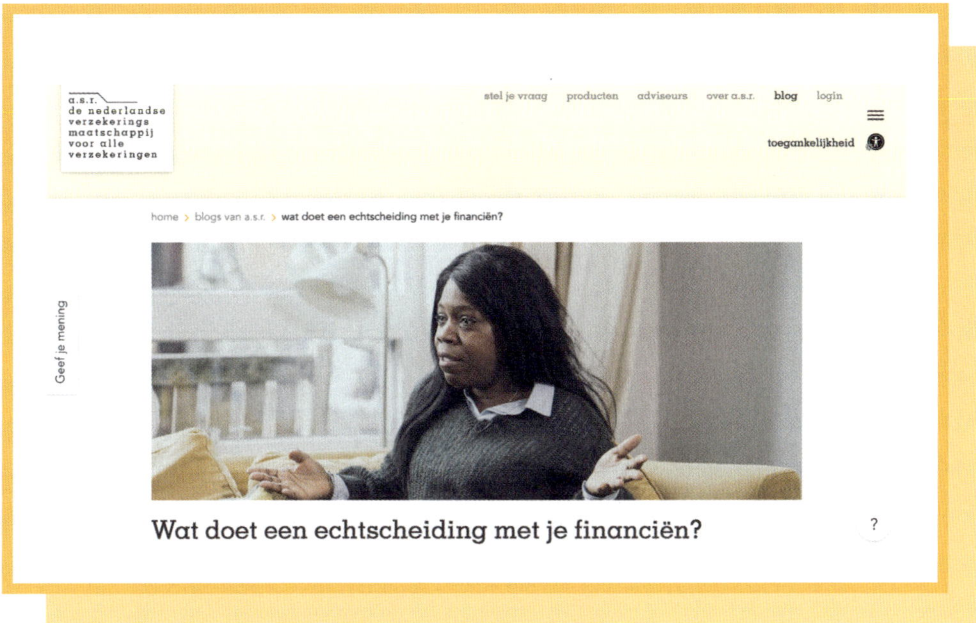

De blog 'ikdenkvooruit.nl' maakt een duidelijke keuze: vrouwen en financiën

Er wordt ook wel eens over de 90/10-regel[55] gesproken. Investeer 90% van je tijd en middelen in één of een beperkt aantal zaken die je zeer goed doet. En reserveer 10% voor experimenten. Je manager zegt dat we absoluut op Instagram moeten zitten? Gebruik die 10% om dat uit te proberen. Kortom, je kunt beter het bedrijf met die fantastische blog zijn, dan het bedrijf met acht verschillende uitingen waarvan geen enkele boven de middelmaat uitsteekt. Onthoud: 10% van 40 is meer dan 4% van 100. Doe minder, maar beter en het zal je meer opbrengen.

4.2.5 SEO-BLINDHEID

Content marketing vindt zijn oorsprong in search engine optimization (SEO): content maken, gebouwd op veelgezochte *keywords*, waarmee je het meeste kans hebt om bovenaan te verschijnen in zoekmachines als Google. De oefening 'Wat zoekt je publiek?' moet inderdaad een van de vertrekpunten zijn van je contentmarketingstrategie, maar zeker niet het enige. Diezelfde oefening wordt immers ook door jouw concurrenten gedaan en dan krijg je snel zeer inwisselbare content, rond diezelfde meest voorkomende *keywords*. Bovendien geven *keyword*-analyses alleen een antwoord op het verleden en het heden, en niet op de toekomst. Met pure SEO-content kun je wel gevonden worden, maar zul je hoogstwaarschijnlijk geen grote indruk nalaten.

4.2.6 SAAI, NIETSZEGGEND, NIET CREATIEF, NIET AUTHENTIEK

Je content kan inhoudelijk precies zijn waar je publiek naar op zoek is, alleen is ze zo saai als een dodo, omdat je niet de moeite hebt gedaan ze in een mooie verpakking te steken. 'Every great story needs to be embellished', zei de tovenaar Gandalf in *The Lord of the Rings*. Heb je iets interessants te vertellen, ga dan all the way om er een mooi verhaal van te maken. Met een sterke insteek, sprekende getuigenissen en beelden die het geheel verheffen.

Vooral in de financiële sector merk je dat marketeers wel veel te vertellen hebben, maar het moeilijk hebben om dat op een onderscheidende en beklijvende manier te doen. Hierdoor is veel content van banken onderling inwisselbaar. De emotionele component in content zorgt ervoor dat je een blijvende indruk maakt. Hij zorgt voor loyaliteit en drijft mensen naar beslissingen, zelfs in b2b-omgevingen. Neurowetenschapper Antonio Damasio legt uit: 'Een brein dat niets voelt, kan geen beslissingen nemen. We hebben nood aan emotie, niet alleen logica.'[56]

4.2.7 CAMPAGNEDENKEN

Er wordt weleens gezegd: 'content marketing is een marathon, geen sprint.' Ook al kan content marketing ingezet worden voor het invullen van kortetermijndoelstellingen, het is toch aangewezen om altijd de langetermijnperspectieven voor ogen te houden. Met beklijvende content bouw je een publiek op. Wat een zonde als je dat publiek vervolgens vol verwachtingen in de kou laat staan, op het moment dat je hun volle aandacht verworven hebt.

Velux mankeerde continuïteit voor zijn contentprogramma

In 2018 lanceerde ramenfabrikant Velux 'The Indoor Generation', een video- en contentplatform waarmee ze internationaal wilden duidelijk maken dat ze begaan zijn met hoe mensen tegenwoordig te veel binnen leven in overgeïsoleerde of slecht geventileerde huizen en welke gezondheidsproblemen dat veroorzaakt. De beklijvende video maakte grote indruk, de boodschap was manifest, de aandacht van het publiek was getrokken en toen gebeurde er ... niets meer. Het verhaal werd onvoldoende doorgetrokken in de marketing van de verschillende landen en er was niet in content voorzien om dat blijvend te ondersteunen. Ondanks een groot potentieel om hiermee voor jaren een statement te maken, met relevante content rond dit thema, heeft 'The Indoor Generation' nooit de aanpak van een campagne kunnen overstijgen en viel de boodschap helemaal plat.

4.2.8 FUNNEL-BLINDHEID

Aan het einde van bijna elk contentmarketingtraject wil een marketeer harde conversies, in de zin van leads en sales. Om ze zover te krijgen wordt de klassieke *funnel* ingezet. Mensen worden breed binnengetrokken via *awareness*, met als doel onderaan in de *funnel* een bepaald percentage over te houden en dat te converteren. Om dat traject continu te voeden, wordt er veel content gemaakt die zich bovenaan in de *funnel* bevindt. Hiermee wordt voorbijgegaan aan het feit dat veel conversies komen van bestaande klanten, doordat ze opnieuw bestellen of omdat ze hun positieve appreciatie over jouw merk delen met anderen.

Merken die daaraan voorbijgaan, missen veel potentieel en verliezen onderweg ook veel klanten, omdat die zich te weinig aangesproken voelen door de content die alleen gericht is op nieuwe – onwetende – klanten. Door jouw klanten op specifieke momenten bij te staan met microcontent creëer je loyaliteit. En loyale klanten zijn de belangrijkste basis voor het aantrekken van nieuwe klanten, omdat ze positief over jou spreken. Aannemer Tulsa Renew stuurt zijn klanten elke dag filmpjes over de progressie op de bouwplaats. Deze filmpjes stellen hun klanten zodanig gerust, dat ze die ook delen met hun kennissen, wat weer zorgt voor nieuwe business voor Tulsa Renew.

De microcontent van aannemer Tulsa Renew trekt nieuwe klanten aan

4.2.9 GEEN IDENTITEIT

Veel content is onderling inwisselbaar. Komt het nu van bank A, B of C? Verander de logo's en het plaatje klopt nog steeds. Als dat zo is, dan zit je met een probleem, want dan maak je met je content de sector en misschien zelfs je concurrenten beter, maar niet per se jezelf als merk.

De volgende elementen bepalen je identiteit.

- *De keuze van onderwerpen*: ga je voor de meest voor de hand liggende topics, waar iedereen al op zit en waarbij het moeilijk zal zijn om het verschil te maken of waag je je aan een zijstapje?
- *Formats en invalshoeken*: heb je eigen formats en gebruik je creatieve invalshoeken die de content 'jou' maken?
- *Tone of voice*: wil je zakelijk overkomen of net heel informeel? De keuze in de beoogde perceptie zal een invloed hebben op woord- en taalgebruik.
- *Design*: kies je voor het eerste generieke stockbeeld dat een beeldenbank jou voorstelt of geef je je beelden een eigenheid die herkenbaar is? Welke vormgeving hanteer je?

The Fat Lady ontwikkelde een herkenbare visuele collagestijl

4.2.10 INCONSISTENT

Als marketeer zijn we soms na enkele maanden uitgekeken op een bepaald contentformat. 'Moeten we niet eens wat anders proberen?', klinkt het dan. De kans is groot dat jouw publiek er nog niet op uitgekeken is, meer nog, misschien heeft een groot deel het zelfs nog niet gezien.

Fish Tales, een aanbieder van duurzame vis, bouwde zijn merk op met een aantal unieke formats, waaraan al jaren wordt vastgehouden.

Fish Tales werd groot door consistent in te zetten op dezelfde formats

Bouw consistentie op in:
- topics en formats;
- design en tone of voice;
- frequentie en moment van *publishen*.

Wees geduldig, geef mensen de tijd om aan een format te wennen, maar gooi het ook niet onmiddellijk overboord als het wat achteruitgaat. Probeer met kleine wijzigingen het concept fris te houden en je publiek te blijven verrassen. Succesvolle televisieformats als 'De Mol' overleven doordat de makers elk seizoen subtiele wijzigingen aanbrengen, zonder aan de basis te raken.

4.3 HOE JOURNALISTIEKE PRINCIPES JE CONTENT NOG BETER KUNNEN MAKEN

Content maken is je inleven in je doelgroep en ervoor zorgen dat je inhoud maakt die perfect aan de verwachtingen voldoet. Of – beter nog – die de verwachtingen overtreft, bijvoorbeeld content waar je publiek iets mee is, maar die het niet had verwacht. Serendipiteit, zeg maar ... Niet toevallig is deze beschrijving ook die van een journalist: hij gaat in een gekozen format (of dat nu *Flair* of *Terzake* is) de meest relevante informatie naar boven halen en die helder brengen. Wie kwalitatieve content wil maken, heeft er baat bij om goed te kijken hoe journalisten werken. Bijvoorbeeld door te analyseren welke soorten journalistiek er zoal bestaan, of door de journalistieke technieken over te nemen.

4.3.1 JOURNALISTIEK EN JOURNALISTIEK IS DRIE

Bij journalistiek onderscheiden we drie types.

- *Nieuwsjournalistiek* is allicht het bekendst. Het is de journalistiek die we vereenzelvigen met journaals of met de krant: nieuwsjournalistiek brengt immers de actualiteit. Dat hoeft echter niet de algemene actualiteit te zijn, ook de nieuwigheden binnen niches kunnen interessant zijn. En wie niches denkt, denkt doelgroepen. Voor bepaalde merken (bv. in b2b) kan nieuwsjournalistiek dus zeer gepast zijn.

- *Servicejournalistiek* is een tweede type. En eentje dat we vaak terugvinden in content marketing. Het geeft mensen immers advies. *How-to*-video's zijn er allicht het beste voorbeeld van. Maar eigenlijk kun je alle 'gidsen' in deze categorie onderbrengen.

HR-JOURNALISTIEK TUSSEN NIEUWS EN DIENSTVERLENING

Dat je je niet op één type journalistiek hoeft vast te pinnen, bewijst uitzendgroep Randstad. Op de blog 'Workforce 360' zet het in op hr-journalistiek die zowel nieuws brengt als adviserend werkt. Een artikel dat als eerste de cijfers geeft over het aantal bijverdienende studenten, wisselt het bijvoorbeeld af met een stuk over hoe je met outplacement moet omgaan. De *how-to*-aanpak trekt Randstad ook door in de interviews of reportages. Gaat een journalist kijken hoe de Volvo-fabriek in Gent weer opstartte na de coronacrisis, dan vind je in zo'n artikel meteen ook een pak tips die andere bedrijven in een vergelijkbare situatie kunnen inspireren.

aanbevolen artikels

alle artikels

recordaantal studenten verdient bij.

84% van de studenten hebben een bijverdienste, dat is nog maar eens een record. Vorig jaar bleef de teller nog steken op 80%. Opvallend is dat zwar...

categorie: flexibility & labour market, nieuws

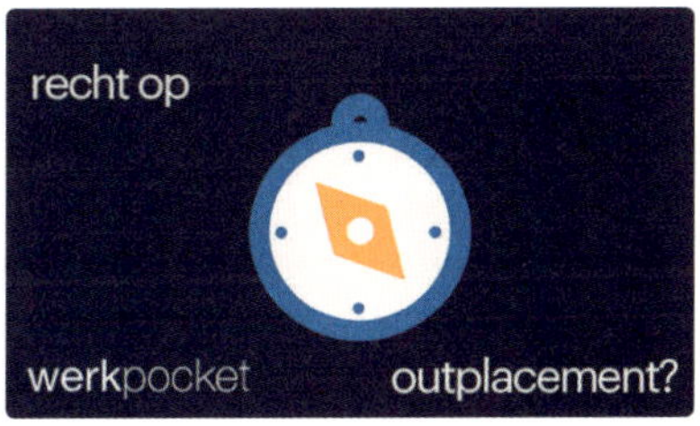

heb ik recht op outplacement na mijn ontslag?

Outplacement of ontslagbegeleiding is een dienstverlening aan ontslagen werknemers om zo snel als mogelijk een nieuwe job te vinden. Maar wat houdt...

categorie: wetgeving

- *Lifestylejournalistiek* is de derde vorm. Het gaat om journalistiek die verhalen en trends rond een bepaalde lifestyle covert. Hier denken we spontaan aan magazines, die vaak over een bepaalde lifestyle gaan: gezond koken, mode, Scandinavisch design ... Voor merken is lifestyle natuurlijk gefundenes Fressen. Ze willen vaak deel uitmaken van een bepaalde lifestyle om zo een afgebakend publiek aan te spreken. Lifestylejournalistiek kan hen dan ook inspireren voor hun contentaanpak. We vermelden er wel graag bij dat de concurrentie op dit vlak zeer groot is. Eruit springen is niet vanzelfsprekend. Maar wanneer je er als merk in slaagt om – met je content, laten we duidelijk zijn – je publiek te inspireren, dan heb je de juiste snaar geraakt.

BIO-PLANET MAAKT ZIJN MERKBELOFTE WAAR

'Echt goed', daar draait het bij biosupermarkt Bio-Planet om. Die merkbelofte maakt het waar met pockets en krantjes over de belangrijkste assortimenten. De pockets, die klanten meekrijgen na een bezoek aan een winkelpunt, geven – via experts – zo veel mogelijk genuanceerde antwoorden op vragen die consumenten zich kunnen stellen over een thema. Bio-Planet helpt consumenten via hun content om bewuster te consumeren.[57] En om hun lifestyle te verfijnen.

4.3.2 JOURNALISTIEK BEGINT BIJ DE TECHNIEKEN

Geloofwaardig, objectief, verhalend ... Stuk voor stuk elementen die we met een journalist vereenzelvigen. En stuk voor stuk elementen die je als merk ook graag zou uitstralen, niet? Wie journalistieke technieken hanteert, komt al een eind. Wij vatten ze samen in het volgende viertal.

- *Denk aan je publiek.* We weten het, het komt her en der als dé contentmarketingmantra in dit boek terug, maar het is de enige manier om als journalist succesvol te zijn. Ken je publiek door en door en breng waarnaar het op zoek is.

- *Doe aan research.* Wie geloofwaardig wil zijn, vertelt niet zomaar wat. Zorg ervoor dat je bronnen hebt, juiste informatie meegeeft en weet waarover je praat. Bovendien kun je zo ook tot onderwerpen komen. Sites als BuzzSumo, AnswerThePublic en natuurlijk Google (via zijn *keyword planner*) helpen je om te achterhalen wat mensen bezighoudt.

- *Wees creatief.* Binnen journalistiek is zowat alles wel al eens gedaan en vaak komen onderwerpen elk jaar terug. Denk maar aan de eerste schooldag, verkiezingen of het autosalon. Het is door een andere invalshoek voor je verhaal te kiezen, dat je het interessant houdt. Doe dat ook als merk.

- *Vertel een verhaal.* Journalisten zijn keien in storytelling. Ze bouwen een verhaal op, werken met een spanningsboog. Het is een techniek die je ook bij content marketing kunt of zelfs moet gebruiken. VRT-journalist Tim Verheyden schreef er zelfs een boek over. Hij geeft enkele tips.

VIJF TIPS VOOR EEN GOED VERTELD VERHAAL[58]

Hou het simpel: vat wat je wilt vertellen, samen in één zin. Begin niet zolang je die baseline niet hebt gevonden. Ga voor een sterk verhaal, niet twee verhalen die door elkaar lopen. Weet je die baseline niet te vinden, dan loopt het zowel bij de opnames als in de montage mis. Je mist richting en een visie.

Geloof in wat je maakt, geloof in wat je vertelt en geloof in de mensen die je in beeld brengt. Geloof in de beleving die je wilt creëren.

Dat hangt samen met de *echtheid* van je verhaal: echte mensen in een echt verhaal. Zoek mensen met een verhaal. Mensen praten, cijfers niet.

Emoties klinken vies, maar dat zijn ze niet. Een goed verteld verhaal bevat universele gevoelens als liefde, hoop, pijn, humor, beslissingen nemen, opkomen voor een ander, liegen, zorgen voor iemand, eenzaamheid ... Een goed verteld verhaal raakt aan basisemoties.

Waardevol. Elk goed verteld verhaal heeft een waarde voor iemand die het bekijkt. Het zet aan tot nadenken (in de journalistiek) of tot het kopen van een product (in de marketing).

4.3.3 NEWSJACKING

Een andere manier om je op de journalistiek te inspireren, is om in te spelen op wat die journalisten brengen of, anders gezegd, op wat de actualiteit is. Bij *newsjacking*[59-60] – in het Nederlands ook wel 'inhakers' genoemd – probeer je je merk in de spotlight te zetten, door mee te surfen op een onderwerp waar veel buzz rond is. Daardoor is het een stuk makkelijker om de aandacht te trekken: die is er immers al. Mensen houden van merken die de scherpte hebben om snel in te spelen op actuele gebeurtenissen, het toont dat ze met twee voeten in de wereld staan.

Bovendien kan het je inzake SEO een sneeuwbaleffect bezorgen. Speel je als een van de eersten in op een hot topic, dan kom je hoog in de Google-ranking te staan. Doordat heel wat mensen naar dit topic op zoek gaan, komen velen van hen op jouw site terecht, wat jouw ranking nog een boost geeft.

Slimme contentmarketeers, die niet bang zijn om een risico te nemen, halen grote successen met *newsjacking*. Het succes schuilt in de perfecte timing en de gevatheid van de inhaker, op iets waar veel buzz over was. Het betekent dus dat je als organisatie snel moet kunnen schakelen, anders is het momentum voorbij.

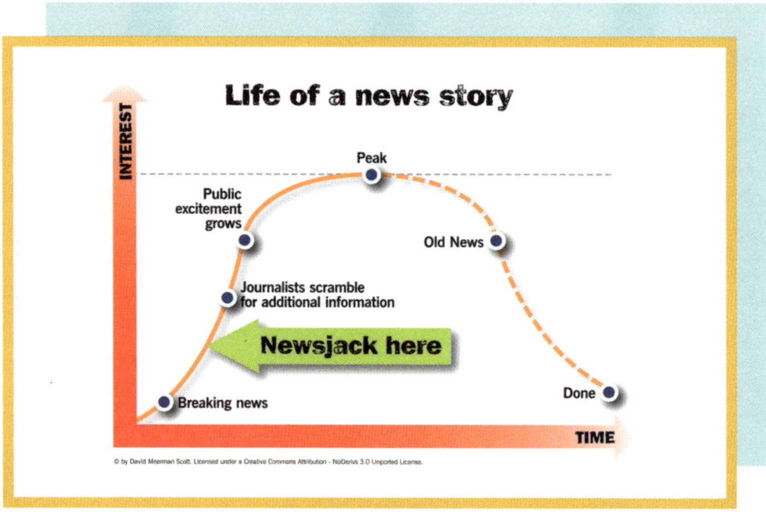

Het succes van newsjacking[61] *wordt bepaald door de perfecte timing*

Newsjacking kan gaan over onverwachte nieuwsfeiten, semigeplande of geplande.

- Bij *onverwachte nieuwsfeiten* is snelheid cruciaal; je moet altijd alert zijn: bijvoorbeeld een politiek feit of het alarm van een op handen zijnde raketaanval, waarop pornowebsite Pornhub slim inspeelde, door de *drop* en de piek in kijkcijfers te tonen vlak voor en na het alarm. Pornhub gebruikt de data van hun site om in te haken op allerlei gebeurtenissen.

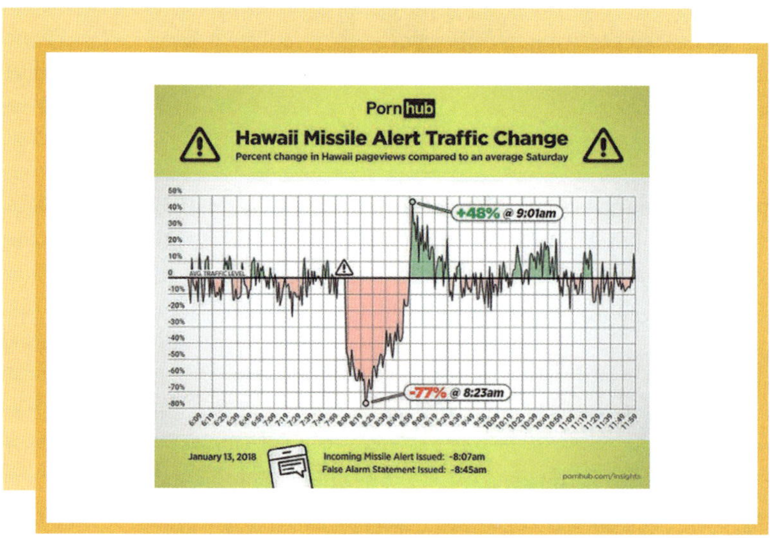

Pornhub haakt met de data van hun site in op allerlei nieuwsfeiten

- *Semigeplande nieuwsfeiten* zijn aangekondigde nieuwsfeiten, waarvan je de uitkomst nog niet kent, maar waarop je je wel kunt voorbereiden, door rekening te houden met verschillende scenario's: bijvoorbeeld het weer, de uitkomst van een voetbalmatch of de uitkomst van een spelprogramma als 'De Mol'. Het kan interessant zijn om er zo een aantal in je kast te liggen hebben.

- *Geplande nieuwsfeiten* staan op de kalender, wat je meer tijd geeft om voor te bereiden. Zo is er elke dag wel een 'dag van ...', waarop je als merk kunt inhaken. Er zijn ook ad-hockalendermomenten, bijvoorbeeld de geboorte van kinderen van royalty's, waarop Marks&Spencer slim inspeelde. Het nadeel van geplande nieuwsfeiten is dat jij allicht niet de enige zult zijn.

Marks&Spencer veranderde van naam

Je merkt het, *newsjacking* is niet voor de hand liggend. Het vergt een continu opvolgen van de actualiteit (in jouw niche?). Het is dan ook een techniek die je het best pas toepast als je al wat contentervaring hebt én een team hebt dat meteen met het topic aan de slag kan.

4.4 SLIMME MANIEREN OM JE CONTENT TE DIVERSIFIËREN

Quality content maken kost tijd en geld. Gelukkig hoeft niet al jouw content nieuw te zijn. Ook met bestaande content kun je op een slimme manier het verschil maken. Of je kunt je publiek vragen om een handje te helpen en zelf aan de slag te gaan.

4.4.1 CURATED CONTENT

Misschien bestaat er al interessante content rond de topics die je wilt brengen. Bij *content curating* wordt bestaande content verzameld en opnieuw voorgesteld, met een link naar of duidelijke vermelding van de auteur. Als een curator in een museum, die de beste werken voor een tentoonstelling verzamelt, breng jij bestaande content samen. Dat kunnen artikels, video's, beelden of zelfs research zijn. Jouw selectie en omkadering zorgen voor de meerwaarde, die afstraalt op je merk. Een boek als dit bevat ook veel *curated content.*

4.4.2 RECYCLED CONTENT

Als een bepaald stuk het op een gegeven moment zeer goed heeft gedaan, waarom het niet nog eens lanceren? Sommige stukken – *evergreen content* – zijn tijdloos of spreken telkens een nieuw publiek aan omdat mensen in een bepaalde situatie of levensfase terechtkomen (bv. een zwangerschap).

4.4.3 REPURPOSED CONTENT

Hier ga je bestaande content aanpassen, opbreken of samenbrengen, om te gebruiken in andere situaties of kanalen. Door bijvoorbeeld artikels te bundelen in een whitepaper, door stukjes video uit een langere video of quotes uit een interview te halen of door andere accenten te leggen. Het is een goede manier om al die oude content die het ooit heel goed gedaan heeft en nu stof ligt te verzamelen, weer van nut te laten zijn.

4.4.4 USER GENERATED CONTENT

De TOFU–MOFU–BOFU-sales-*funnel* die we in de voorgaande hoofdstukken uit de doeken deden, is vooral gebouwd om nieuwe klanten aan te trekken. Die komen bovenaan breed binnen, met als doel aan het einde een deel ervan te converteren. Wat ontbreekt in dat model is de band die je opbouwt met je klanten: *loyalty* (*care* in Google's *see–think–do–care*-model). Daar gaat over het algemeen te weinig aandacht naartoe in een marketingplan. Onbegrijpelijk, als je weet dat het vijfmaal zoveel kost om nieuwe klanten te maken, dan om bestaande klanten te behouden. Via bestaande klanten ligt een groot potentieel om nieuwe klanten te werven, door hen te activeren om zelf content te creëren, via *user generated content* (UGC).

Content van bestaande klanten is de meest waardevolle, want authentiek en objectief het meest betrouwbaar, vanuit het oogpunt van je publiek. Sterker nog: veel mensen zullen niet bij jou kopen, als er geen reviews bestaan over jouw product of restaurant. 70% van mensen vertrouwt onlinereviews en 92% als ze komen van mensen die ze kennen.

User generated content kan in diverse vormen:

- commentaren op socialemediaposts;
- het gebruik van hashtags die naar jouw merk verwijzen;
- het maken van content binnen een bepaalde oproep of uitdaging;
- recensies.[62] Mensen zoeken *social proof*. 93% van de consumenten vindt beoordelingen van anderen een grote hulp bij hun aankopen. Als iemand een positieve recensie leest over jouw merk, zal die meer effect hebben dan om het even welke reclamecampagne, die uiteindelijk ... reclame is en per definitie gekleurd;
- het delen van adviezen en meningen, zoals op het KBC Vindr-platform dat KBC opzette, waar klanten én niet-klanten elkaar met advies bijstaan.

KBC Vindr verbindt ondernemers met advies dat ze zelf met elkaar delen

User generated content kan spontaan verlopen, waarbij je het kunt opsporen via *social listening tools* zoals Hootsuite, maar je kunt het ook een handje helpen. Sowieso moet je het faciliteren:

- door platformen te gebruiken die het makkelijk maken om te reageren, zoals sociale media;
- door expliciet te vragen naar reviews. Het succes van merken als Coolblue is mee te danken aan alle verkregen recensies die zij bij de producten plaatsen. Ze plaatsen alles, positief en negatief, wat het een betrouwbare bron maakt voor klanten;
- door je publiek uit te nodigen om in een bepaald kader content te maken. Tijdens de coronacrisis waren er verschillende merken die *challenges* opzetten, om zo tot *user generated content* te komen. Met een *branded* hashtag kan een merk de *user generated content* duiden als van hen. Zo ondersteunde *Flair* mensen door hen de mogelijkheid te geven om leuke berichtjes naar elkaar te sturen, met de hashtag #FlairRaakt.

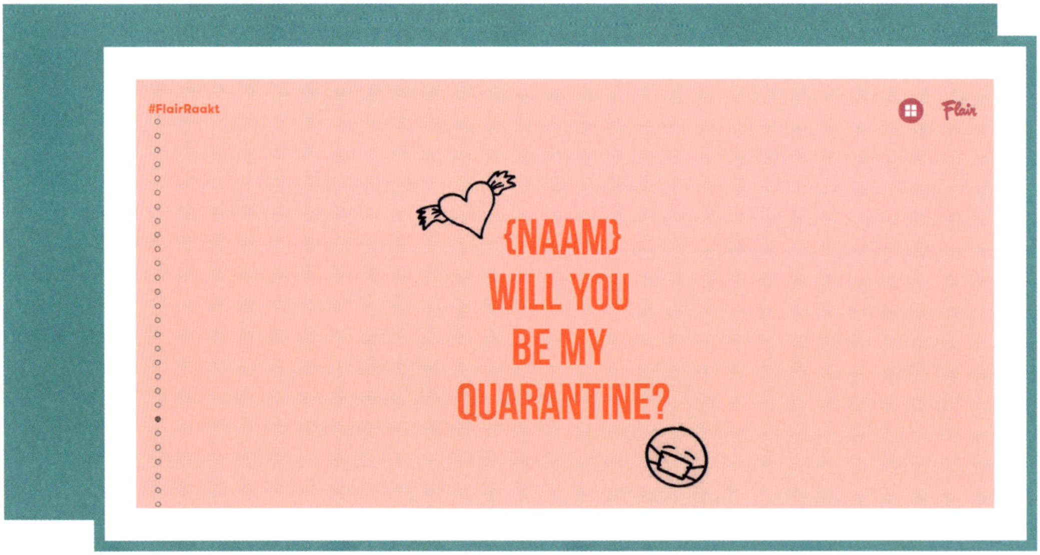

Flair laat mensen steunende berichten aanvullen of schrijven, onder #FlairRaakt

Geef mensen een goede reden om aan de slag te gaan met *user generated content*. Stimuleer hen met een beloning, geef ze exposure, het gevoel dat ze mensen helpen of een goed doel steunen. Zorg ten slotte dat je de verkregen content weer deelt in je eigen kanalen, uiteraard met de toestemming van en erkenning voor de persoon die deze creëerde in de eerste plaats.

4.5 HOE KOM JE TOT QUALITY CONTENT?

In dit onderdeel vertellen we jou welke stappen je moet doorlopen om te komen tot *quality content*: content die relevant is en geapprecieerd wordt door je publiek én doet wat ze moet doen voor jouw merk. Je kunt deze stappen gebruiken als een soort checklist om na te gaan of je aan alles gedacht hebt en/of om te peilen of je echt het verschil maakt.

4.5.1 STRATEGIE EERST, ALTIJD!

'Content without strategy is just stuff. And the world has enough stuff', zei Arjun Basu, een *VP content strategy* bij Spafax. Over het belang van strategie eerst en over de manier om daar te raken, bekijk je het best hoofdstuk 2.

Je wilt met je communicatie menselijk gedrag (b2b, b2c en b2e) beïnvloeden. Net daarom is het zo belangrijk om op voorhand goed na te denken over het gewenste effect van je content. Wil je dat de lezer gewoon een goed gevoel heeft of dat hij meteen een actie onderneemt, dat hij een beter begrip heeft van je *pricing* of je daarover concrete vragen stelt, wil je dat hij een volgende stap zet in de *funnel* en extra content opvraagt, of is er een andere *call to action*? Allemaal vragen die je moet beantwoorden vooraleer je aan de slag gaat.

4.5.2 BEPAAL DE FUNCTIE VAN JE CONTENT

Voor jezelf heeft je content een metadoel, dat zijn je (content)marketingdoelstellingen. Voor je lezer (je klant of je prospect) moet je content een meer onmiddellijk doel hebben. Waarom wil/moet/zal ik dit lezen, *what's in it for me?* Denk daarom vooraf goed na over de functie die je content moet vervullen voor je publiek. Wil je je lezer entertainen (*entertain*)? Wil je zuiver informatie bezorgen (*inform*)? Wil je vragen beantwoorden (*add value*)? Of wil je eerder inspiratie bieden (*inspire*)?

De antwoorden op deze vragen bepalen de functie van je content en dus ook de manier waarop je die uitwerkt. Je antwoordt als het ware vooraf op de vraag 'Wat doet deze content met de lezer na het lezen of kijken?' of 'Hoe willen we dat de gebruiker zich voelt na het "consumeren" van deze content?' Bereid tot actie? Slimmer? Bewuster? Beter geïnformeerd? Of nog iets anders? Hoed je ervoor om te veel functies te combineren; dat werkt eerder storend en meestal zelfs contraproductief. Keuzes die niet bij je merk of bedrijfsverhaal passen eveneens (zie sweetspotoefening in hoofdstuk 2).

4.5.3 BEPAAL DE (ADDED) VALUE VAN JE CONTENT[63]

Onderzoek grondig welke content in je gekozen niche al bestaat en bestudeer de ruime context van jouw markt en publiek. Wat kun je daar nog aan toevoegen, dat het verschil maakt? In veel sectoren zie je dat de content inwisselbaar is en niets extra toevoegt. Het is dan ook niet verwonderlijk dat initiatieven die andere en originele accenten durven te leggen, succesvol zijn.

Stel jezelf de vraag: wat maakt mijn content relevant? Maar ook: wat maakt mijn content anders en extra boven wat al bestaat? Is je content met andere woorden uniek genoeg en voldoende onderscheidend? Als het antwoord op deze vragen niet een duidelijk 'JA!' is, dan voeg je misschien enkel ruis toe aan de enorme berg content die er reeds bestaat. De kans is dan meteen ook groot dat je wellicht geen van je doelstellingen realiseert.

4.5.4 LEG FOCUS[64]

Maak keuzes. Zet geen zeven kanalen tegelijk op, waarbij je voor elk kanaal verschillende content met verschillende doelen moet maken. Je zult falen, omdat je het niet kunt bolwerken of omdat je je publiek onnodig overdondert met te veel verschillende zaken. Leg je focus op een meer resultaatgerichte aanpak en creëer heel gerichte content naar een specifiek publiek. Eén format gebracht op één of een beperkt aantal kanalen. Op die manier kun je zeer relevant zijn, door in te spelen op heel specifieke noden en interesses.

Schrijfster en content marketeer Ann Handley legt in het interview aan het einde van dit hoofdstuk uit hoe haar tweewekelijkse nieuwsbrief *Total Annarchy* haar volledige focus krijgt. Daar kruipt op zich veel tijd in en net door haar inspanningen te bundelen, kan ze er iets heel goeds van maken. Het arsenaal aan kanalen en middelen zal bij de meeste organisaties allicht groter zijn dan één nieuwsbrief; bekijk welke de beste resultaten geven en waarin je onderscheidend kunt zijn. Daarin moet je het gros van tijd en middelen investeren.

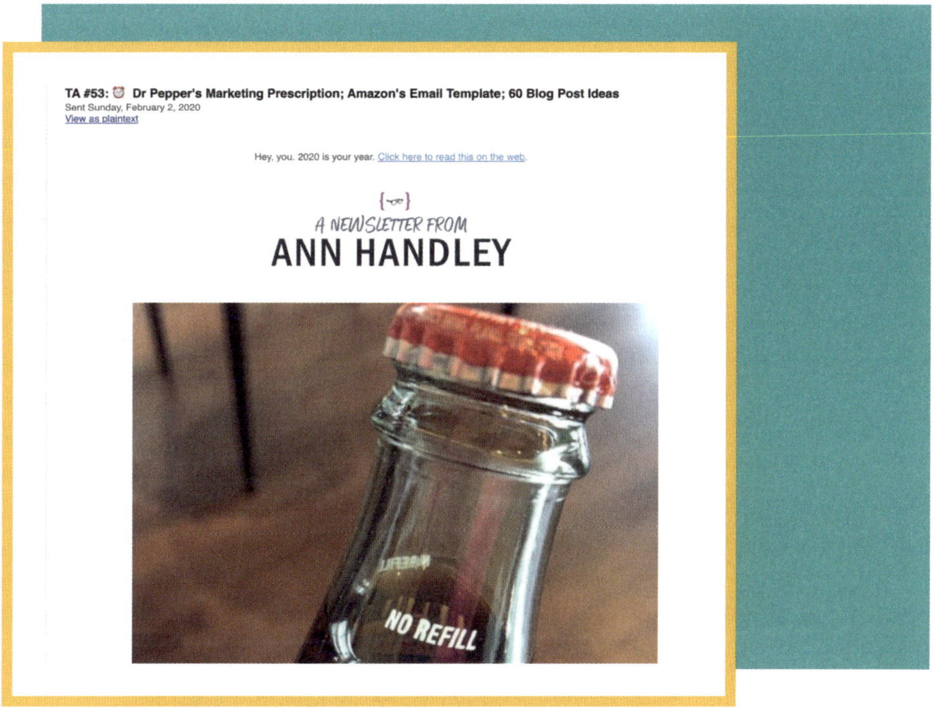

Total Annarchy, de nieuwsbrief van Ann Handley, al sinds 2018 haar belangrijkste focus

4.5.5 AMBIEER 'ZO GOED, DAT MENSEN ERVOOR WILLEN BETALEN'

Om de ambitie sterke *quality content* te maken echt te toetsen, is het voorgaande statement een mooie graadmeter. Is je content echt zo goed dat mensen er zelfs voor zouden willen betalen? Overdreven? Neen hoor, we betalen toch ook voor de *Michelin Gids*, voor het *Guinness Book of World Records* of voor een ticket voor de *LEGO-movie*? Het betekent niet dat je echt geld moet vragen, meestal is dat zelfs helemaal niet de bedoeling. Bekijk de vraag dus vooral om na te gaan of de kwaliteit van je content wel op dat niveau zit. En als dat niet zo is, denk dan nog eens na wat je moet doen om je kwaliteit op dat niveau te krijgen.

We zien overigens steeds meer voorbeelden van merken die content creëren die zo goed is dat ze ook echt in staat zijn om van hun content marketing een *profit center* te maken. Iets wat Joe Pulizzi en Robert Rose uitgebreid beschrijven in hun boek *Killing Marketing*.

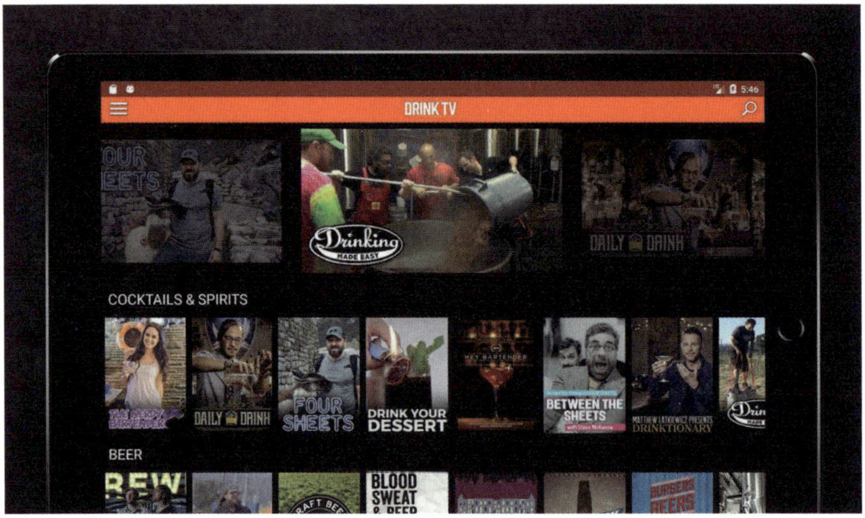

Brewdog biedt zijn quality content gedeeltelijk betalend aan met Drink TV

Nieuwssites bieden nu al een groot deel van hun (kwalitatieve) berichtgeving *gated* en dus betalend, aan. Met de groei van fake news gaan mensen op zoek naar betrouwbare content en daar willen ze best wel voor betalen, kijk naar de groei aan abonnementen op onlinenieuwssites. Deze dualiteit zal alleen maar toenemen en ook een invloed hebben op *branded content*.

4.5.6 PAS JE AAN AAN DE PLAATS EN DE TAAL VAN JE PUBLIEK

Om content nog beter en dus nog relevanter te maken, moet je ook rekening houden met de *customer journey*. Waar bevindt de lezer of kijker zich in zijn relatie tot je merk of je organisatie. Is hij al een vaste klant die mogelijk een ambassadeur zou kunnen worden? Een lauwe prospect die misschien hot prospect kan worden? Een zoekende suspect die nog nooit van je heeft gehoord? Voor al deze fases zijn er aangepaste types content en aangepaste kanalen om ze te brengen. In hoofdstuk 2 werd dit onderdeel uitvoerig behandeld en geïllustreerd.

Op maat van je publiek betekent ook de taal van je publiek spreken. Baseer je op de *buyer persona's* of ijkpersoontechniek (zie hoofdstuk 2), om te bepalen welk type content en welke tone of voice voor jouw doelgroep geschikt is.

4.5.7 KEN EN GEBRUIK DE TAAL VAN HET PLATFORM

Je content moet gemaakt zijn met het oog op het gekozen kanaal. Een artikel in een printmagazine wordt bijvoorbeeld meestal gelezen in zogenaamde *lean back*-modus. Dat betekent dat we als lezer wat meer tijd hebben en openstaan voor verdieping. Dat is heel wat anders dan de *lean forward*-modus die we gebruiken als we lezen op een computerscherm. In deze status zijn we heel functioneel op zoek naar oplossingen en antwoorden, snel en praktisch.

Een video op een smartphone wordt heel anders geconsumeerd dan pakweg een Facebookpost. Spreekt allemaal voor zich natuurlijk, maar dat betekent wel dat je voor elk kanaal de definities (opbouw, tekstlengte, aantal beelden, kleurgebruik, ritme ...) moet vastleggen, rekening houdend met de specificaties van dat kanaal.

Stel jezelf de vraag: past de uitwerking van deze content in de leefwereld van mijn publiek op dit specifieke platform?

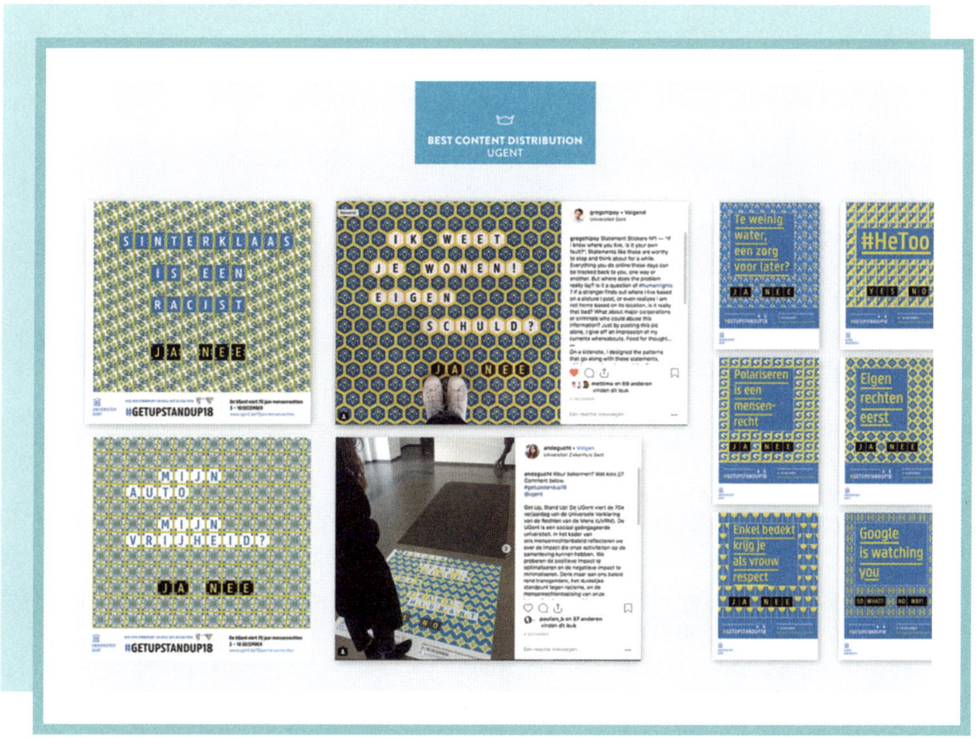

Universiteit Gent gebruikt de vloer als touch point *om hun content te brengen*

Je kunt de content aanpassen aan het medium, maar je kunt ook content maken specifiek voor het medium. Bedenk daarbij dat je zowat elke *touch point* bij je publiek kunt inzetten om content op te brengen. Fastfoodketen Chipotle drukte jaren aan een stuk bekers met daarop ingezonden proza van hun klanten. De Universiteit Gent plaatste interactieve stickers in de campussen om hun publiek van studenten en docenten attent te maken op zeventig jaar mensenrechten.

4.5.8 OMRING JE MET CONTENT TALENT

Content marketing is niet iets dat je er zomaar bijneemt op woensdagnamiddag, tussen twee en vier. Hoofdstuk 8 'Organisatie' zal dat duidelijk maken. Eigenlijk is er geen tussenweg in content marketing: *ofwel doe je het goed ofwel begin je er beter niet aan.* Want je kunt ook veel schade aanrichten met minderwaardige content. De kwaliteit van je content straalt rechtstreeks af op de kwaliteit van je merk.

Haal dus 'contenttalent' in huis. In de meeste gevallen zal dat een mix van interne en externe mensen zijn. Met je interne team behoud je het overzicht en kun je snel schakelen, je externe team biedt versterking met expertises die je niet in huis hebt en geeft je een kritische blik op de buitenwereld en je publiek, die intern moeilijker blijkt. Daarom is het meestal ook een goede optie om voor een deel of het geheel van die taken te rade te gaan bij een professioneel contentmarketingbureau.

4.6 WAT ALS GOED NIET GOED GENOEG IS

Zelfs met het doorlopen van alle stappen hiervoor, kan het nog steeds zijn dat je content er niet in slaagt om het verschil te maken. Omdat er veel concurrentie is in de sweetspot die je gekozen hebt of omdat je content gewoonweg nog niet goed genoeg is. Dit zijn een reeks tips die je kunnen helpen om het verschil te maken.

4.6.1 HETZELFDE MAAR ANDERS

In sommige sectoren lijkt het op het eerste gezicht heel moeilijk om het verschil te maken, omdat iedereen vrij dicht bij zijn corebusiness blijft en een breder perspectief op het te behandelen thema ontbreekt. Een bedrijf dat daar wel in slaagt, is *private banker* ABN AMRO MeesPierson. Die heeft het over wat al dat geld doet met mensen, in hun videoformat 'Vermogens in Nederland'.

Financiële content hoeft niet saai te zijn, toont ABN AMRO MeesPierson

Zorg dat je content beter is dan die van de concurrentie. Beter nog: ga voor uniek. Als de context eten is en iedereen zet in op recepten, zoek dan een unieke invalshoek om recepten uit te lichten, of doe iets helemaal anders. Ga niet voor het voor de hand liggende eerste idee. Je kunt ook differentiëren in de manier waarop je het brengt, bijvoorbeeld door te werken met influencers die jouw verhaal vertellen.

4.6.2 ZOEK EEN HOGER DOEL

De voorbije jaren zetten steeds meer bedrijven in op *purpose*-marketing (ook wel *meaningful* marketing), al dan niet oprecht en doorgedreven of puur als marketinggimmick. Daarbij gaan ze op zoek naar een oplossing voor een gemeenschappelijk probleem of een gedeelde behoefte bij hun publiek. Indien goed gedaan, zorgt *purpose* voor een boost in het engagement ten opzichte van je merk, maar indien niet oprecht of haaks op de visie van je publiek, kan het ook averechts werken.

Gillette zette in op een emanciperende boodschap met 'the best a man can be', wat niet door iedereen even goed onthaald werd

Purpose kan gaan over samen opkomen voor een goed doel of een gemeenschappelijke vijand bestrijden. Het hoeft niet per se over sociale problemen of het milieu te gaan. Weet dat ondertussen veel mensen hierop afknappen, omdat wat verteld wordt saai en deprimerend is en/of ze dit verhaal al te veel gehoord hebben. Zoek het dus niet in wereldvrede, maar in (kleine) dagelijkse problemen waarmee je publiek geconfronteerd wordt.

4.6.3 MAAK HET PERSOONLIJK

Mensen houden niet van (grote) corporate merken. Ze willen aangesproken worden door mensen. Met content marketing heb je een kans om je merk menselijker te maken. Coolblue slaagt daar wonderlijk wel in, door hun sympathieke tone of voice en door hun communicatie. In een video zetten ze de Oma-Test op, waar hun moeilijkste klanten – oma's – Coolblue-bezorgers aan de tand voelen.

Coolblue focust op het menselijker maken van hun merk

Je kunt ook mensen inhuren om het gezicht van je merk te zijn of ervoor op te treden. Bij Delhaize is Jeroen De Pauw al sinds jaar en dag hét uithangbord van hun content. Uiteraard is het belangrijk om hier niet over één nacht ijs te gaan: klopt de persoon met de identiteit van het merk? Hoe kun je de persoon inzetten? Valt de persoon te rijmen met de langetermijnvisie van het merk? Gebruik sowieso zo veel mogelijk mensen in al je content, zelfs in b2b. Mensen willen zich kunnen identificeren met andere mensen. Met een menselijke invalshoek kun je moeilijke of minder aantrekkelijke informatie toch bevattelijk maken.

4.6.4 VERTEL VERHALEN

Overkoepelend is er het merkverhaal, dat als rode draad door alle communicatie moet lopen. Daarbinnen heb je een heleboel verhalen die je kunt vertellen, om het concreet te maken en te connecteren met je publiek. We luisteren allemaal liever naar een boeiend verhaal dan naar een droge opsomming van feiten. Sterke verhalen brengen je content tot leven, doet ze eruit springen en maakt ze meer memorabel.

Alle verhalen, zij het uit een sprookjesboek of een grote Hollywoodproductie, hebben min of meer dezelfde vaste opbouw. Ook verhalen van merken.

1. *De held*: dat is in de meeste gevallen het publiek, iemand waarmee mensen zich kunnen identificeren.
2. *De zoektocht*: wat heeft de held getriggerd in zijn queeste, wat is het doel en welk probleem wil hij oplossen?
3. *Het conflict*: wat zijn de obstakels die de held onderweg tegenkomt, welke pijnpunten moeten weggewerkt worden?
4. *De oplossing*: toont hoe de held tot succes gekomen is.
5. *De les*: welke conclusie wil je dat je publiek hier uithaalt, welke les moeten ze leren?
6. *Het vervolg*: je wilt niet dat het hier eindigt voor jouw merk, maar dat mensen verder kijken naar andere content.

Historische Huizen Gent nam het verhalen vertellen heel letterlijk en produceerde samen met Het Geluidshuis een hoorspel, waarin de geschiedenis van het Gravensteen gebracht wordt. Op wonderlijke en grappige wijze groeit het Gravensteen zelf uit tot de held van het verhaal.

Historische Huizen giet een saaie geschiedenisles in een grappig hoorspel

Hanteer nog deze richtlijnen:[65]

- Het gaat niet over jou, niet je merk is de held, het gaat over jouw publiek.
- Trigger emoties: lachen, boosheid, verdriet, trots, blijdschap ...
- Gebruik metaforen en analogieën: zes voetbalvelden kunnen mensen zich makkelijker voorstellen dan 30.000 m^2.
- Inspireer: geef het gevoel dat jouw content een positieve invloed zal hebben op hun leven.
- Vermijd over-storytelling door je te verliezen in te veel details.

Probeer ook in corporate content of een interne powerpointpresentatie storytellingtechnieken te gebruiken: hoe ben je op het idee gekomen, welke hindernissen kwam je tegen en wat waren de overwinningen, wat gebeurt er achter de schermen enzovoort? Echte verhalen blijven hangen en creëren sterke banden.

4.6.5 INVESTEER (MEER) IN CONTENTPRODUCTIE

Hoeveel keer is het jou al overkomen dat je een doorwrocht stuk content, waar je veel tijd ingestoken hebt, laat begeleiden door het eerste generieke beeld dat oppopt in Google? Al je inspanningen worden op dat moment tenietgedaan. Een sterk verhaal kan nog altijd falen door een slechte uitvoering. Hoe je content eruitziet, zal de komende jaren hoe langer hoe meer een belangrijke differentiator worden. Laat onervarenheid, luiheid of een gebrek aan tijd en middelen de *production value* van je content niet ondermijnen.

Dit zijn een aantal richtlijnen:[66]

- Het visuele aspect moet kloppen met je merk, merkverhaal en tone of voice.
- Hou rekening met designregels als voldoende witruimte, herkenbaar kleurgebruik, aangenaam leesbare typografie en geen te zware beelden waarin Google zich verslikt.
- Gebruik beelden die emotie en empathie uitstralen, zelfs in b2b.
- Vermijd altijd generieke stockbeelden, ze zijn clichématig en niet onderscheidend, tonen niet jouw klanten en creëren uiteindelijk een dood spoor voor jouw content.
- *Repurpose* content door het visueel te maken, bijvoorbeeld met infographics.
- (Her)gebruik *user generated content*, ingestuurd door je publiek.
- Zorg dat je content bij het platform past; TikTok zal een ander soort visuals vragen dan pakweg LinkedIn.
- Omring je met de beste mensen voor de job die moet gebeuren; zorg voor een goede briefing en indien nodig script en begeleid tot aan het einde.
- Betrek de vormgever of de videoproducer vroeg in het proces, want zijn input zal bepalend zijn voor het uiteindelijke resultaat.

Medewerkers van het museum spreken over hun favoriete werk in deze zeer sprekende videoreeks

Tekst, beeld en vorm zijn van even groot belang als de eigenlijke inhoud en alleen door ze op elkaar af te stemmen, krijg je een sterk resultaat. Om te tonen dat *production value* niet per se meer budget hoeft te betekenen, is er het voorbeeld van het Rijksmuseum in Amsterdam, dat een heel herkenbare videoreeks opzette onder #rijksmuseumfromhome, waarin medewerkers, zoals de kok, spreken over hun favoriete werk.

4.6.6 GA OP ZOEK NAAR TRENDING TOPICS

De shortcut naar snel succes is te schrijven over topics die op het punt staan om helemaal door te breken. Er bestaan tools (bv. explodingtopics.com) die in search-, shopping- en onlinecommunity's peilen naar wat opkomend is, zodat je er content rond kunt maken, vóórdat iedereen dat doet. Het spreekt voor zich dat je niet gratuit topics kiest, ze moeten passen onder jouw contentpijlers.

4.6.7 GEBRUIK DATA

Data over je publiek en hun kijk- of leesgedrag kunnen je veel inzichten geven om je content gerichter te maken, maar data kunnen ook gebruikt worden voor contentcreatie. Met infographics kun je je publiek een spiegel voorhouden van hun gedrag. Bol.com kwam tijdens de coronacrisis met allerlei stats over welk speelgoed extra werd gekocht in coronatijden: pingpongtafels, trampolines en badmintonsets. Ze haalden er zelfs het zevenuurjournaal mee. Het is content die het altijd goed doet.

Content kun je ook interactief maken door de gebruiker data te laten toevoegen. Voor Vaderdag bouwden Sonos en Spotify een applicatie waarmee vader en een van zijn kinderen een gezamenlijke playlist konden maken. Op basis van de favoriete artiest die elk ingaf, produceerde het algoritme van Spotify een playlist die beide smaken samenbracht.

Sonos en Spotify bouwen met slimme data de ultieme playlist voor vaders

Als je data visualiseert, ga dan eerder voor eenvoudig in plaats van slim. Stel jezelf ook de vraag: ‘So what? Is dat wel relevant voor mijn publiek?’

4.6.8 SPEEL IN OP OF CREËER MOMENTUMS

Haak met je content in op belangrijke momenten voor je doelgroep. Dat kunnen kalendermomenten zijn of onderdelen van hun *customer journey.* Kijk wat de cruciale momenten zijn, die je kunt koppelen aan merkverhaal en content: gezinsuitbreiding, vakanties, afstuderen van de kinderen of zoals Albert Heijn expliciet doet, inspelen op de dagelijks terugkerende vraag: ‘Wat eten we vandaag?’

ABN AMRO MeesPierson creëert een jaarlijks momentum met hun vermogensmonitor

Je kunt ook je eigen momentum creëren en daar notoriteit rond opbouwen. Een veelgebruikte techniek zijn de barometers: een periodieke peiling in jouw sector over een voor jouw publiek relevant thema. ABN AMRO MeesPierson (zie eerder) bevraagt elk jaar zijn welvarende klanten over hoe ze met hun vermogen omgaan. Deze vermogensmonitor resulteert in een magazine en interessante cijfers, die op alle mogelijke kanalen, van de bankautomaten tot een uitgebreid pr-gedeelte, worden ingezet.

4.6.9 EXPERIMENTEER

Eerder in dit hoofdstuk schreven we over de 90/10-regel. Die zegt dat je het best 90% van je tijd, budget en inspanningen inzet op een beperkt aantal middelen of kanalen. De overige 10% dient om nieuwe dingen uit te proberen, te experimenteren. Experimenteren kun je doen door in te zetten op een voor jouw merk nog nieuw kanaal of middel. Denk bijvoorbeeld aan TikTok, als je daar nog niet op zit, of video, als je dat tot nog toe niet ingezet hebt.

Je kunt ook écht innoveren door als eerste (in jouw sector) iets nieuws te proberen. Door innovatief uit de hoek te komen, kun je een *edge* geven aan je content. Dit zijn een aantal mogelijkheden:

- *Podcasts*
  Stel dat er nog niet ingezet wordt op podcasts in jouw sector, dan ligt daar misschien wel een opportuniteit. De Koninklijke Nederlandse Toeristenbond ANWB lanceerde de podcast 'De Buitendienst', waarmee mensen van thuis uit kunnen genieten van de Nederlandse natuur. Meer over podcasts lees je in hoofdstuk 5.

Ogen dicht en genieten van de natuur, met de podcast van ANWB

- *Audio artikels*[67]
  Hoe kun je het lezen bevorderen van lange(re) artikels? Door ze tegelijk als audio aan te bieden, naast het artikel. Mensen kunnen naar een artikel luisteren in plaats van het te lezen. Door die keuze blijven ze langer en 'horen' ze meer van het artikel.

- *Chatbot*[68]
  Een chatbot die vragen van klanten beantwoordt, kan de conversie verhogen. Of hij kan ingezet worden als *customer service*. Een artificial intelligence (AI)-chatbot kan door zijn permanente beschikbaarheid meer mensen helpen dan je als persoon aankunt. Het systeem leert bovendien van de vragen die het krijgt; meer nog, de data die de chatbot op die manier verzamelt over de bezoekers, kan hij in real time toepassen in de antwoorden die geserveerd worden.

- *Voice Assistant*
  Na die van de Verenigde Staten vinden smartspeakers ook hun weg naar onze huizen. In zo'n omgeving kun je als merk een skill opzetten, die wordt geactiveerd door de gebruiker. Daarmee kom je in een virtuele omgeving – vergelijkbaar met de eerste

apps – waar je heel gerichte *voice*-geactiveerde content kunt presenteren, van kappers helpen bij het kleuren van het haar van hun klanten tot een dagelijks verhaaltje.

- *Augmented reality (AR)*
  Bij augmented reality kijk je naar de echte wereld, waaraan een extra laag met informatie en graphics toegevoegd wordt, in de meeste gevallen te bekijken via je smartphone. Vooral bij jongeren is deze technologie populair. Het begon voornamelijk met *face filters*, maar we zien nu dat augmented reality zich steeds verder ontwikkelt als extra lens waarmee jongeren naar de wereld kijken. Drankmerk Malibu lanceerde een 'Snapchat AR game' om zijn nieuwe *lime*-smaak onder de aandacht te brengen. Via reclameborden, productverpakkingen en gebouwen kunnen gebruikers de snapcode scannen, waarna het spel verschijnt op hun telefoonscherm. Met augmented reality kun je ook extra audiovisuele content toevoegen aan een printmagazine.

Malibu connecteert via 'branded AR games' met digital natives

- *Virtual reality (VR)*
  Bij virtual reality creëer je een volledig nieuwe realiteit voor de gebruiker, die daarvoor een VR-bril nodig heeft. Met virtual reality kun je mensen laten rondlopen in een virtuele supermarkt om hun boodschappen te doen (retail), meenemen naar verre landen (toerisme), door een huis laten lopen (vastgoed) of laten ervaren hoe het voelt om met een bepaalde auto te rijden (*automotive*).

Je 'experiment' moet uiteraard wel kloppen met het merk, de boodschap en het kanaal. Om te experimenteren, moet je risico's durven te nemen, maar als één ding duidelijk mag of moet zijn uit dit hoofdstuk: het is niet met middle-of-the-roadcontent dat je het verschil zult maken. Zoals Robert Rose zijn wekelijkse column eindigt: 'It's your story. Tell it well.'

4.6.10 BIG ROCK CONTENT

In het streven naar minder en beter, is dit jouw ultieme zet in het streven naar *quality content*. Met *big rock content* maak je een groot, niet te missen stuk content over een voor jouw merk belangrijk domein. Het is zodanig volledig en kwalitatief, dat niemand eromheen kan. Het wordt de standaard over dat specifieke topic. Door zijn expertisestatus krijgt een *big rock*-stuk veel exposure. Anderen schrijven erover en verwijzen ernaar, waardoor het zijn status (en vindbaarheid) alleen maar vergroot. Het kan verschillende vormen aannemen: een longread, een documentaire, een magazine, een e-book, zolang het maar de notie van volledigheid heeft.

- Waar kun je het over hebben?
- Welk domein wil je claimen als merk?
- Wat is de belangrijkste vraag waar je publiek mee zit?

Nike werkte twee jaar aan een antwoord op de prangende vraag: 'Is het mogelijk om een marathon te lopen in minder dan twee uur?' Daarmee willen ze het domein van hardlopen voor zich claimen. Hun – geslaagde! – poging was de *big rock*, vertaald in onder andere een livestream, een documentaire in samenwerking met National Geographic en massa's posts op sociale media.

Breaking2, de big rock waarmee Nike het domein van hardlopen claimde

Het is dan wel een behoorlijke investering in tijd, maar wel een die rendeert over lange tijd.

- Het vergroot je status als *thought leader* in dit domein.
- Je kunt over een lange(re) tijd stukjes content uit die *big rock* halen, die je vervolgens op verschillende platformen distribueert, telkens met een link naar het grote stuk: een videotrailer, een quote, verschillende blogposts, video-interviews bij het tot stand komen, een cijfer, een opiniestuk enzovoort.
- Doordat je veel lezers aantrekt die lange tijd op de pagina's blijven en vervolgens ook nog *referrals* maken, krijg je een goede Googleranking met deze topic.
- Omdat je iets brengt van grote waarde, kun je ook makkelijker gegevens krijgen van je publiek, wat *big rock* een sterk middel maakt voor het verzamelen van leads.

Denk na wat je wilt dat mensen doen nadat ze je *big rock* hebben gezien en voorzie in krachtige *calls to action*, om hun traject te vervolgen. De case van Geodan in het begin van dit hoofdstuk is de ultieme *big rock*: tweemaal per jaar een groot, allesomvattend dossier over een bepaalde topic.

NN LEEFDE NOG LANG EN GELUKKIG

De Nederlandse verzekeraar NN bracht een boek uit en niet zomaar een boek: een sprookjesboek zowaar om het te hebben over lang en zorgeloos leven. Want eindigen niet alle sprookjes met 'Ze leefden nog lang en gelukkig'? Bert Kruismans, Guido Eekhaut en Isabelle Wéry lieten hun creativiteit de vrije loop en bedachten de verdere levensloop van Assepoester, Sneeuwwitje en Doornroosje. Welke keuzes zullen zij maken in het vervolg van hun leven? Het boek is ook echt te koop in de boekhandels (zo goed dat je ervoor zou betalen dus ...), maar het werd bovenal NN's *big rock* die finaal stimuleerde om je eigen pensioenprofiel eens onder de loep te nemen.

WAT KUN JE ERMEE?

BEGINNER

- Content marketing gaat over jouw publiek, niet over jou of je merk.
- Vlieg er niet onmiddellijk in; neem de tijd om goed na te denken over hoe je een meerwaarde kunt creëren voor je publiek.
- Kies een domein – de sweetspot – die jij vanaf nu gaat claimen.
- Er bestaat al heel veel; onderzoek wat al bestaat en kijk hoe je toch nog uniek kunt zijn met je content.
- Maak keuzes, probeer niet te veel ineens te doen.

GEVORDERD

- Zet *funnels* op om mensen met content aan te trekken en te converteren.
- Laat je niet enkel leiden door *keywords*.
- Trek meer tijd en budget uit voor kwalitatieve, onderscheidende contentproductie.
- Laat je eigen stem horen, door de topics die je kiest, de formats die je creëert, je tone of voice en vormgeving.
- *Slow down*, de kans is groot dat je te veel doet, analyseer je data en maak keuzes.
- Denk bij alle content over de lange termijn; wat na dit? Hoe krijg ik consistentie in alles wat ik doe?

EXPERT

- Bouw met content aan je *circle of trust*, trouwe klanten brengen nieuwe klanten aan.
- Mensen, emoties en persoonlijke verhalen zijn de sleutels om door te dringen met je content, ook in b2b.
- Investeer in grote stukken content.
- Experimenteer 10% van je budget in nieuwe kanalen en zaken als live content, podcasts, *voice assistants*, augmented reality, virtual reality ...

Een internationale expert over ... quality content

Een interview met ANN HANDLEY

Ann Handley is auteur van onder andere het standaardwerk *Everybody writes*, keynotespreker op elk contentmarketingcongres die naam waardig en lesgever bij Marketing Profs. Ze is bekend van haar sprekende analogieën ('The story of Bun'), haar *Total Annarchy*-nieuwsbrief op zondag en haar kleurige pakken.

Wat is voor jou quality content?

Het begint met content te maken die je publiek nodig heeft, vanuit hun standpunt, waarmee je hun vragen beantwoordt en tegemoetkomt aan hun noden.

De formule die ik al jaren gebruik is empathie × data × inspiratie, waarbij elk afzonderlijk element even belangrijk is. Als een van de elementen nul is, dan is de uitkomst ook nul. Echt empathisch zijn vereist dat je met je klanten gaat praten en continu luistert naar waar ze mee zitten. Je bekijkt de wereld door hun ogen. Inspiratie, je vermogen om met een goed idee te komen, start met empathie en wordt gevoed door data, die je zullen vertellen of dit is wat je klanten nodig hebben en of iets werkt of niet.

Hoe gaan marketeers in de toekomst content inzetten?

We kunnen niet meer om het even wat publiceren en hopen dat het een succes wordt. We moeten meer strategische keuzes maken, wat in sommige gevallen betekent minder content, maar wel obsessief in wat we wel creëren. Marketeers moeten meer hun eigen stempel durven te drukken en content uitbrengen waar ze trots op kunnen zijn. Het publiek zal die gedrevenheid ook voelen en belonen in hun keuzes.

We hoeven ook niet op alle kanalen aanwezig te zijn: Instagram, TikTok en elk nieuw platform dat oppopt. Mijn advies is: doe minder

WE KUNNEN NIET MEER OM HET EVEN WAT PUBLICEREN EN HOPEN DAT HET EEN SUCCES WORDT.

en op minder verschillende plaatsen, maar wel obsessief in hoe je het doet. Ik leg mijn obsessie in mijn nieuwsbrief *Total Annarchy*, waar ik behoorlijk veel tijd insteek. Daardoor is mijn database op twee jaar tijd van 3000 naar 25.000 gegaan. Mijn publiek is mij dankbaar voor alle moeite die ik hier insteek, ze geven mij veel nuttige feedback. Conclusie: doe iets waar je heel trots op kunt zijn, dat zal je publiek ook erkennen en concentreer je op dat ene ding.

Wat is jouw advies voor de Belgische marketeers?

Ik heb twee adviezen, die Belgische marketeers in het groot naast hun desk mogen hangen. Het eerste heb ik al lang geleden gezegd, maar het blijft wel nog altijd een gulden regel: 'Maak van je klant de held van je verhaal.' Het gaat niet over jou, maar over jouw klant. Een tweede, meer actueel, is: 'doe minder, maar wel op een obsessieve manier', in alles wat je doet: hoe je het brengt, hoe je het verdeelt en hoe je een publiek opbouwt.

HET GAAT NIET OVER JOU, MAAR OVER JOUW KLANT.

HOOFDSTUK 5

HOREN, ZIEN EN SCHRIJVEN. WELKE SOORTEN CONTENT KUN JE MAKEN?

CASE

Bloedbank Sanquin

#MYFIRSTBLOOD

Sanquin is een non-profitorganisatie die in Nederland de bloedvoorziening verzorgt. Net zoals het Rode Kruis in België staat Sanquin onder andere in voor het afnemen, verwerken en uitgeven van bloedproducten. De bloedbank werkte een plan uit om de merkbekendheid te verhogen en specifiek jonge mannen tussen 18 en 35 jaar te activeren.[69] Voor de hand ligt dat niet. Bloed geven is niet langer vanzelfsprekend en andere goede doelen brengen veel concurrentie teweeg. Sanquin moest niet enkel de eigen naamsbekendheid verhogen, maar ook de *awareness* van bloed geven de hoogte in krijgen. In totaal mikte Sanquin op 2500 nieuwe donoren.

Sanquin ging voor een *on topic*-contentkoppeling in een videogame, ondersteund door onlinevideo en -content gegenereerd door streamers op de videosite Twitch. Centraal in #myfirstblood stond een partnership met Riot Games, de uitgever van de bekende computergame League of Legends. Het basisprincipe was eenvoudig: gamers konden zich aandienen op de website

van Sanquin, hun bloed laten testen en vervolgens bloed doneren. In ruil daarvoor verdienden ze een skin die ze konden gebruiken in de game. De initiatiefnemers stippen aan dat gaming en e-sports interessant zijn om maatschappelijke impact te creëren. Het is een wereld waarin jongeren zich verenigen en marketingpartner 2Basics had een groot en relevant netwerk opgebouwd in deze wereld. Het wist daardoor dat het de spelers van League of Legends in het hart kon raken. Als partner zag Riot Games overigens ook de kans om als uitgever van games een maatschappelijke bijdrage te leveren.

De inhoudelijke integratie in League of Legends gebeurde, heel toepasselijk, tijdens de zogenaamde 'First Blood'. Dat is het moment waarop de eerste speler een *kill* maakt, te vergelijken met de openingsgoal van een voetbalwedstrijd. 'Tijdens die First Blood vroegen we aandacht voor het thema bloeddonatie. De tagline "A First Blood could save lives" kwam in beeld bij alle Nederlandse kijkers van League of Legends-wedstrijden. Een soortgelijke activatie had Riot Games nog nooit ontwikkeld met een partner.' 2Basics zorgde echter niet enkel voor extra content in de game zelf. Het zette de bekende gamecommentator Eefje Depoortere in om via onlinevideo de actie te lanceren. Daarnaast kreeg de actie ook de steun van heel wat streamers op Twitch die het idee apprecieerden.

Sanquin mikte op 2500 nieuwe donoren, maar vond er uiteindelijk meer dan 7400. Missie geslaagd dus, maar ook de andere cijfers tonen dat de gamecontent zijn werk deed. #myfirstblood bereikte in totaal 21 miljoen mensen en scoorde heel wat (inter)nationale media-aandacht, inclusief een discussie in de gamecommunity over bloeddonatie. Dat trok ook de aandacht van internationale bloedbanken. Blood Centers of America (BCA), verantwoordelijk voor 40% van de bloedvoorziening in de Verenigde Staten, rolde intussen een vergelijkbaar concept uit.

5.1 EEN WAAIER AAN MOGELIJKHEDEN

Zodra je als bedrijf of organisatie je doelstellingen, doelen, strategie en storytelling in kaart hebt gebracht en je weet hoe je content kunt maken die zich onderscheidt, kun je de stap zetten naar de productie van content. Je bepaalt daarbij welke soort content je wilt verspreiden en binnen welke formats je dat zult doen.

Over de bestaande types content, het bedenken van formats en het gebruik van kanalen om dat alles te verspreiden, heerst een soms babylonische spraakverwarring. Veel bedrijven haspelen bij het opsommen van de content die ze produceren, de types content en de distributiekanalen vlot door elkaar. Dat staat het boeken van resultaten doorgaans zelfs niet eens in de weg. Het is echter goed om productie en distributie duidelijk van elkaar te onderscheiden om tot een helder productieplan te komen.

Met soorten content doelen we in dit boek op het type informatie dat je langs een reeks media wilt verspreiden. Een foto, een artikel, een infographic of een video zijn voorbeelden van soorten content. Die soorten content kunnen op een of meer distributiekanalen een plaats krijgen. De foto kan op Instagram, het artikel kan in je magazine, de infographic op je bedrijfsblog of op Facebook. En die video vindt niet enkel op YouTube, maar vaak op heel wat kanalen zijn weg. Toegegeven, soms is de lijn minder duidelijk te trekken. Velen beschouwen evenementen en webinars bijvoorbeeld als een soort content. Je kunt ze echter net zo goed zien als een kanaal of een medium dat je de kans geeft om verschillende soorten content (een presentatie, foto's, een speech ...) door te geven. Tot slot en om alle mogelijke verwarring helemaal uit de weg te ruimen: soorten content en distributiekanalen zijn evenmin hetzelfde als contentformats. De formats zijn de vaste maar zeer creatief gevonden structuren waarin je een soort content kunt gieten.[70]

Voor een keten van doe-het-zelfwinkels kan een make-over van huizen een zeer herkenbare format zijn. Dat basisformat kan het bedrijf uitrollen via diverse soorten content: een onlinevideo, maar ook een fotoreportage. En die content vindt vervolgens zijn weg op de geschikte kanalen. De video staat op het YouTubekanaal van de retailer, de fotoreportage in het eigen klusmagazine. Dit voorbeeld maakt duidelijk wat het belang kan zijn van formats als hoeksteen voor de contentproductie. We leggen in dit hoofdstuk uit hoe je ermee aan de slag kunt en hoe je ze vertaalt naar verschillende types content.

5.2 CONTENTMARKETINGFORMATS

5.2.1 WAT ZIJN FORMATS?

Om te begrijpen wat formats precies zijn, is het goed om even een zijstap te maken naar de televisiewereld. Een programma als 'The Voice' is een bekende format, die ondertussen in meer dan honderdvijftig landen uitgerold werd. De techniek om eerst te formatteren en vervolgens te programmeren, is overgewaaid naar content marketing. Bedrijven formatteren hun informatie en programmeren die op hun distributiekanalen.

Met dat verschil dat de context in content marketing complexer is. Op televisie gaat het om audiovisuele content die via een format zijn weg vindt op een bepaalde zender. Contentmarketeers maken formats voor allerlei types content en voor een brede mix van kanalen. 'Het is zelfs een kenmerk van goede formats dat ze bruikbaar zijn op verschillende kanalen', vindt Aart Lensink. Hij is directeur van het Nederlandse contentmarketingbureau LVB Networks en auteur van *Formats. De next step in content marketing*. 'Een wekelijks recept van de chef kan in een magazine, een app of een video. Al moet je dat genuanceerd durven te zien. Een bank die met een leuk podcastformat over beleggen komt, zal dat vaak enkel via podcasts kunnen verspreiden.'

5.2.2 WAAROM CONTENTFORMATS GEBRUIKEN?

Je onderscheiden van de concurrentie is de belangrijkste reden om te investeren in sterke formats voor je content marketing. Vakmensen zoals journalisten of regisseurs brengen je content op een inhoudelijk hoog niveau, maar een format helpt om die sterke informatie op een zeer creatieve manier te brengen. 'Te veel contentmarketeers hebben de voorbije jaren min of meer hetzelfde gedaan', zegt Aart Lensink. 'Denk maar aan de vele content met zes tips hier en acht goede voorbeelden daar. Altijd maar weer een zoveelste stuk content op de grote hoop. Een goede format doet net het tegenovergestelde. Het is eenvoudig, goed doordacht en zegt iets over waar je als merk voor staat. Maar het vergt creativiteit en geduld om het te ontwikkelen. Iets doen met vrouwen die verbouwen, is nog geen geformatteerde content.'

Naast het creëren van een eigen smoel, hebben formats enkele extra troeven.

- *Formats helpen.* Formats zitten dicht op de essentie van content marketing, omdat ze je publiek helpen. Lezers en kijkers vinden formats herkenbaar, waardoor ze de content makkelijker zullen herkennen, consumeren en delen. Daardoor kunnen formats vaak lang mee. Je hoeft niet elk jaar een nieuwe rist formats te bedenken.

- *Formats structureren.* Werken met formats betekent structuur aanbrengen in je productieproces. Omdat je je stijl wilt bewaken, kun je informatie afwegen aan het format. Past je content in het format? Als dat niet zo is, dan kan dat een reden zijn om na te denken over het nut ervan voor je publiek. Of om een andere, meer geschikte vorm te bedenken. De medaille heeft ook een keerzijde: je kunt overformatteren. 'Het hangt ervan af hoeveel ijkpersonen en thema's je hebt', zegt Aart Lensink daarover. 'Vaak is het goed om als bedrijf met twee of drie vaste formats te werken, aangevuld met losse content. Formats brengen rust in je contentproductie. Veelal is 50% geformatteerd en 50% losse content een evenwichtig uitgangspunt. De losse content is een opportuniteit om leuke varianten te bedenken, wat dan weer de basis kan zijn voor nieuwe formats.'

5.2.3 WAT IS EEN GOEDE FORMAT?

Wat een goede format is, is op zich een zeer subjectieve beoordeling. Maar net zoals bij goede televisie of goede reclame kunnen enkele basisregels wonderen doen om je de weg te tonen naar een goede format.

Een eerste uitgangspunt is dat het moet beantwoorden aan je sweetspot:[71] vind dat plekje waar je voor je publiek het meest geloofwaardig bent. Moet een bank content maken over zijn producten of over de hobby's van zijn klanten? 'Je moet elkaar halverwege vinden', zegt Lensink, 'en dat is de plaats waar je geloofwaardig en relevant tegelijk bent. Neem nu een bank. Werkt die rond een thema als islamitisch bankieren, dan kan ze twee uitersten bedenken: content over hoofddoekenmode of content over het hoofddoekendebat. Middenin zit een sterk format met content over jonge ondernemende moslima's. Dat is de sweetspot voor die bank.'

De sweetspot is echter nog geen garantie voor succes. Een tweede vertrekpunt voor sterke formats is nagaan of de doelgroep een format weet te smaken. Toon content in zijn eindversie aan de klant en test de reacties. 'Als je een format maakt, kijk je met de bril van de ontvanger', zegt Aart Lensink. 'Ga zeker voor duurdere content niet meteen live. Televisieprogramma's maken van een nieuw format een pilotaflevering. Ook voor contentproducties is dat een goed idee. Zelfs een doodgewoon artikelformat kun je laten proeflezen om sterker aan de start te staan.' En nog een analogie met tv-formats: sterke formats werken op uiteenlopende markten. Daarin schuilt een ander businessmodel voor content marketing: het (internationaal) verkopen van een format met bewezen waarde.

5.2.4 VERTROUWEN OP OERFORMATS

Het vinden van een goede format kan met de hulp van creatieve geesten, maar daarbij hoef je niet keer op keer het warm water uit te vinden. Op televisie is 'The Voice' een format met fantastische resultaten, maar in essentie is het een nieuwe variant op een al lang bestaand format: vind het grootste talent. Wat dertig jaar geleden nog een playbackshow was, is nu een zoektocht naar de mooiste stem. Als contentproducent kun je net zo goed terugvallen op een reeks van oerformats en die een verfrissende invulling geven. Het idee achter de oerformats is universeel toepasbaar en kan voor veel bedrijven de grondstof zijn om zelf creatieve formats te bedenken.

Aart Lensink onderscheidt op basis van een analyse van meer dan honderd formats een reeks van eenentwintig oerformats. Deze oerformats zijn zeer goed bruikbaar voor makers van content, omdat ze steeds vertrekken vanuit de wil om het publiek te helpen. Enkel de manier waarop verschilt. De oerformats van Lensink kunnen we op die manier in zes grote groepen of invalshoeken indelen.

1. *Help mensen om iets te categoriseren.* Bijbehorende oerformats zijn de zoektocht naar wie ergens de beste in is, het uitreiken van prijzen (al dan niet aan de beste) en het maken van lijstjes.

Het maken van lijstjes is een héél populair format onder contentmarketeers. Tracht herkauwen te vermijden en toch steeds lijstjes te maken die inspelen op een reële, vaak actuele, behoefte. Maak *listicles* rond nieuwe uitdagingen voor je doelgroep of rond situaties die ze zelf nog niet konden ordenen.

2. *Help mensen inzien wat ze wel en niet kunnen of (nodig) hebben.* Een doelgroep meer zicht laten krijgen op zijn eigen behoeften is een zeer populair basisformat. Het vertaalt zich zowel offline als online bijvoorbeeld in formats als een quiz of een test.

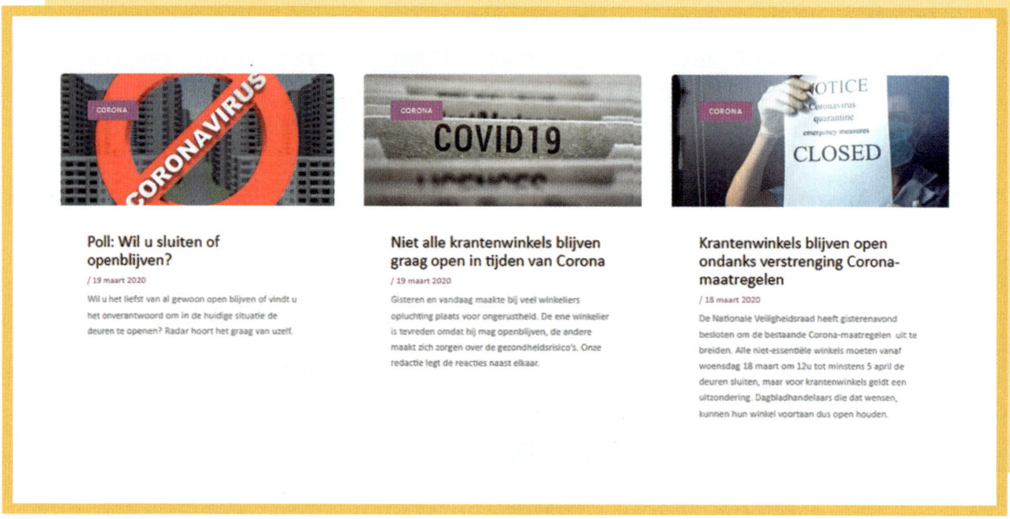

3. *Toon je publiek hoe anderen het doen.* Het oerformat met een sterk reality-kantje, bekend via enkele grote varianten: iemand volgen, meekijken met een professional of binnenkijken bij iemand die iets goed aanpakt.

4. *Toon zelf hoe het moet.* De format helpt, maar dan echt praktisch. Bouw een format rond één centrale vraag die leeft bij het publiek of neem het heft in handen (denk maar aan de make-over als oerformat).

   Een uitstekend voorbeeld zijn de FIFA-*skill games* van voetbalclub Ajax Amsterdam. Ajax maakte een spin-off van het computerspel FIFA. Daarin traint een Ajacied elke week op oefeningen die kijkers zelf kunnen spelen in FIFA. De video's krijgen een plek op het YouTubekanaal van Ajax en scoorden daar vlot 50.000 tot 100.000 views per video.

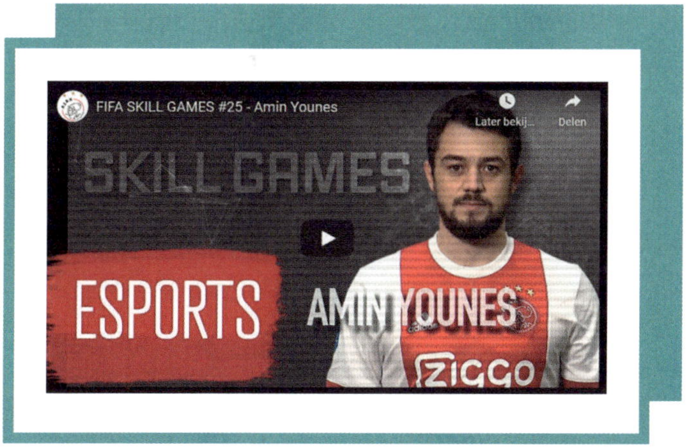

5. *Doe iets spannends om te tonen hoe het moet.* Omdat gewoon helpen niet altijd spannend is, kan een extra element wonderen doen. Een challenge voor het personage in de format of leden van het publiek die ruilen om elkaars situatie te ervaren.

   Will it blend? Rond die eenvoudige vraag bedacht de Amerikaanse blenderfabrikant Blendtec een spannend format. Het merk had instructievideo's kunnen maken, maar bedacht een videoformat waarin het uittest of haar blenders de vreemdste producten kunnen fijnmalen. Elke video vertrekt vanuit de uitdaging om pakweg een iPad of een Amazon Echo door te blender te draaien. Meestal lukt dat ook. De populairste video haalde meer dan 18 miljoen views, het YouTubekanaal 'Will it Blend?' telt bijna 900.000 abonnees.

6. *Graaf informatie op die je publiek nog niet kende.* Een groeiende groep merken doet een beroep op journalistieke oerformats om hun content te structureren.[72] Populair zijn het rondetafelgesprek, de reconstructie, de talkshow of het aan het woord laten van het publiek (voxpop).

De Deense bank Jyske Bank[73] gaf de zoektocht naar journalistieke oerformats een wel heel ruime wending: het startte een eigen televisiezender. Het startte al in 2008 een eigen tv-studio en een eigen redactie waarmee het dagelijks financieel-economisch nieuws maakt voor Jyske Bank TV. Intussen is de zender in Europa het grote voorbeeld van hoe je *owned media* structureert en uitbouwt tot een volwassen mediabedrijf, gebouwd op journalistieke formats die we ook bij de klassieke tv-zenders aantreffen.

HOE CREËER JE EEN GOEDE FORMAT?

Een typisch extra kenmerk van goede formats: ze hebben tijd nodig. Een format kan meteen werken, maar vaak moet het vooral kunnen groeien. Aart Lensink verwijst graag naar het ook in Vlaanderen bekende tv-format 'De Wereld Draait Door'. Dat draaide twee jaar vierkant voor het zijn opbouw, ritme en vaste elementen vond die het programma tot een succes maakten. Om dat proces van schaven te vergemakkelijken, kun je als merk vooraf al een reeks van stappen doorlopen.

1. *Bepaal wat je wilt formatteren.* Zoek je een nieuwe rubriek voor een tijdschrift, een blog of een YouTubekanaal? De moeilijkste uitdaging: een format voor een breder platform. Albert Heijn maakte daar een duidelijke keuze en koos het recept als basisformat voor zijn platform.
2. *Kies een thema.* In veel bedrijven is dat de stap waar je denkt aan 'iets doen met'. Broodnodig, maar hier mag het niet stoppen.
3. *Doe onderzoek.* Zoek inzichten over je publiek en distilleer feiten over je thema.
4. *Bekijk de oerformats.* Vergelijk de feiten met de oerformats en kijk hoe je als merk je publiek kunt helpen.
5. *Bedenk een goede titel.* Een goede format legt meteen uit hoe je als bedrijf wilt helpen met de content die je maakt.
6. *Test.* Of in format-termen: maak een pilotartikel of -video waaruit je kunt leren.
7. *Wees eerlijk over de levensduur.* Content marketing werkt op lange termijn. Denk vooraf na of je de content voor een korte of langere tijd wilt gebruiken.
8. *Integreer het format in je distributie.* Test op welke kanalen het format een plaats heeft en start met de implementatie ervan.

5.3 GESCHREVEN CONTENT

Een merk dat een goede format heeft ontwikkeld, kan dat doortrekken in meerdere types content. Een kort interview rond één centrale vraag van je publiek kun je uitschrijven en op een vaste plaats in een magazine brengen. Maar je kunt het ook in korte filmpjes op je blog laten terugkeren.

Veel formats gedijen echter het best in één type content. Een opiniestuk is eerder tekstcontent, een make-over is eerder videocontent. Om uit te leggen welke types content je als marketeer kunt inschakelen, blijft dat overigens de nuttigste tweedeling. Bij de tekstcontent hoort echter haast automatisch beeldcontent in de vorm van foto's of illustraties. De combinatie van tekst en beeld levert types content op van verschillende pluimage, waarvan een aantal zeer bruikbaar is voor content marketing.

5.3.1 BLOG- EN ANDERE ARTIKELS

Een blogartikel is voor veel merken en bedrijven de allereerste stap in het maken van content. Op de blog kunnen uiteraard nog andere types content voorkomen, maar artikels vormen zeer vaak het uitgangspunt. Blogs ontstonden begin deze eeuw als een kanaal waarop bloggers in een vaak zeer persoonlijke stijl informatie begonnen te verspreiden. Toen merken en bedrijven de blog ontdekten, maakte die individuele aanpak plaats voor artikels. Die leunen dicht aan bij de artikels die bedrijven ook maken voor bijvoorbeeld een print- of papieren magazine.

Zo pakken bedrijven het dan ook vaak aan: ze creëren artikels en de blog is een van de kanalen om die te verspreiden, al dan niet met een mogelijkheid om commentaar te geven op de content en met de steun van aanjagers als een nieuwsbrief (*de nieuwsbrief nemen we overigens in dit hoofdstuk niet mee als een apart soort content, maar komt in hoofdstuk 6 aan bod in het kader van e-mailings als kanaal in je distributiestrategie*).

Om een artikel te maken, benutten bedrijven almaar vaker en beter de technieken uit de journalistiek: interviews, reportages, maar ook recensies en opiniestukken. Of ze surfen mee op de actualiteit via *newsjacking*. Vanuit die variatie zie je (blog)artikels dan ook in haast elke fase van de *customer journey* opduiken. Artikels zijn absoluut een speerpunt om *awareness* op te bouwen in de *see*-fase (cf. hoofdstuk 2). Al naargelang de fase zal de invulling van de artikels verschillen. Dicht bij de aankoopfase zul je bijvoorbeeld eerder artikels met getuigenissen of casestudy's brengen, *how-to*-content kan dan weer helpen om bestaande klanten te helpen enzovoort. De journalistieke aanpak van merkcontent is intussen ook doorgedrongen in *native advertising*. Om *native* artikels vlot te integreren in de redactionele context, valt *native* terug op dezelfde types artikels. De best practices evenaren daarbij de redactionele standaard van het magazine, de krant of de website.

Voor content marketeers die willen weten hoe het maken van blogartikels evolueert, is het jaarlijks terugkerend onderzoek van Orbit Media Studios een goed vertrekpunt. De Amerikaanse specialist in webdesign en development ging in 2015 van start met het bevragen van duizend bloggers. Vijf jaar later creëerde het op die manier een barometer over hoe (blog)artikels in content marketing evolueren.[74] Het onderzoek maakt onder andere duidelijk welke types artikels op blogs in de lift zitten. Zo merkte Orbit onder andere dat zeer praktische artikels (*how-to*-invalshoek) met voorsprong het populairst zijn (77% gebruikt ze). Nieuws en trends, opinies, interviews vind je bij 40 à 50% van de bloggers en net iets meer dan een derde zet ook in op info uit eigen onderzoek.

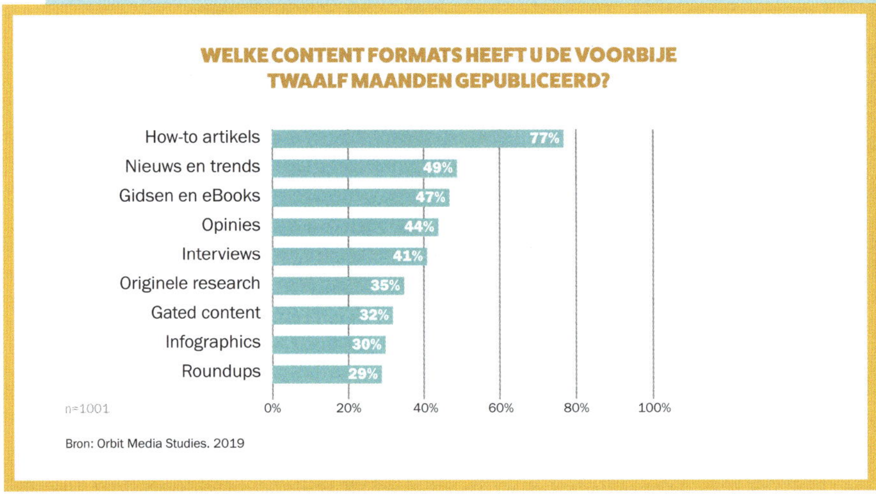

Het is echter interessant dat Orbit die data koppelde aan het succes van de bewuste blogartikels. Dat levert plots een heel ander beeld op. De zo populaire *how-to*-artikels doen slechts voor een derde van de bloggers wat ze moeten doen. Daarbij moet wel worden opgemerkt dat de meeste types een score in die buurt halen. Nieuws- en opinieartikels scoren onder het gemiddelde, terwijl whitepapers en e-books de beste scores neerzetten.

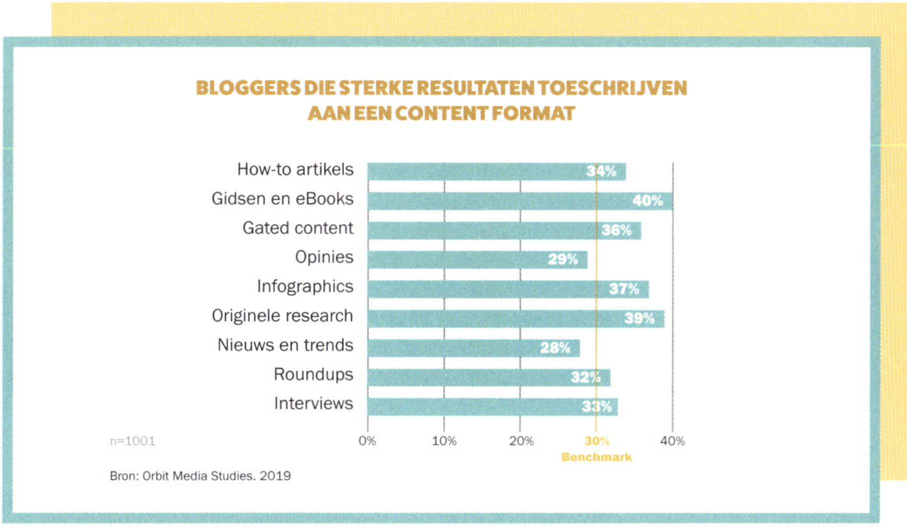

5.3.2 WHITEPAPERS EN E-BOOKS

Een publiek dat op zoek is naar een grotere brok informatie, zal eerder terechtkomen bij whitepapers en e-books. Het zijn twee soorten content, vertrekkend vanuit geschreven informatie, die vaak als synoniem door het leven gaan. Ten onrechte, want tussen beide bestaan duidelijke verschillen.

Een whitepaper is 'een verslag dat focust op één centraal thema en daarvoor doorgaans tien tot twaalf pagina's tekst nodig heeft'.[75] Je kunt een whitepaper nog het best vergelijken met een rapport of een essay zelfs. Het vertrekt vanuit een duidelijk omlijnd probleem en lost dat aan de hand van databronnen en diepteonderzoek op. In een whitepaper breng je met andere woorden kennis van experten samen en geef je jezelf 1.000 tot 10.000 woorden[76] de ruimte om dat te brengen.

Vergeleken met een whitepaper is een e-book een meer speelse variant. Een e-book gebruikt meer visuele elementen en geeft snellere *takeaways* mee aan de lezers. Het wil die lezers informeren of iets bijleren over een interessant onderwerp, maar doet dat meer verhalend en gebruikt meer design om dat verhaal te vertellen.

Wat whitepapers en e-books gemeenschappelijk hebben, is de status. Een whitepaper en een e-book hebben een premiumetiket. Merken geven deze soorten content vaak in ruil voor de gegevens van wie het document downloadt.

De vraag of je nu voor een whitepaper of een e-book moet kiezen, zorgt al enkele jaren voor debat. Wil je je publiek de boodschap geven dat je een probleem oplost, kies dan voor een whitepaper. Zet je eerder in op het samenbrengen van nuttige info om je publiek wat wijzer te maken, ga dan voor een fris vormgegeven e-book. Laat je ook niet misleiden door de gekozen naam: evengoed heet dat een rapport of gids. Vaak spitst de discussie zich toe op het verschil tussen de meer academische whitepaper versus het luchtigere e-book, maar dat is niet de kern van de zaak. Beide soorten content helpen je publiek tijdens de *customer journey*, maar ze spelen hun rol op een andere plaats.[77] Zoals we in hoofdstuk 2 aanhaalden, duikt een whitepaper eerder op in de beslissingsfase (de *do*-fase). Je bijna-koper is op zoek naar onderbouwde bewijzen om zijn aankoopbeslissing te funderen. Op dat moment is een whitepaper zeer geschikt. Een e-book daarentegen komt al veel vroeger in beeld, in wat we eerder de *see*-fase hebben genoemd. Het is de fase waarin je publiek vanuit een specifieke informatiebehoefte zo veel mogelijk content tracht te verzamelen. Design en storytelling komen dan uitstekend tot hun recht.

Een duidelijk voorbeeld van de keuze tussen e-book en whitepaper op basis van de *customer journey* zien we bij het socialeverzekeringsfonds Liantis. Het profileert zich als compagnon de route voor ondernemers en bouwde zijn *customer journeys* rond de fases waarin je je als ondernemer bevindt. Voor wie net zijn eigen bedrijf opricht, is de keuze van een rechtsvorm (eenmanszaak of vennootschap) een van de eerste knopen die je moet doorhakken. Het publiek heeft info daarover vroeg in de *journey* nodig en dus biedt Liantis over die vraag eerder een e-book dan een whitepaper aan.

5.3.3 LONGREAD

Als een whitepaper al gauw tot 12.000 woorden kan bevatten, wat is dan een longread? Deze soort content kwam begin jaren 2010 uit Nederland binnengewaaid. De longread typeert zich door een meer journalistieke stijl. Het is minder een verslag op basis van data, maar gebouwd op een journalistiek verhaal. Qua lengte kan een longread variëren van 1.000 tot 20.000 woorden.[78]

De Volkskrant omschreef het reeds in 2013 als 'een journalistieke productie op internet, waar de, doorgaans lange, tekst wordt ondersteund door een rijke hoeveelheid multimedia. Het geheel heeft een strakke vormgeving die afwijkt van de rest van de site. Denk aan filmpjes, geluidsfragmenten, datavisualisaties, kaarten, bewegende achtergronden en bijzondere navigatiemogelijkheden'.[79] 'De stijl van een longread is essayistisch en documentaireachtig, zoals je bijvoorbeeld verwacht in een kwaliteitskrant', schrijf Lies Xhonneux van Onlyhumans in een blogstuk[80] dat zich buigt over de spraakverwarring tussen whitepaper, e-book en longread. 'De inhoud is diepgaander dan die van een blog en "verhalender" dan die van een whitepaper.'

In de Verenigde Staten is de term longread niet bekend. Angelsaksische contentmarketeers houden het op *long form content* en leggen het accent iets minder op het journalistieke element. Wel stippen experts als Neil Patel aan dat de langere content in lijn ligt met hoe Google evolueert.[81] Content die de tijd neemt om echt te helpen, zorgt niet enkel voor langere bezoeken aan je website (logisch), maar krijgt een betere Googleranking en wordt vaker gedeeld. Dat uitgangspunt valt samen met de nood aan kwaliteit: zomaar duizenden woorden schrijven heeft geen zin. Het werkt enkel als je echt een (journalistiek) verhaal kunt vertellen.

5.4 VIDEOCONTENT

Toen we in 2016 de voorloper van dit boek op de markt brachten, schreven we nog dat videocontent aan een gestage opmars bezig was. Als we drie jaar later de cijfers opnieuw bekijken, blijkt 'gestaag' het belangrijkste woord te zijn in de vorige zin. Volgens het Content Marketing Institute gebruikt 66% van de b2c-marketeers het intussen[82] en 71% van de b2b-marketeers,[83] tegenover 60% (b2b[84] en b2c[85]) drie jaar geleden.

De cijfers verdienen echter wat nuance. Ten eerste nemen ze de groei van video in sociale media niet mee. Dat is een ander type content in de CMI-statistieken en bovendien een heel populair type. Bovendien zegt de gestage groei niets over de impact. Cisco berekende al in 2018 dat video's tegen 2022 goed zullen zijn voor 82% van het mondiale verkeer op internet.[86] Gemiddeld spenderen bezoekers 90% meer tijd op websites met video dan op websites zonder video. Het zijn cijfers die veel beter aantonen waarom we de groei van video binnen content marketing wel degelijk als explosief mogen beschouwen.

Niet enkel het gebruik van video binnen content marketing groeit, ook de perceptie verscherpt. De tijd dat marketingdepartementen een reclamespot ook als content beschouwden, ligt achter ons. In essentie promoot een reclamespot een product of een dienst, of timmert aan het imago van een merk. Een contentvideo vertelt een verhaal, werkt meer in de diepte en doet daarvoor zeer vaak een beroep op een vaste format.

Om een onderscheid te maken in de types videocontent waarop een merk in zijn content marketing een beroep kan doen, is het nuttig om uit te gaan van het kijkgedrag. Lineair kijken maakte in eerste instantie plaats voor streaming op kanalen als YouTube, DailyMotion of Vimeo. En intussen is ook livestreaming een opportuniteit voor contentmarketeers.

5.4.1 STREAMING VIDEO

Voor content marketing is streaming video het meest gangbare type videocontent. De hiervoor vermelde cijfers van het CMI tonen dat ook aan. Als twee derde van de contentmarketeers video inzet, dan gaat het om streaming video. Livestream telde niet mee in dat cijfer (12% gebruikt het volgens het CMI). Het etiket streaming verwijst naar de distributie: een bedrijf plaatst en streamt een video op een digitaal platform. Het publiek bekijkt de video wanneer dat het best uitkomt.

Net als bij geschreven content ontspon zich de voorbije jaren een geanimeerd debat over de lengte van een goede onlinevideo.[87] De voorstanders van korte onlinevideo hebben niet enkel het productiebudget aan hun kant. Ze halen het argument aan dat de aandacht te snel verslapt voor lange video's.

Volgens onderzoek van de Universiteit van Princeton is die korte *attention span* geen mythe: we veranderen onze focus zelfs om de 250 milliseconden (vier keer per seconde dus).[88] Dit betekent niet dat ons brein elk seconde viermaal van onderwerp verandert, maar wel de informatie gaat onderzoeken en beoordelen. Volgens de onderzoekers creëert dat als het ware een evolutionair voordeel voor kortere content. Het is een vaststelling die zoals eerder gezegd moeilijk te rijmen valt met het bingewatchen dat de voorbije jaren opgang maakte.

Goed gemaakte langere videocontent kan wel degelijk boeien en heeft een sterke toegevoegde waarde voor het merk dat er zich aan verbindt. Lange videocontent kan zeer nuttig zijn om meer diepgang te creëren en te bouwen aan de merkidentiteit. Lange video's bieden kans op een meer significante impact op je marketingdoelen en uiteindelijk houdt niets je tegen om een lange video in kortere verknipte vorm ook nog tactisch in te zetten.

Bij het maken van de juiste keuze tussen korte of langere video's kun je terugvallen op je strategie en op ingewonnen data. Veel merken gebruiken die cijfers over de kijkduur (perfect terug te vinden via bv. YouTube) om de lengte van één uitzending binnen een format te bepalen of om een langere video in meerdere delen op te splitsen. Meet wat voor jouw merk en DNA het beste werkt.

De lengte van de video hangt ook samen met de plaats die de videocontent krijgt in de *customer journey*. Typisch aan videocontent is immers dat je het in elke fase van de *journey* kunt gebruiken.[89] Als contentmarketeer wacht je dan wel de taak om door de bomen het bos te zien. Bouw variatie in de producties in en zorg dat je voor elke fase de juiste video's inzet. Met enkel grappige of flitsende korte video's zul je er niet komen.[90] In de *see*-fase zal het vaak zaak zijn om met korte video's een goede eerste indruk te maken op je publiek. In de *think*-fase schuif je inhoudelijk al wat op en wil je aantonen dat je de (informatie)behoefte van je publiek goed inschat, dat je hen echt wilt helpen.

In de *do*-fase wil je converteren met video. De stijl wordt al wat directer en de inhoud mag, naar analogie van bijvoorbeeld de geschreven whitepaper, al wat langer duren. Een review of een getuigenis mag gerust enkele minuten in beslag nemen. Na de aankoop, in de *care*-fase, wil je klanten blijven inspireren. Bied hen trainingsvideo's, kom met nieuws of nieuwigheden, speel in op de actualiteit of pak uit met een vlog of een livestream. In het ideale geval maak je van de klanten echt *brand advocates* en gaan ze zelf bijvoorbeeld *user generated* videocontent posten.

MOTOVIDEO'S VAN REVIEW TOT AANKOOP IN DE WEBSHOP

Mark Bos stapte in 2011 in MotorKledingCenter, het bedrijf van zijn vader dat zich gespecialiseerd had in kleding voor motorrijders. Content maken over motormode was geen vanzelfsprekende keuze, maar het werd wel het fundament voor het succes van de winkelketen.
De groei van het YouTubekanaal toont aan hoe Bos zijn videoproducties slim afstemde op de *customer journey*. Tussen de intussen duizenden video's ging het van productreviews naar FAQ's, informatievideo's (hoe houd je het 's winters warm ...), video's die de winkels tonen tot video's die je bij een aankoop haast bij de hand nemen. Niet onlogisch, want Bos investeerde ook in een webshop. 'De klant moet het gevoel krijgen dat er online een verkoper bij is, die je aan de hand neemt', zegt hij.
'Hoe verder je in het submenu komt, hoe specifieker de producten worden en de informatie die je geeft. Als een klant in de hoofdcategorie begint, wil hij nog geen details weten, maar meer algemene informatie tot zich krijgen. Op de site help je de klant door bepaalde vragen te stellen, door uit te leggen wat de verschillen zijn en waar je op moet letten. Zo kom je tot het beste product voor de klant. We verplaatsen door videomarketing de verkoper van de vloer naar thuis.'[91]

5.4.2 LIVESTREAMING VIDEO

Bij streaming video blijft de content die een merk produceert, online beschikbaar en consulteerbaar op het moment dat zijn publiek die nodig heeft. Een aanpak die behulpzamer is dan het oude broadcasten van informatie op televisie. Toch maakt dat broadcasten sinds enkele jaren opnieuw zijn opwachting. Alleen heet het nu livestreaming en zijn het sociale media zoals Twitter, Facebook en Instagram of YouTube die livestreaming populair hebben gemaakt.

Livecontent kun je voor veel gelegenheden inzetten, zoals een productlancering, het uitzenden van een conferentie voor wie er niet kan bij zijn, een mededeling of oproep (bv. om te doneren), een webinar of het meevolgen van een event. De uitbraak van COVID-19 en de bijbehorende periode van lockdown en telewerk was overigens een interessante lakmoesproef voor livecontent en dan zeker voor webinars. Statista berekende dat in de Verenigde Staten bij merken een verschuiving van live events naar webinars zichtbaar was. Het aantal b2b-merken dat in februari en maart 2020 een webinar aanbood, groeide met 36%.[92]

DJ-SET VANAF HET DAK

In volle coronacrisis leverde dj Charlotte De Witte een mooi voorbeeld af van de kracht van livestreaming. Vanaf haar dak in Gent gaf ze een dj-set. Ook al kun je die set net zo goed uitgesteld bekijken, toch creëerde ze een event dat je live wilt meemaken. De set van de populaire De Witte haalde meteen honderdduizenden kijkers en was na enkele uren al meer dan een miljoen keer bekeken. Het leverde niet alleen veel *awareness* op voor de dj, maar ook voor technomuziek en voor haar stad Gent.

Als video al een krachtig middel is om content te brengen, dan brengt livestreaming het naar een nog hoger niveau. Als merk kun je in real time met je publiek spreken en onmiddellijk reageren op vragen, waardoor het zich nog meer betrokken voelt. 'Live' voegt ook een extra dimensie toe aan de boodschap: de content oogt urgenter, actueler. Afhankelijk van welke boodschap je precies brengt, kun je livestreaming net als streaming video op zowat elk moment van de *customer journey* inzetten.

Wel is het bij livestreaming belangrijk om uit te zenden op plaatsen waar je publiek al aanwezig is en waar je hen via gerichte targeting kunt uitnodigen. Dan kom je snel terecht bij Facebook Live en YouTube, wat de meest gebruikte platformen zijn. Facebook geeft nog een aantal tips mee:

- Moedig mensen aan om te kijken door hen van tevoren een melding te sturen via berichten of verhalen.
- Geef je publiek de kans om van tevoren vragen te stellen en bereid je antwoorden voor.
- Zorg dat je je publiek voldoende tijd geeft om in te schakelen. Probeer dertig tot zestig minuten lang live te gaan.
- Reageer op opmerkingen van fans of zet die vast.
- Groet je fans bij naam wanneer je reageert op hun opmerkingen en vraag hen om vragen te stellen over een bepaald onderwerp om de betrokkenheid te stimuleren.
- Deel de livestream in groepen of op pagina's en profielen die je beheert.
- Voeg de livestream toe aan je website of blog als je die hebt.
- Sla de livevideo op in je filmrol en deel die als inhoud voor ondemandvideo's in je overzicht, Stories, IGTV enzovoort.

5.4.3 VIDEOGAMES

De case vooraan in dit hoofdstuk verklapte het al: de voorbije jaren zijn ook videogames doorgegroeid tot een veelzijdig contenttype. #myfirstblood van Sanquin vernieuwde door een contentkoppeling te maken in een bestaande game. Dat is nog het best te vergelijken met een merk dat geschreven content via *native advertising* in een al bestaand tijdschrift brengt. Gamification toont zich echter het meest in content marketing via de omgekeerde aanpak: door videogames te integreren in andere types content.

In een contentmarketingstrategie helpt de game om mensen te betrekken bij je merk, vaak in ruil voor een beloning. Plaats je dat in de *customer journey*, dan kan een videogame zeer nuttig zijn in de fase waarin je *awareness* wilt opbouwen.[93] Zeker zeer toegankelijke videogamecontent die makkelijk deelbaar is, kan voor meer bekendheid zorgen. Gamification komt echter ook verderop in de *funnel* van pas. Van nature uit bouwen games makkelijk betrokkenheid op en zo kun je in de *do*-fase de stap zetten naar conversie. De case van Sanquin bewijst dat dit niet beperkt hoeft te blijven tot leads inzamelen, maar dat gamers ook echt actie willen ondernemen.

De valkuil bij videogamecontent zit hem in de motivatie voor de betrokkenheid. Het spelplezier mag zeker een drijfveer zijn om spelers te overtuigen om actie te ondernemen, maar het mag niet de enige zijn. Mik je zoals Sanquin op een stuk maatschappelijke betrokkenheid, dan doe je er goed aan om op te volgen of gamers ook dat element oppikken. Sanquin kon dat bijvoorbeeld vaststellen door de discussie over het doneren van bloed die onder de gamers ontstond.

Zorg er verder voor dat de gamecontent voldoende aansluit bij je merk – een racegame voor een shampoomerk kan wat vreemd ogen – en denk goed na over het type boodschap dat je in je content brengt. Lange stukken informerende content bijvoorbeeld komen minder in aanmerking voor videogamecontent.

5.5 BEELDCONTENT

5.5.1 FOTOMATERIAAL

Bij het maken van artikelcontent hebben contentmarketeers vaak al de intuïtieve reflex om foto's te integreren. Tekst zonder beelden is moeilijker te lezen en te begrijpen, waardoor de content zijn doel kan missen. 'Het gebruik van foto's geeft je business een gezicht', zeggen Ann Handley en C.C. Chapman daarover[94] en ze doen ook meteen een suggestie voor bedrijven die bijvoorbeeld aan het bloggen slaan. 'Toon met foto's de menselijke kant van je onderneming. Dat moet niet noodzakelijk resulteren in foto's van al je werknemers, maar zelfs dat zou geen slechte start zijn.'

Nieuwe kanalen hebben de voorbije jaren ook nieuwe toepassingsmogelijkheden voor fotomateriaal van merken gecreëerd. Zeker Instagram heeft zijn stempel gedrukt op de fotografiestijl in content marketing. De tijd dat je als merk verlegen moest zitten om sterk beeldmateriaal ligt bovendien achter ons. De komst van betere camera's in smartphones stelt bedrijven met een goede contentreflex in staat om veel beeldmateriaal te verzamelen. Maar ook fotodatabanken zoals Shutterstock of Getty Images bieden een ruime en betaalbare keuze van stockfoto's die kunnen aansluiten bij waar je als merk voor staat en wat je wilt vertellen.

Al kan het in de meeste gevallen slim zijn om in te zetten op gerichte opdrachten voor fotografen, die voor jou unieke beelden maken. Heel wat content maakt gebruik van al te generieke stockbeelden. Hoe sterker de concurrentie in je sector, hoe hoger de nood om je te onderscheiden en dat kan ook met sterke fotografie.

5.5.2 INFOGRAPHICS

Een type content dat op excellente manier informatie gebald samenbrengt op een visueel aantrekkelijke manier, is de infographic. Een infographic visualiseert een vaak complex onderwerp met behulp van kerncijfers, grafieken, beelden en korte stukjes tekst. De infographic is populair omdat bedrijven over almaar meer data beschikken om een onderwerp te stofferen. Bovendien is het niet meer zo moeilijk om een infographic te maken. Online vind je veel handige tools, maar net als bij de fotografie geldt ook hier dat je met sterke grafische vormgeving een verschil kunt maken. Dat is ook nodig om nog onderscheidend te zijn tussen de zondvloed aan infographics. 'Infographics zijn stilaan passé', zegt de Amerikaanse auteur en *keynote speaker* Andrew Davis.[95] 'De echt goede snijden nog door de boter, maar algemeen boeten infographics aan kracht in tussen de tsunami die om aandacht schreeuwt.' Davis' bemerking hoeft niet te betekenen dat infographics in België geen toekomst hebben, wel integendeel. Het is vooral een warme oproep voor meer sterke infographics, gebouwd op basis van een duidelijk scenario.

DE LEVENSCYCLUS VAN EEN PETFLESJE

Hoe leg je een complex proces als de levenscyclus van een petflesje goed uit zonder een tweetal A4's te vullen? Coca-Cola maakte een infographic die met een mix van cijfers en korte copy de weg van productie over consumptie tot recyclage en verwerking mooi visualiseert. Een prachtig voorbeeld van content marketing omdat het bedrijf er tegelijk ook in slaagt om op een niet-geforceerde manier zijn doelstellingen op het vlak van duurzaamheid te onderstrepen.

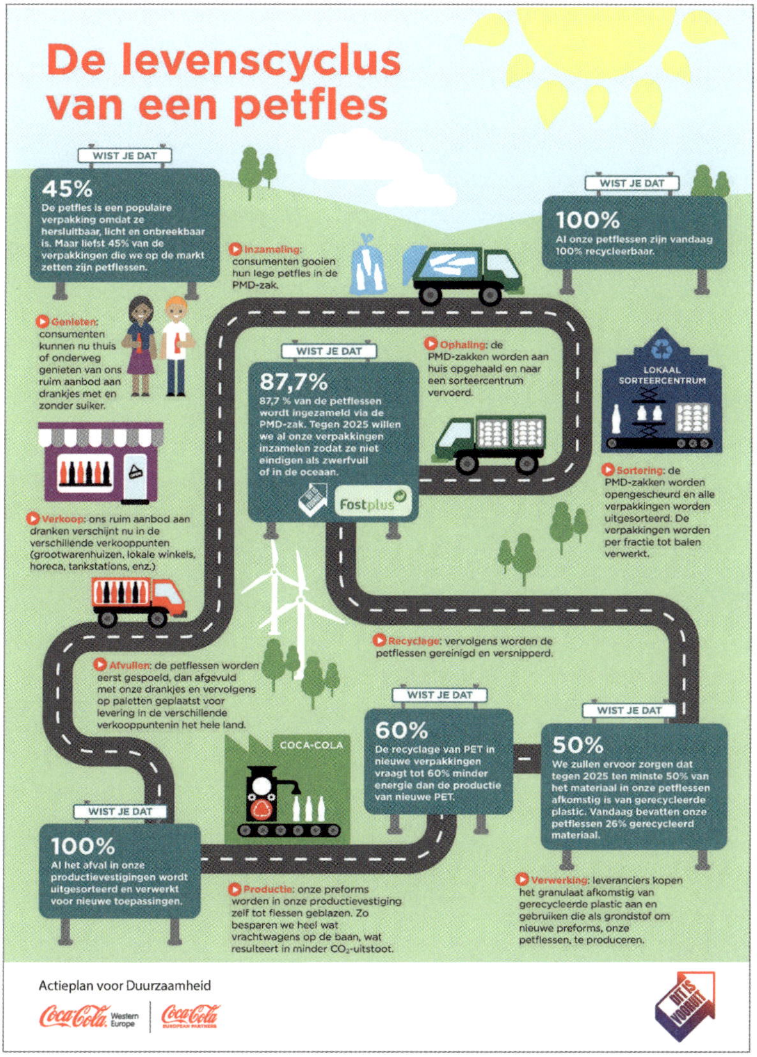

5.5.3 VISUAL DESIGN

Inzetten op fraaie beelden kun je als content marketeer niet loskoppelen van aandacht voor mooi visual design. Vandaag zie je dat niet enkel b2c-, maar ook b2b-content steeds meer die kaart durft te trekken. Uit een studie van het Content Marketing Institute bleek dat in 2017 slechts de helft van de b2b-marketeers visuele content belangrijk vond. Amper twee jaar later toonde de opvolgstudie aan dat de uitgaven voor visuele content het sterkst stijgen.[96]

Die evolutie hangt samen met de nood om je content tussen het grote aanbod te laten opvallen. In een video kun je enkel talking heads tonen of je kunt voorzien in visuele extra's: tussenvragen, logo's, pancartes ... noem maar op. Stuk voor stuk kun je die elementen grafisch mooi vormgeven om je contentproductie te professionaliseren.[97]

Visual design is op die manier uitgegroeid tot een bijkomend wapen om een eigen stijl en aanpak te ontwikkelen. Het is geen opsmukwerk aan het einde van de rit, maar een wezenlijk onderdeel van je merkbeleid. Samen met grafisch vormgevers, webdesigners, artdirectors, UX/UI-designers enzovoort kun je al naargelang het ingezette type content heel wat nuance aanbrengen. Dat gebeurt het best aan de hand van de al bestaande huisstijl en met aandacht voor keuzes rond kleuren en typografie.

TABLOIDDESIGN VOOR ANGÈLE

Een zeer uitgesproken keuze van visual design bij onlinevideo zien we bij de Franse onlinetabloid *Konbini*. Het voorziet zijn strak geformatteerde onlinevideoformats van een fris design. Daardoor nemen zelfs de langere onlinevideo's de kijker als het ware bij de hand. Over smaak en kleur kun je altijd twisten, maar 2,7 miljoen views voor een interview met Angèle scoor je niet zonder een goed aanvoelen over hoe design de gebruikservaring kan verbeteren.

5.6 AUDIOCONTENT

5.6.1 PODCASTS

Een van de revelaties van de laatste jaren onder de contenttypes is zonder twijfel de podcast. Het vakblad *Media Marketing*[98] omschrijft het als een 'valse trage'. 'Een fenomeen dat het snel had kunnen waarmaken, maar desondanks eerder traag evolueerde om dan uiteindelijk toch nog te versnellen als vele anderen al zijn gesneuveld.' Podcasting dook immers al op in 2004. De nieuwe opmars dankt de podcast in belangrijke mate aan de smartphone. Die werd de ideale drager om via apps als Spotify podcasts te gaan streamen.

Volgens het *Digital News Report* van het Reuters Institute[99] luisterde begin 2019 36% van de respondenten uit de hele wereld naar minstens één podcast in de maand voorafgaand aan de enquête. Verrassend in die vaststelling is dat podcasting zeker geen exclusief Amerikaans fenomeen is. De Verenigde Staten scoren nagenoeg op het gemiddelde met 35% van de respondenten die minstens één keer in de voorbije maand een podcast beluisterde, maar enkele Europese landen doen het even goed of beter (Zweden, Ierland, Spanje). Zuid-Korea is helemaal verslingerd aan de podcast (53%). België was een stijger met stip naar 23%. Onder het gemiddelde, maar wel vóór landen als het Verenigd Koninkrijk, Nederland of Duitsland.

Gaan ook merken met podcasts aan de slag? Veel minder zo blijkt. In de Verenigde Staten ontstond een advertentiemarkt en startten grote merken als GE, Walmart of Slack met eigen podcasts. In België maken media(merken) wel enthousiast gebruik van de podcast, maar binnen contentmarketingplannen moet de podcast nog steeds knokken voor een plekje. 'In de Verenigde Staten zie je dat merken die stap wel al zetten', zegt Wouter Van Driessche, chef audio & video bij *De Standaard*.[100] De krant pionierde in 2018 door als een van de eerste mediamerken te podcasten. 'We zitten hier gewoon nog vroeg op de curve. De komende jaren verwacht ik dat merken de stap sneller zullen zetten. Het begint nu pas echt.'

Bovendien is de podcast content die je al vroeg in de *customer journey* kunt inzetten. Ook al is het vaak een langer contenttype, toch blijkt het uiterst geschikt om *awareness* op te bouwen.[101] Veel podcastmakers gebruiken bijvoorbeeld het format van een radioshow. Daarin kunnen bekende gasten langskomen. Dat is niet enkel goed voor de bereikcijfers, maar vaak delen de gasten de podcast ook zelf met hun netwerk. Op die manier kunnen podcasts ook uitstekend dienstdoen om autoriteit op te bouwen en zelfs om een community te creëren.

KLM MAAKT NETFLIX ZONDER BEELD

Een opvallende en intussen ook bekroonde podcastreeks is 'The Journey' van de Nederlandse luchtvaartmaatschappij KLM. In de reeksen (bureau Airborne maakte intussen een opvolger) vertelt KLM verhalen van verre liefdes. 'Het merk laat mensen hun verhalen vertellen over hoe reizen hun hele leven hebben veranderd', zegt Michiel Cremers van Airborne. 'Het is meer dan een interview.[102] Er gaat veel research aan vooraf op zoek naar mensen, die zelf hun verhalen inspreken. Een goede casting is belangrijk, waarna het verhaal wordt gescript, opgenomen, voorzien van een voice-over, muziek ... Eigenlijk is het een Netflixserie maar dan zonder beeld.' KLM komt niet direct aan bod in de verhalen, maar wil met de podcastreeks een doelgroep bereiken op het moment dat die niet actief betrokken is bij het merk. Het beluistert de podcast bijvoorbeeld tijdens het autorijden. 'Je wilt geen verhalen horen hoe lekker het eten is aan boord', aldus Cremers. 'De podcast laat zien wat de essentie is van reizen en hoe waardevol het is. Op een indirecte manier vertel je daarmee heel veel over je merk, zonder dat het er expliciet over gaat.'

5.6.2 HOORSPELEN

Een buitenbeentje bij de audiocontent en misschien zelfs de voorloper van de podcast zijn de hoorspelen. In de voorbije tien jaar hebben hoorspelen vooral in Vlaanderen een trouwe schare fans ontwikkeld. De bekendste producent is Het Geluidshuis dat in tien jaar meer dan 400.000 exemplaren van zijn hoorspelen verkocht.[103] 'Verwar onze hoorspelen niet met luisterboeken', zegt Koen Brandt, oprichter van Het Geluidshuis, over de creatieve invalshoek. 'We vertrekken van bestaande verhalen en willen het verschil maken in kwaliteit. Een goed geschreven scenario, humor en extra goed verzorgde audioproductie.' Het Geluidshuis baseert de verhalen op bestaande sprookjes (bv. 'De Bremer Stadsmuzikanten'), middeleeuwse verhalen (bv. 'Reinaert De Vos') of zelfs Griekse mythes. Het scenario is specifiek voor audio geschreven, benut veel acteurs, muziek, geluidseffecten ... Voor veel van de uitgaven zaten reclamecreatievelingen achter de schrijftafel. Net als bij podcasts volgen de merken enigszins schoorvoetend. Je kunt er net als bij de podcast mee timmeren aan *awareness*, maar de stap naar fictie en content waarin je je merk niet promoot, blijkt nog groot te zijn.

MAX EN DE TOVERGROENTJES

In ons land tekende retailer Delhaize voor een eerste voorbeeld van een *branded* hoorspel. Delhaize voerde eerder al een campagne om groenten populair te maken bij kinderen en besloot om aan 'De Tovergroentjes' een vervolg te breien in de vorm van een hoorspel. 'Max en de Tovergroentjes' is een reeks van zes luisterverhalen. De jonge luisteraars reizen samen met Max, een dappere jongen, naar de planeet van de Tovergroentjes om er avonturen te beleven. Delhaize verspreidde zes weken lang een aflevering van het verhaal, telkens opgebouwd rond een specifieke groente.
De avonturen waren te vinden op de eigen site, maar ook op iTunes, Deezer, YouTube en Spotify. 'Om de tovergroentjes een stap verder te nemen, hebben we televisie overwogen, maar productioneel is het creëren van een toverwereld enorm duur en dan eindig je met één spot', vergelijkt Frank Marinus, creatief directeur bij TBWA, dat de podcastreeks produceerde. 'Inhoudelijk gaat het niet over Delhaize, de naam valt niet één keer. Het zijn gewoon leuke avonturen met groenten.' De productie nam – los van het schrijfproces – twee maanden in beslag.

5.7 CONTENTTYPES MAPPEN IN JE FUNNEL

Net als bij de contentdoelstellingen in hoofdstuk 3 is het een goed idee om de contenttypes die je gaat gebruiken, een plaats te geven in de *funnel*. Het is een oefening die veel minder rechtlijnig is als de oefening met de contentdoelen. Sommige types content zijn typisch voor een bepaalde plaats in de *funnel*, maar andere kun je overal in de hele *funnel* gebruiken. In dat geval is het vooral hun specifieke invulling die dat plekje in de *funnel* rechtvaardigt. Nuon-Vattenfall (zie hoofdstuk 3) bouwde bijvoorbeeld met de videoformat 'Achter de Knoppen' *awareness* op in de top van de *funnel*, maar gebruikte andere video's (met experts) ook dieper in de *funnel* om leads te genereren.

In het bijbehorende schema zie je hoe je een set voorbeeldtypes van content kunt koppelen aan de indeling volgens TOFU–MOFU–BOFU en aan de voorbeelddoelen uit hoofdstuk 3. In hoofdstuk 7 bouwen we hierop verder als we het over het meten van de resultaten hebben.

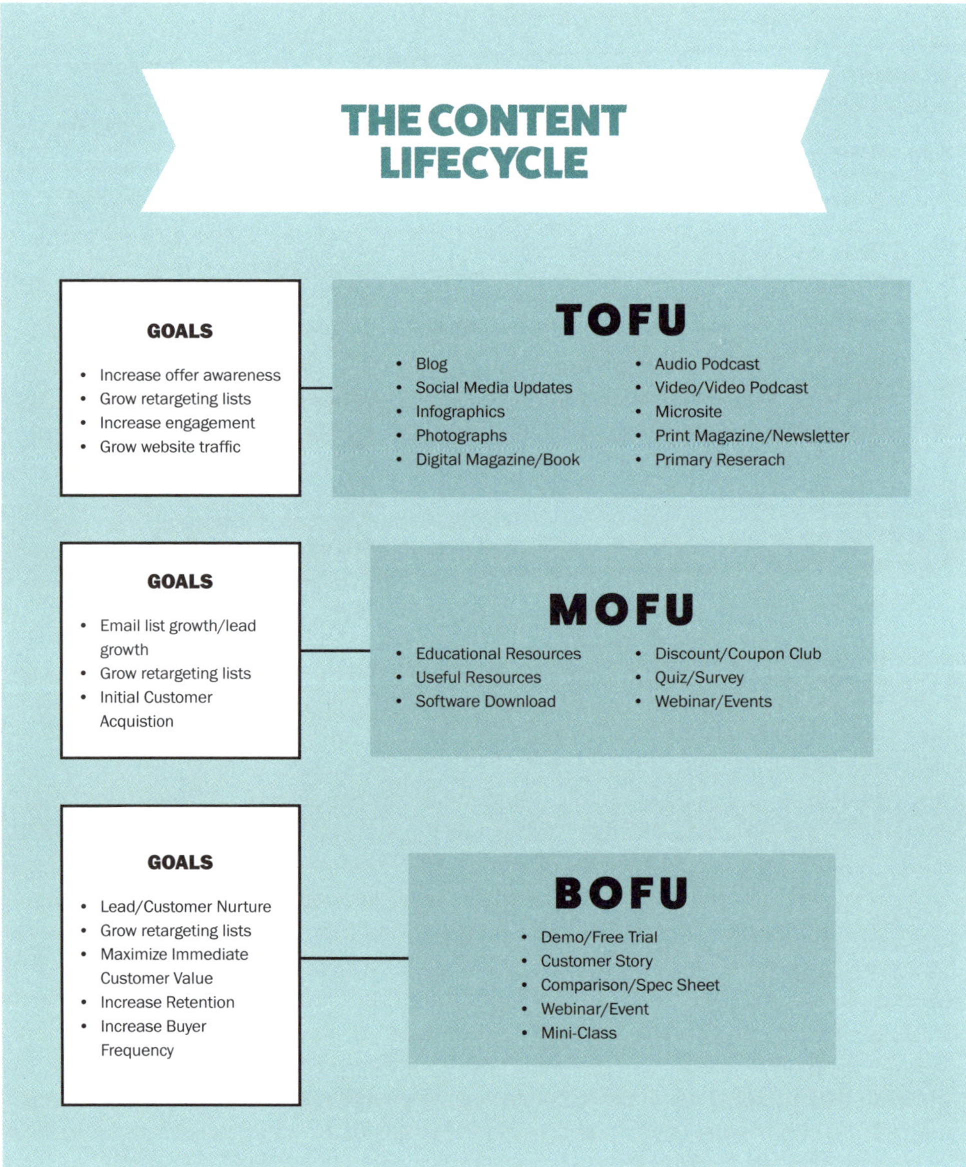
THE CONTENT LIFECYCLE
GOALS
Increase offer awareness
Grow retargeting lists
Increase engagement
Grow website traffic
TOFU
Blog
Social Media Updates
Infographics
Photographs
Digital Magazine/Book
Audio Podcast
Video/Video Podcast
Microsite
Print Magazine/Newsletter
Primary Reserach
GOALS
Email list growth/lead growth
Grow retargeting lists
Initial Customer Acquistion
MOFU
Educational Resources
Useful Resources
Software Download
Discount/Coupon Club
Quiz/Survey
Webinar/Events
GOALS
Lead/Customer Nurture
Grow retargeting lists
Maximize Immediate Customer Value
Increase Retention
Increase Buyer Frequency
BOFU
Demo/Free Trial
Customer Story
Comparison/Spec Sheet
Webinar/Event
Mini-Class

WAT KUN JE ERMEE?

BEGINNER

- Maak een duidelijk onderscheid tussen contenttypes, contentkanalen en contentformats. Een artikel is een type content, je website is het kanaal en een interview is het format waarin je dat artikel giet.
- Waak over de verhouding tussen geformatteerde en niet-geformatteerde content. Fiftyfifty is in veel gevallen een goed vertrekpunt.
- Vermijd dat te veel contenttypes in een soort eenheidsworst uitmonden. Een whitepaper is geen e-book en een onlinevideo is geen livevideo. Geef elke type content een waardevolle plaats.

GEVORDERD

- Zet processen en brainstorms op om met formats het verschil te maken. Bekijk welke oerformats aansluiten bij je en laat tijdens de zoektocht wat wilde creativiteit in je content marketing binnen. Zo breng je vaste structuur en creativiteit samen.
- Het is belangrijk om oog te hebben voor inhoudelijke veranderingen. Raakt de kijker door Netflix en consorten meer gewend aan langere videocontent, dan heeft dat ook invloed op jouw contentproductie.
- Schuw de minder vanzelfsprekende contenttypes niet. Gamification, longreads of podcasts zijn nu nog onontgonnen terrein, maar net op dat terrein liggen open doelkansen om je te onderscheiden.

EXPERT

- Sterke formats werken voor verschillende types content en op verschillende markten. Net als bij televisieformats kan het nuttig zijn om te kijken wat contentformats op de internationale markt betekenen.
- Als CMO verantwoord je de contentbudgetten. Verbind de eindjes waar dat nodig is. De productieprijs van video werd democratischer, maar tegelijk liggen lange video's almaar beter in de markt. Neem de tendensen per contenttype mee in je forecasting.
- Elk type content komt in functie van je contentstrategie het best tot zijn recht op specifieke plaatsen in de *customer journey*. Behoud het overzicht en zie nauwgezet toe op de juiste toepassing ervan. Dat is hét kernelement om de keuze van de types content juist en rendabel te maken.

Een interview met ANDREW DAVIS

Andrew ‘Drew’ Davis wordt wel eens de Willy Wonka van de zakenwereld genoemd. Of hij een chocoladefabriek zou kunnen runnen, weten we niet, maar voor een goed gesprek over content marketing staat hij altijd klaar. In zijn keynotes wees hij de voorbije jaren meermaals op de gestegen impact van videocontent voor merken. We interviewden hem en maakten samen de balans op van video in content marketing.

Veel merken maken video, maar kunnen ze de concurrentie aan met videocontent die niet branded is?

Veel merken focussen op casestudy’s en testimonials en plaatsen die aan het einde van de *funnel* als een soort van bevestiging dat je de juiste beslissing nam. Dat is jammer, want zo verlies je de mogelijkheid om een verhaal op te bouwen. Je laat de kans liggen om iemand die net een probleem ontdekte, bij je merk te betrekken en hem met een goed videoverhaal op de weg naar succes te zetten.

Videocontent die helpt om awareness op te bouwen, moet sterk genoeg zijn in de strijd met branded en niet-branded concurrentie. Kunnen merken die strijd al aan?

De uitdaging voor merken zit in het maken van videoproducties die vertrekken vanuit het perspectief van het publiek. Je moet als merk de inzet verhogen. Toon je publiek een oplossing bij de start van de *journey* en neem het mee naar de oplossing via een reeks video’s die het door de *customer journey* leidt. Begin dus niet met ‘Ik ben Bob en ik werk voor de bank’. Dat laat je kijkers echt koud.

Welke videoreeks vond u goed gemaakt?

In de Verenigde Staten wil The Texas Beef Council mensen aansporen om meer vlees te eten. Het ging niet voor advertenties om mensen enthousiast te maken over vlees, maar creëerde de videoshow 'BBQ Quest'. In twaalf afleveringen neemt een Texaanse chef je mee naar de beste BBQ-plaatsen in Texas om er te barbecueën. Het werkte, inspireerde mensen en leidde ertoe dat er voor 17 miljoen dollar meer vlees werd verkocht dat jaar.

DE UITDAGING VOOR MERKEN ZIT IN HET MAKEN VAN VIDEOPRODUCTIES DIE VERTREKKEN VANUIT HET PERSPECTIEF VAN HET PUBLIEK. JE MOET ALS MERK DE INZET VERHOGEN.

Hoe waardevol is livevideo voor merken?

Veel mediamerken in de Verenigde Staten zijn er goed in, maar bij de productgerichte consumentenmerken ligt het niveau lager. Ze streamen concerten of muziek, maar gaan niet verder. De lockdown tijdens de coronacrisis was echter een interessant moment. Veel organisaties begonnen plots livevideo te maken om de echte ervaringen te vervangen. Een zoo zag de opportuniteit en streamde live voedersessies. Het creëerde op die manier een vaste afspraak en dat is toch een van de basisregels om goed met video aan de slag te gaan. Ook als het niet live gaat. Ik vind dat veel marketeers de kracht van die vaste afspraak onderschatten.

Hoe ziet u de lengte evolueren. Blijft anderhalve tot twee minuten video een benchmark?

Netflix en Amazon hebben de verwachtingen voor videocontent totaal getransformeerd. Mensen snakken naar een connectie met merken die veel intellectueler en slimmer is. Merken krijgen daardoor de kans om meer als een televisieproductie te denken dan als een marketeer. Vanuit inhoudelijk perspectief is kwaliteit altijd belangrijker dan kwantiteit. In plaats van de druk te voelen om constant inhoud te creëren, focus je als merk beter op het verhogen van de kwaliteit. Voor video betekent dat dus: denk als een televisiemaker. Bekijk de televisieseries die je publiek bekijkt, gebruik die als inspiratie en maak content van hogere kwaliteit. Wie dat doet, wint altijd.

HOOFDSTUK 6

DISTRIBUTIE EN PROMOTIE VAN CONTENT

CASE

UGent

UGENT HOUDT HET OVERZICHT MET VEEL CONTENT X VEEL DOELGROEPEN X VEEL KANALEN

De Universiteit Gent zette in 2019 een structuur op om op een strategische manier content marketing uit te rollen. Al snel bleek dat het geen vanzelfsprekende oefening was. Hoe verbind je studenten, studiekiezers, personeel, alumni en de maatschappij met uiteenlopende doelstellingen en de berg content waar een universiteit van nature op zit? Het begint met doelen stellen en vanuit die doelen keuzes maken. Bij elke doelgroep werden de noden en wensen gekoppeld aan de doelen van de organisatie. Dat resulteerde per groep in een aantal contentpijlers en het opzetten of optimaliseren van specifieke kanalen. *One size fits all* behoorde definitief tot het verleden.

Elke groep vroeg een eigen invulling. Voor het personeel was verbondenheid een van de belangrijkste doelstellingen, dus werd er gekozen om daar met de content en kanalen de nadruk op te leggen, met een

besloten Facebookgroep en een magazine vol verhalen van de eigen mensen. De studenten vereisen een praktischer invulling, waarmee de UGent kort op de bal kan spelen: een nieuwsbrief en Facebook, met veel hands-oncontent om de studenten duidelijk te maken dat de universiteit er is voor hen. Naar de brede doelgroep van externen wil de UGent vooral haar maatschappelijke rol uiten, op lange termijn. Met een contentplatform dat de visies en belangrijkste verwezenlijkingen belicht, bouwt de UGent een publiek op, dat het via een nieuwsbrief op de hoogte houdt.

Voor elke doelgroep wordt specifieke content gemaakt, afhankelijk van het kanaal en zo veel mogelijk geadapteerd om te gebruiken voor andere groepen. De gesegmenteerde aanpak, met eigen kanalen en gerichte content, leidt ertoe dat de content relevanter wordt en daardoor ook beter zijn werk doet.

6.1 WAAROM CONTENTDISTRIBUTIE JE AANDACHT VEREIST

6.1.1 RENDEMENT HALEN UIT JE CONTENT

Open nu je computer en ga naar www.internetlivestats.com, daar kun je in real time zien hoeveel content er wereldwijd geproduceerd wordt. Op het moment dat we dit schrijven staat de teller voor vandaag op 5 miljoen blogposts en 61 miljoen foto's geplaatst op Instagram. Dat is de berg waar die blogpost, waar je een dag op gezwoegd hebt en die duur betaalde fotoshoot in terechtkomen. En dat volume neemt alleen maar toe. MarketingProfs vroeg in 2019 aan contentmarketeers waar ze volgend jaar gaan op inzetten. Het antwoord voor 73%: 'meer content'.

Fantastische content creëren is één ding, maar om het te laten renderen, moet je er ook een publiek voor vinden, vandaar het belang van contentdistributie. Hier ga je zorgen dat je je verhaal plaatst op de relevante *touch points* voor je publiek. Het doel kan zijn content verspreiden of op externe platformen de verspreide content promoten, door met korte posts je publiek aan te jagen om je verhaal te komen bekijken. Een distributieplan zal je ook helpen om alle content die verschillende mensen in je organisatie maken, te organiseren en op elkaar af te stemmen. En ten slotte is het een goede manier om de effectiviteit van je content te meten, door ze te koppelen aan een aantal benchmarks.

Sociale media, nieuwsbrieven, magazines, websites en zelfs content in games, hoe maak je een keuze uit de veelheid aan kanalen? Het begint met je publiek af te bakenen en te kiezen met welke kanalen je het meest effect zult hebben om het aan te spreken. Vervolgens is het een kwestie van doelen te stellen. Wil je een groot bereik halen, omdat je doel *awareness* is? Of bestaat er een zekere tijdsdruk om snel resultaat te halen? Of spreek je met jouw soort content het best een breed publiek aan? Dan kun je het best kiezen voor brede kanalen. Of wil je net heel specifieke groepen aanspreken, met heel gerichte content? In dat geval zullen nichekanalen of een scherpe segmentatie op sociale media meer aangewezen zijn. Vergeet ten slotte ook niet dat je content geschikt moet zijn of aangepast moet worden om te *fitten* in een specifiek kanaal. Distributie is ingewikkelde materie geworden, door de veelheid aan kanalen, met elk hun eigen stijl en steeds veranderende specificaties.

Sowieso is content marketing een kwestie van gevonden én gezien worden. Als je SEO goed zit en/of je hebt al een publiek kunnen opbouwen, komen mensen wel op je contenthub terecht, maar dat is niet voldoende. Je concurrenten zullen gelijkaardige inspanningen doen en jagen op je posities in zoekmachines. Investeer daarom in een distributiestrategie, met een mix van eigen (*owned*), betaalde (*paid* of ook wel *bought* genoemd) en gegenereerde (*earned*) media, om mensen tot bij je content te krijgen.

6.1.2 WAT JE OOK DOET, HET IS TE WEINIG

Contentdistributie kent in België een trage, maar gestage groei. Uit een studie van de European Content Marketing Association (2019)[104] blijkt dat 19% van het marketingbudget naar contentdistributie gaat. Daarbij geven de Europese respondenten aan dat contentstrategie en contentdistributie de belangrijkste succesfactoren zijn om content marketing te laten slagen. Verder gebruiken we in België gemiddeld 4,1 socialemediaplatformen in onze contentdistributie. De top drie wordt gevormd door Facebook, YouTube en LinkedIn (ICMF, 2019).

Contentdistributie is nog te veel de achilleshiel in een contentstrategie. Merken investeren in dure content, maar ze leveren te weinig inspanningen om die bij het beoogde publiek te krijgen. Vergelijk het met een blockbusterfilm: hoe goed die ook is, zonder pr gaan journalisten er niet over schrijven (*earned*) en zonder trailers via allerlei kanalen (*paid*), zal niemand er warm voor gemaakt worden om ernaar te gaan kijken in de bioscoop (*owned*).

In de Verenigde Staten wordt wel eens de 20/80-regel gehanteerd, waarbij 20% slaat op contentcreatie en 80% op het gedeelte dat je moet besteden aan distributie. De Verenigde Staten zijn natuurlijk een heel groot land met meer dan 330 miljoen inwoners, waar je wat meer budget nodig zult hebben voor distributie. Onthoud één ding, wat je ook uitgeeft aan distributie nu, het zal allicht te weinig zijn.

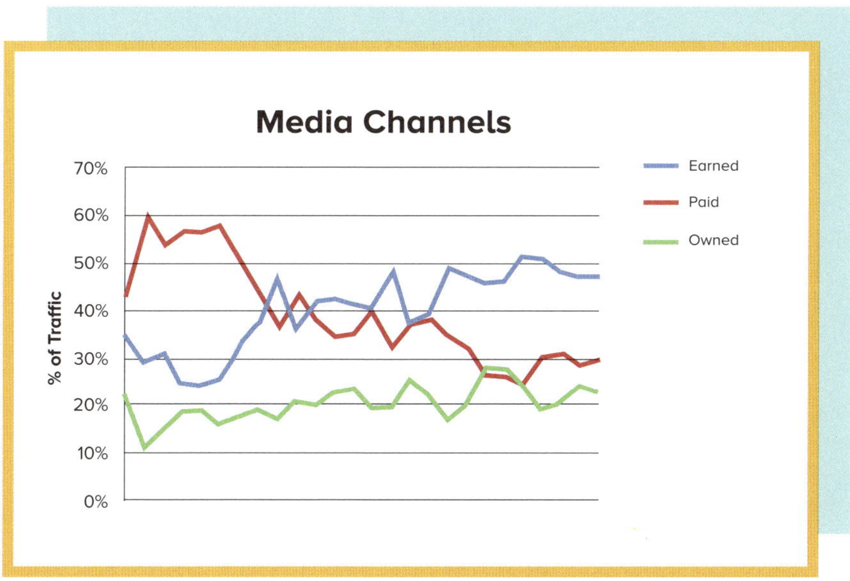

Een voorbeeld van hoe owned – paid – earned idealiter evolueren in de tijd[105]

Naarmate je een eigen publiek opbouwt, mensen via een goede positie in zoekmachines beter op jouw content terechtkomen en meer over content spreken, zullen in principe je investeringen in *paid media* wel kunnen afnemen.

6.2 DISTRIBUTIESTRATEGIE

6.2.1 KIES JE KANALEN

De redenering moet zijn dat je je publiek volgt naar de kanalen waar ze zich het liefst ophouden. Spendeert je publiek veel tijd op YouTube, dan moet je daar zijn. Leest het veel financiële media, dan kan *native advertising* in een financiële titel aangewezen zijn. Cijfers van het Content Marketing Institute tonen aan dat b2c-contentmarketeers in 2019[106] het vaakst kozen voor sociale media (93%) om hun content te verspreiden. Ook content op blogs en nieuwsbrieven doen het goed. Op de derde plaats staan nog steeds nieuwsbrieven, die door 79% van de marketeers gebruikt worden voor het verspreiden van hun content.

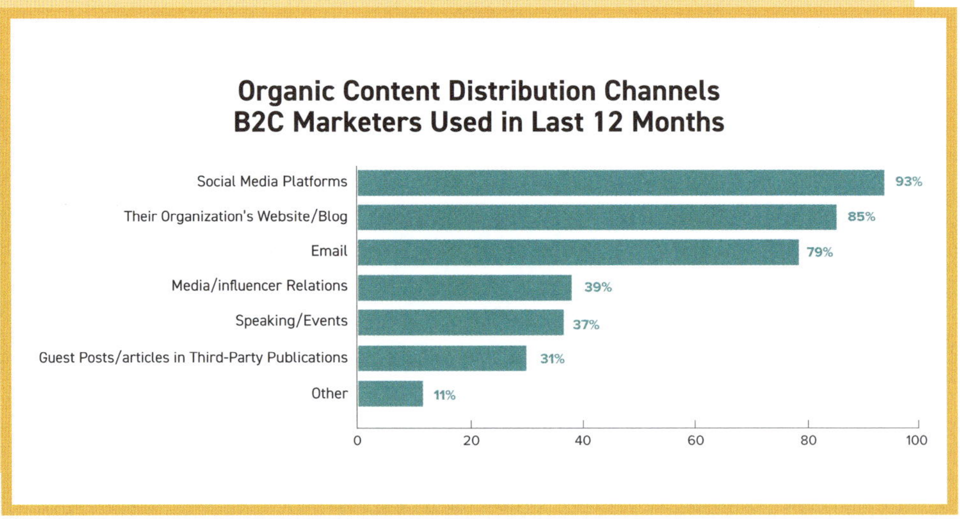

Bron: B2C Content Marketing Benchmarks: CMI/MarketingProfs

Die verhoudingen zijn vergelijkbaar voor b2b-marketeers, die zelfs nog extra investeren in e-mail (87%) en *speaking/events* (63%). Het POE-model (*paid, owned* en *earned media*) is een prima basis om je keuze tussen de mogelijke kanalen te structureren. Verderop in dit hoofdstuk diepen we dit model uit.

6.2.2 WAT WIL JE BEREIKEN?

De eerste vraag[107] die je jezelf altijd moet stellen is: 'Wat wil ik bereiken?' Daarna kies je de kanalen die het beste bij jouw doel passen. Start met te kijken naar jouw huidige kanalen en vervolgens welke mogelijke nieuwe kanalen (opportuniteiten) je kunt toevoegen. Per kanaal bekijk je het aanwezige publiek en de match met jouw beoogde doelgroepen. Welke *touch points* zijn er op hun *journey* en hoe kunnen die leiden tot jou. Pas deze stappen ook toe als je voor verschillende doelgroepsegmenten verschillende kanalen nodig hebt (Vader, 2019).

In hoofdstuk 3 lees je dat er heel wat mogelijke doelstellingen zijn. Ze zullen jou richting geven in je keuzes. Dit zijn een aantal voorbeelden:

- *Awareness* voor je merk: ruime kanalen, zoals *native advertising*.
- Een band creëren met je huidige klanten: eerder persoonlijke kanalen, zoals e-mail.
- Opbouwen van je publiek: een contenthub rond een nichethema.
- Het creëren van leads: gerichte kanalen zoals sociale media.
- *Thought leadership*: public relations.

Hoed je ervoor om te veel kanalen tegelijk in te zetten, zeker in een opstartfase. De 90/10-regel uit hoofdstuk 4 adviseert om uitmuntend te zijn in één of een beperkt aantal kanalen en pas als je die onder de knie hebt, uit te breiden naar een volgend kanaal. Selecteer je kanalen door op zoek te gaan naar pieken: welke kanalen zorgen voor een piek in lezers, kijkers of luisteraars? Daar moet je in de eerste plaats je centen op inzetten.

6.2.3 BOUW EEN PUBLIEK OP

Content marketing gaat over de relatie die je opbouwt met je publiek, door het op je verschillende kanalen te helpen met content. Met relevante content trek je je publiek aan en vervolgens moet je zorgen dat je gegevens verkrijgt om die relatie te kunnen onderhouden. Investeer in manieren om je eigen database op te bouwen. *Don't build your house on rented land* is een uitspraak die gebruikt wordt voor socialemediaplatformen. Daar heb je de illusie dat je een publiek opbouwt, alleen heb je het niet zelf in handen, want het platform bepaalt wie je bereikt. Je kunt ook niets met je groep fans of volgers doen buiten het platform, wat toch een hele beperking is.

Start met een analyse van je beoogde publiek. Een interessante visie daarbij is die van Aart Lensink, die zegt dat het verspreiden van content gebouwd moet zijn rond de persoonlijke timeline van je beoogde publiek. Die persoonlijke timeline is de weg die een persoon elke dag aflegt om informatie te verkrijgen. Bij de ontbijttafel checkt hij bijvoorbeeld Facebook op zijn smartphone, 's middags leest hij een magazine en 's avonds kijkt hij televisie of Netflix. Op die *touch points* moet je aanwezig zijn met je content. Persona's zullen jou helpen om die persoonlijke timeline te bepalen, door in te zoomen op de interesses, pijnpunten en vragen van jouw ideale klanten en hoe en waar je ze kunt aanspreken met content.

6.2.4 MAAK CONTENT AFHANKELIJK VAN HET KANAAL

Het is heel aanlokkelijk om eenzelfde post op meerdere kanalen te gooien. Baat het niet, dan schaadt het ook niet, toch? Toch wel. Mensen zitten niet te wachten op merken die het feestje komen verstoren op 'hun' platform. Jouw communicatie kan ongepast en intrusief overkomen. Elk platform heeft zijn eigen principes en taal, waar je rekening mee dient te houden. Zo bouwen commercials in dertig seconden op naar een big bang, online start je met die big bang. Op Instagram heb je namelijk maar drie seconden om iemand te overtuigen om verder te kijken.[108] Ook al is er overlap, je moet ervan uitgaan dat elk platform zijn eigen publiek en gewoontes heeft. Een artikel in print vraagt een andere aanpak dan hetzelfde stuk online en op Facebook zul je meer moeten entertainen dan op je blog. Analyseer[109] goed het publiek, de tone of voice, de lengte van stukken, het correcte gebruik van hashtags, beeldgebruik, maar ook zaken als verticale of horizontale video, alvorens je je op het ijs begeeft. Simpel gesteld kun je niet berusten op een socialemediastrategie, je hebt een strategie nodig voor Facebook, Instagram, LinkedIn enzovoort. Per kanaal bepaal je het hogere doel, een tweetal concrete doelstellingen, het publiek, hoe je gaat meten, met welk ritme je gaat publiceren en in welke formats.[110]

Door niet aan te passen, laat je ook kansen liggen, omdat je niet de volle mogelijkheden van een platform gebruikt. Op sociale media kun je interactie uitlokken en zo *earned media* genereren. Maak daar gebruik van, door die elementen in je content op te nemen. Facebook zal beter werken voor conversie en Instagram beter voor *awareness*.

Gary Vaynerchuck[111] spreekt van context als het hoogste goed.

- Respecteer het platform en de psychologie van de mensen die er zich bevinden.
- Vermijd het verstoren van de ervaring van het publiek op dat platform.
- Wees consistent in je verhaal, tone of voice en persoonlijkheid.

Content moet je altijd maken afhankelijk van het kanaal. Creëer dus zo veel mogelijk unieke content per kanaal en voor elke nieuwe post.

6.2.5 WEES CONSISTENT

Denk bij content marketing altijd op de lange termijn en dan kom je automatisch bij de nood aan consistentie uit.

- *Vorm en tone of voice*: bedenk een originele en herkenbare vorm voor je merk. Is humor je stijl van communiceren, wees daar dan consequent in. Een goed voorbeeld van zo'n content-*style guide* is die van Mailchimp, die je overigens ook online kunt bekijken (https://styleguide.mailchimp.com).

- Zoek naar *eigenheid* door in te zetten op formats. ING Nederland plaatst 'Wat kost het?' centraal op hun Instagramkanaal, waar ze de prijs van een product of ervaring sprekend meegeven. Door steeds gebruik te maken van hetzelfde format creëren ze herkenbaarheid. In hoofdstuk 5 duiken we dieper in hoe je formats kunt bedenken.

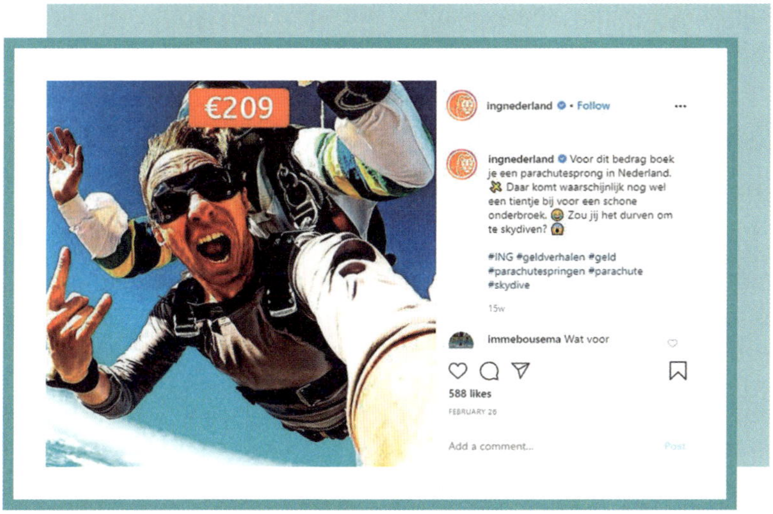

'Wat kost het?', een wekelijkse format van ING Nederland, enkel op Instagram

- *Regelmaat*: leg jezelf een bepaald ritme en periodiciteit op om je content te publiceren. Moet je elke dag, elke week aanwezig zijn op al je kanalen? Een zekere aanwezigheid geeft vertrouwen en zorgt ervoor dat je een publiek opbouwt. Sommige bronnen spreken van gemiddeld twee blogposts per week. Aan de andere kant wil je dat je content gelezen wordt en het verschil maakt. Eén sterke post zal meer en langer indruk maken dan vijf halfbakken berichten. Met een hogere frequentie zul je meer traffic naar je site krijgen, maar traffic is een *vanity metric*. Belangrijker is wat die mensen gedaan hebben op je site. Kwaliteit gaat altijd voor op kwantiteit. Het ritme ligt dus ergens tussen de tijd die je nodig hebt om iets kwalitatiefs te leveren en de regelmaat die nodig is om *top of mind* te blijven.

- *Moment*: als je regelmatig publiceert, kan het een goed idee zijn om een vaste dag (of dagen) en een vast tijdstip te plannen om je content te publishen. Zo creëer je een rendez-vousmoment met je publiek.

6.2.6 MAAK EEN CONTENTKALENDER

Essentieel bij je contentstrategie is een contentkalender, die ervoor zal zorgen dat je het overzicht bewaart. Zeker als je met verschillende mensen en met externe teams werkt, is zo'n kalender essentieel. In hoofdstuk 8 gaan we hier dieper op in.

6.2.7 METEN, METEN, METEN

Er is geen gouden formule voor contentdistributie. Voor het ene merk zal Facebook beter werken dan LinkedIn, voor een ander vice versa. Naast de keuze van kanalen, kunnen ook andere parameters als het soort content, dag en tijdstip en segmentatie een invloed hebben op het succes van distributiestrategie. Monitoren, analyseren en optimaliseren is de boodschap. De meeste tools hebben uitgebreide *analytics* in zich en is dat niet het geval, dan is er nog altijd Google Analytics dat je kunt gebruiken. In hoofdstuk 7 gaan we dieper in op meten.

6.3 POE-MODEL: PAID, OWNED EN EARNED MEDIA

De kanalen en methodes die je kunt inzetten om je content te verspreiden, delen we in via het POE-model. Dat brengt drie types media samen: de kanalen die je als merk of bedrijf zelf beheert (*owned media*), de media waar je voor betaalt om je content verder te verspreiden (*paid media*) en de extra aandacht die je genereert doordat mensen over jou spreken, reageren op jouw content of ze sharen met anderen (*earned media*). Sommigen steken alle vormen van participatie en interactie, zoals *shares*, likes en retweets in een vierde pijler, namelijk *shared media*. Wij beschouwen die als een onderdeel van *earned media*.

De basis van elk contentmarketingplan zal je *owned media* zijn. *Paid* en *earned media* zijn een versterking om extra bereik te krijgen met je content en traffic naar je eigen kanalen te krijgen.

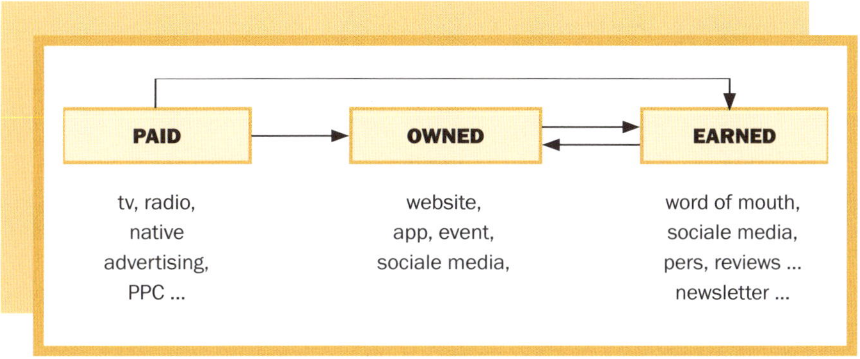

De basis van elk contentmarketingplan zal je owned media zijn. Paid en earned media zijn een versterking om extra bereik te krijgen met je content en traffic naar je eigen kanalen te krijgen.

6.3.1 OWNED MEDIA

Je eigen kanalen of *owned media* zijn uiteraard de eerste plaats waar je je content kunt brengen. Het begint bij je website, maar misschien heb je ook een blog en een nieuwsbrief, een Facebookpagina en organiseer je met regelmaat een event of webinar voor je klanten. Het grote voordeel van je eigen media is dat je complete controle over je communicatie hebt. Je bent producent, redacteur en uitgever van je eigen verhaal. De enige kosten zijn die voor het maken van de content.

De uitdaging in eigen media is dat het soms minder objectief oogt. Je zult ook – zeker bij de opstart – een publiek moeten opbouwen voor je eigen kanalen. *Owned media* zal het best werken in combinatie met *paid* en *earned media*.

6.3.1.1 HET CONTENTPLATFORM OF GEWOON JOUW WEBSITE

Wat wordt de thuisbasis voor je content? Dat kan in een bloggedeelte van de corporate website of op een apart contentplatform of -hub.

Met een aparte contenthub, gebouwd rond een specifiek onderwerp of functie, kun je volop de contentmarketingkaart trekken en volledig de kant van je publiek kiezen. Je zit niet vast aan het strakke keurslijf van de corporate site, je kunt informatie en visies delen in een andere vorm en tone of voice en je bent niet gebonden aan commerciële doelen, waardoor de content objectiever overkomt. Zo'n contenthub bevindt zich eerder *top of funnel* in de marketing-*funnel* (zie hoofdstuk 2). Uiteraard moet je bezoekers die interesse tonen in de content, aanzetten tot een vorm van conversie: inschrijven op een nieuwsbrief, downloads of doorklikken naar de corporate website, waar je ze met klantencases en meer technische info verder helpt.

Een blog als onderdeel van de corporate website heeft als voordeel dat je dicht bij conversie zit. Bezoekers moeten niet doorklikken naar een andere site. Beide kunnen ook complementair werken, waar de contenthub het publiek binnentrekt met eerder brede verhalen en de blog op de corporate site dient om te verdiepen.

DNS Belgium lanceerde het contentplatform 'claim je idee' met nichecontent die starters helpt om een sterke naam te bedenken voor hun idee[112]

DE VIJF INGREDIËNTEN VAN EEN GOED CONTENTPLATFORM[113]

- Denk op voorhand goed na over doelstelling, visie, inhoud en organisatie. Om te voorkomen dat het initiatief snel stilvalt, stel je het best een contentplan (zie hoofdstuk 8) op.
- Laat je inspireren door nieuwssites. Je website moet aanvoelen als een mediamerkervaring, niet als een b2b- of b2c-site. Overval je bezoekers vooral niet met salespraatjes.
- Spendeer voldoende aandacht aan structuur. Het platform moet aantrekkelijk en makkelijk navigeerbaar zijn. Verhoog gebruiksgemak met categorieën zoals thema's of je contentpijlers en vul aan met meest gelezen of aanverwante posts.
- Denk aan conversie: wat willen we dat mensen doen na het lezen van deze post of het bekijken van deze video? Experimenteer met *calls to action.*
- Denk visueel. Plaats idealiter bij elke post voor 50% sprekende beelden, video, *animated* gifs en infographics. Vermijd nietszeggende stockbeelden.

6.3.1.2 NIEUWSBRIEVEN

Er wordt regelmatig geopperd dat e-mail dood is. Om auteur Jay Baer te parafraseren: 'E-mail is nog altijd het ultieme werkpaard. Ondanks alle nieuwe kanalen, is e-mail het ENIGE middel dat universeel en onmisbaar is.' Met segmentatie en personalisatie kun je heel persoonlijk gaan. Bovendien is e-mail zeer kostenefficiënt, je hebt het volledig zelf in de hand. E-mailmarketing zal dus altijd een van de basispijlers van je contentmarketingplan zijn, zeker als je naar conversie werkt. Het probleem van een overvolle mailbox is ons bekend. Wie erin slaagt om consumenten blij te maken met een e-mail, heeft een succesformule.

CHECKLIST VOOR EEN GOEDE NEWSLETTER[114-115]

- Er zijn al heel veel nieuwsbrieven, zorg dat de jouwe een specifieke niche of aanpak heeft.
- Je wilt vooral inzichten delen, zeker voor 90% en slechts voor 10% aan *self promotion* doen.
- Geef het een persoonlijke stem. Kies voor je afzender een persoon. Gebruik geen 'no-reply' of 'marketing', wel een naam, zoals Sabine van Zalando.
- Gebruik veel jij's in je mail.
- Geef context: waarom deel ik dit precies nu met jou.
- Vraag feedback: wat vind jij hiervan?
- Schrijf levendig, bouw een verhaal op, dat de lezer nieuwsgierig maakt om verder te lezen.
- Leg linken met je sociale media, om te reageren of om content te delen, in je nieuwsbrief.
- Wees relevant en duidelijk in je onderwerpregel. Hou het kort.
- De eerste lijn tekst in je mail moet aansluiten bij het onderwerp. Deze regel is zichtbaar in de inboxpreview.
- Gebruik een herkenbare header.
- Item 1 moet in één oogopslag duidelijk zijn. Het is je hoofditem.
- Zorg voor aanvullende content voor Item 2 en volgende. Maar maak het niet te lang.
- Zorg voor meerdere *calls to action* in je mail. Eentje bovenaan mag daarbij zeker niet ontbreken.
- Conversie staat of valt met de landingspagina. Zorg voor een gebruiksvriendelijke landingspagina.
- Maak duidelijk wat mensen mogen verwachten als ze zich abonneren: wie ben je, waarover ga je mailen, met welke frequentie en wanneer.
- Heet mensen welkom met een welkomstmail, nadat ze zich geabonneerd hebben.
- Vergeet verplichte zaken niet zoals je uitschrijflink en verwijzing naar je privacybeleid. Zorg dat mensen zich op een eenvoudige manier kunnen uitschrijven, zonder nog eens per mail te moeten bevestigen.
- Segmenteer in de mate van het mogelijke. Streef naar een grote relevantie.
- Met AB-testing kun je diverse benaderingen uittesten: verschillende lay-outs, opbouw, beelden versus tekst of de onderwerplijn.

Een nieuwsbrief[116] is uitermate geschikt om bestaande klanten warm te houden voor je bedrijf of merk. Mensen die bewust een relatie met jou zijn aangegaan door hun inschrijving moet je goed verzorgen. Zorg voor relevante informatie, of gebruik uitgebreide trackingmogelijkheden om twijfelende klanten over de streep te trekken (Van Wassenhove, 2019).

Het succes van een *newsletter* is tevens afhankelijk van de kwaliteit van de database: wordt die up-to-date gehouden en is hij GDPR-proof, hebben mensen via opt-in ervoor gekozen om de *newsletter* te ontvangen? Een slechte database, met veel *bounces* en mensen die jouw mail als 'junk' catalogiseren, kan ervoor zorgen dat jouw nieuwsbrief in de toekomst bij het verzenden automatisch in de spamfolder terechtkomt.

6.3.1.3 PRINTMAGAZINES

De oplages van publieksmagazines mogen dan achteruitgaan, bedrijfsmagazines blijven hun rol vervullen, ook in deze digitale wereld. Een studie[117] uit 2019 in opdracht van de Britse Content Marketing Association toont zelfs een groeiend succes bij Generation Z en mensen tot 35 jaar. Ze houden van de *lean back*-ervaring die print biedt, wat ze lezen blijft beter hangen en voelt betrouwbaarder aan dan wat ze online lezen. InSites Consulting, dat voor de vakvereniging Custo leesgedrag van magazines monitort, bevestigt dat Belgen van magazines houden, ook als ze uitgegeven worden door een merk. Gemiddeld worden die magazines 29 minuten gelezen[118] en krijgen ze een waarderingsscore van 7,8 op 10. Ze blijken ook uiterst efficiënt te zijn, 69% van de lezers wil na het lezen overgaan tot aankoop (Pub, 2018).

Grote retailers als Carrefour en Albert Heijn zetten nog steeds in op print, maar ook grote digitale spelers als Facebook en Airbnb geven het een bevoorrechte positie in hun contentaanpak. Een goed gemaakt magazine mag je in de categorie herocontent stoppen (zie hoofdstuk 2). Het geeft aan dat je als merk moeite doet voor je publiek en het zal ook als dusdanig gewaardeerd worden.

Het grote voordeel van een printmagazine is dat je bereik veel effectiever is dan digitaal. Het kost dan wel wat meer, in productie en distributie, maar de kans dat mensen die het ontvangen, het gaan bekijken, is groot. Ze lezen er langer in. Meerdere mensen lezen het en het gaat langer mee, doordat het wel even blijft liggen. In vergelijking met digitaal heb je natuurlijk de kosten voor druk en distributie, die bij grote oplages behoorlijk kan oplopen. En je hebt geen data zoals bij digitale media.

ACV Openbare Diensten kiest voor print om hun leden diepgaand te informeren

Printmagazines zijn interessant als je een groot en trouw publiek hebt of dat ambieert. Het kan optimaal ingezet worden naar klanten, personeel of leden zoals *NT Magazine* van de vakbond ACV Openbare Diensten. Het magazine stelt hen in staat om alle leden te bereiken en de ruimte te nemen om dieper in te gaan op het hoe en waarom van actuele thema's.

6.3.1.4 DIGITALE MAGAZINES

Digitale magazines en printmagazines zijn twee verschillende media: het ene kan ook niet ingezet worden als vervanging voor het andere. De leeservaring is anders – *lean forward* – en de leestijd is veel beperkter, waardoor je minder kunt vertellen en minder diep kunt gaan. De achilleshiel van digitale magazines is dat je lezers via mail of sociale media attent moet maken op de nieuwe editie, waardoor je werkelijke bereik een stuk lager zal liggen dan bij print. Maar je kunt wel veel beelden, video en interactiviteit in zo'n magazine verwerken.

De eerste digitale magazines probeerden de vorm en bladerervaring van een printmagazine te imiteren. De huidige digitale magazines zijn eerder longreads of minisites die een periodieke update krijgen. Een goed voorbeeld is *Women Inc.,*[119] een onlinemagazine dat gemaakt werd om de loonkloof tussen mannen en vrouwen aan te klagen, met daarin interviews, data en reportages.

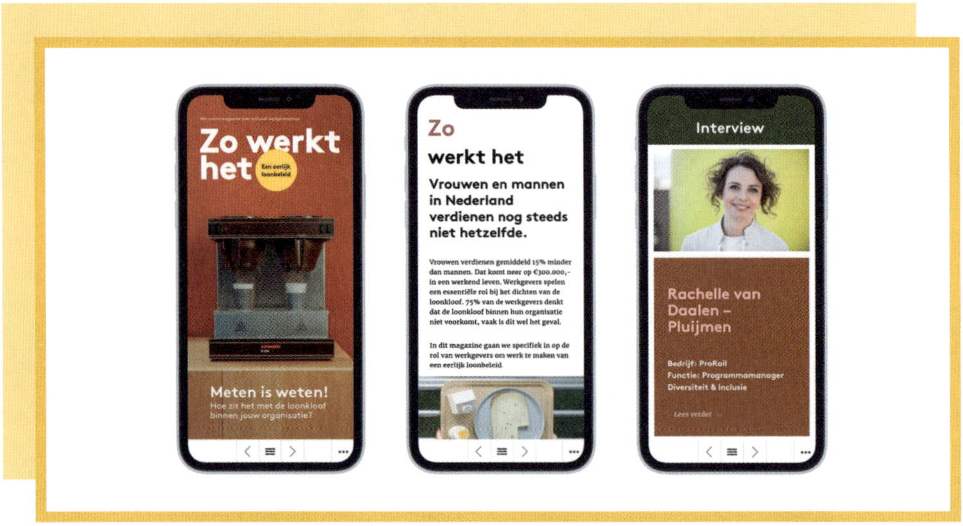

Het digitale magazine Women Inc., *gericht naar werkgever, op weg naar een eerlijk loonbeleid, met veel visueel aantrekkelijke content*

Digitale magazines zijn interessant voor b2b-content, voor bepaalde nichegroepen of -onderwerpen, of als digitale aanvulling van je printmagazine, waar de content in een aangepaste – kortere, met meer audiovisuele middelen – vorm online wordt gezet. Het spreekt voor zich dat je uit het leesgedrag van individuen veel interessante data kunt halen.

6.3.1.5 SOCIALE MEDIA

Over de kracht van sociale media moeten we geen boeken meer schrijven. Door sociale media zijn mensen fundamenteel anders gaan communiceren met elkaar. Volgens het jaarlijkse Imec *Digimeter*-rapport (2020)[120] blijkt dat voor België de big five bestaan uit Facebook (78%), WhatsApp (72%), Facebook Messenger (69%), YouTube (66%) en Instagram (44%). Vrijwel iedereen gebruikt dagelijks een of meer sociale media, maar de keuze van platformen en volume verschilt heel erg per generatie. We zien ook bij de 'kleinere platformen' een aantal sterke stijgers op het vlak van maandelijks gebruik, met nieuwkomer TikTok als rijzende ster aan het socialemediafirmament. TikTok heeft 3,5 miljoen gebruikers in Nederland en 2,2 miljoen in België (bron: Emerce) met een grote concentratie bij 16- tot 24-jarigen. Ook gamingapps zoals Twitch mogen we niet uit het oog verliezen in de toekomst.

Sociale media kun je inzetten om zelf content te verspreiden of om posts van je contenthub te promoten. Het organische bereik naar je volgers is beperkt omdat de platformen willen dat je zo veel mogelijk betaalt om je content te verspreiden. De ervaring van de gebruiker staat voorop. Als het algoritme een post relevant vindt, zal die organisch een groter bereik krijgen en minder kosten om mee te adverteren. Het omgekeerde geldt uiteraard ook. Relevantie wordt bepaald door de mate van populariteit en engagement. Ga dus zo vaak mogelijk in gesprek met je doelgroepen en zet hen aan om te interageren met je content, door bijvoorbeeld in te spelen op emotie en herkenbaarheid.

Plaats content zo veel mogelijk *native* op een platform, linken leggen naar externe platformen en al zeker naar concurrerende platformen, wordt afgestraft door het algoritme van het platform. Een video kun je bij LinkedIn dus beter opladen in het platform in plaats van een link te leggen met YouTube. Het is altijd een afweging die je moet maken, afhankelijk van het doel van de content, want je wilt uiteraard ook dat mensen doorklikken naar je contenthub.

SOCIALE MEDIA VOOR B2B[121]

In een b2b-omgeving worden sociale media nog te veel gebruikt om corporate en productnieuws te brengen, waardoor veel opportuniteiten onbenut blijven. Sociale media bevinden zich eerder *top of funnel*, het is dus de plaats waar je veeleer connecteert met een publiek, alvorens het te doen afdalen naar meer praktische content, op je contenthub of website. Kom dus eerder met content die toepassingen en jouw meerwaarde daarin toont.

Sociale media gaan in b2b ook over 'sociaal zijn': door in gesprek te gaan met je publiek en vragen te beantwoorden, bouw je een relatie op, wat leads zal opleveren. Onthoud ook dat de *click-through rate* (CTR; doorklikratio) van social naar je hub geen *metric* is, wel de kwaliteit ervan, wat ze er uiteindelijk doen.
We overlopen de belangrijkste sociale media.

FACEBOOK

Ondanks regelmatige tegenkantingen en kritiek blijft Facebook het grootste en breedste sociale medium. Het bereik blijft groot bij millennials, generatie X en babyboomers, maar de jongere generatie Z laat het platform grotendeels links liggen.[122] Mensen gebruiken het om ervaringen en nieuws te delen met hun netwerk en gaan zelf op zoek naar interessante content zoals artikels, foto's en video's. Content verschijnt in een tijdlijn, waar doorgescrold wordt. Door zijn breed bereik kun je Facebook zowel in b2c, b2b als b2e inzetten.

Verschillende merken haakten al af van Facebook, omdat het platform de kwaliteit van de content (fake news) niet onder controle krijgt en ook expliciet weigert om *the arbiter of truth* te zijn. Merken willen niet geïdentificeerd worden met misleidende content. Joe Pulizzi voorspelde in zijn openingsspeech op Content Marketing World 2019 dat tegen 2025 platformen als Facebook niet meer geschikt zullen zijn voor merken, omdat organisch bereik nog verder zal zakken en ze fake news nooit onder controle gaan krijgen. Een warm pleidooi om meer te investeren in *owned media*.

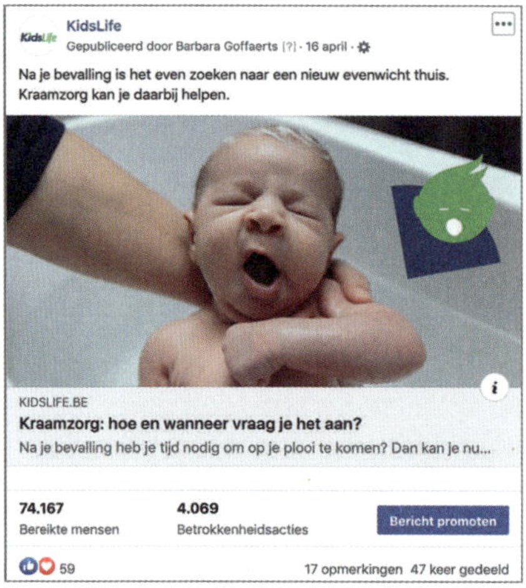

Je kunt verschillende soorten content delen op Facebook. Wil je traffic naar je kanaal? Deel dan regelmatig relevante artikels, zoals het voorbeeld van KidsLife. Wil je een community of een geëngageerd publiek opbouwen? Plaats dan content waar je interacties mee kunt genereren, zoals in het voorbeeld van 'Wij hebben Crohn'.

LINKEDIN

LinkedIngebruikers zijn al lang niet meer alleen actief om een job te scoren. Vandaag wordt LinkedIn gebruikt om te netwerken en professionele content te verspreiden. Het b2b-kanaal wil zich steeds meer positioneren als communitykanaal. Er zijn nu reactiemogelijkheden, je kunt mensen taggen, stickers toevoegen aan video's en net zoals bij Facebook en Instagram *stories* opzetten. De content is eerder business- of hr-georiënteerd. Vermijd dus overdreven persoonlijke en privémomenten. En spammen met informatie over producten en services is helemaal uit den boze.
Op LinkedIn kun je heel nauwkeurig targeten op basis van criteria als functies, vaardigheden, interesses, groepen, bedrijf en zelfs senioriteit.

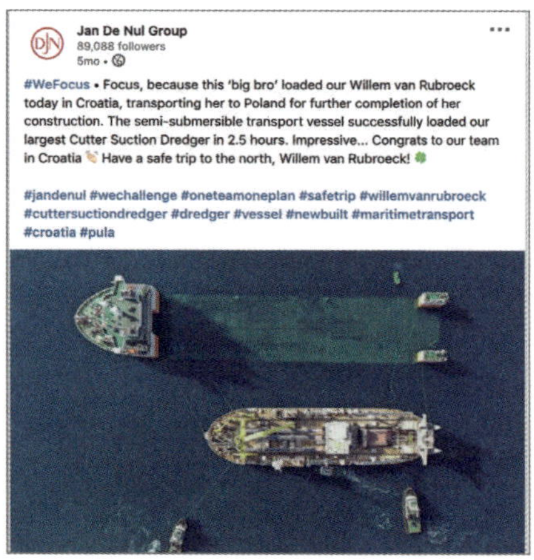

Jan De Nul Group werkte verschillende terugkerende formats uit voor LinkedIn. Onder de noemer #WeFocus delen ze indrukwekkende beeld- en videofragmenten achter de schermen van hun internationale projecten.

WHATSAPP

Private messaging wint al enkele jaren aan populariteit en dat is ook merken niet ontgaan. Je kunt WhatsApp inzetten voor *one on one*-communicatie met je klanten, maar je kunt ook groepschats tot 256 personen aanmaken. Net als Twitter kan het kanaal handig zijn voor customersupport of om persoonlijke updates te sturen over bijvoorbeeld bestellingen van klanten. Met WhatsApp Business kun je zelfs berichten automatiseren.

Bloovi, de onlinecommunity voor ondernemers, deelt elke vrijdag een round-up met relevante artikels via WhatsApp naar abonnees.

YOUTUBE

Ook YouTube kun je als sociaal medium beschouwen. Video is gemeengoed geworden en YouTube is hét platform waar al die video's verzameld staan en je ze ook zelf opzoekt. Voor veel millennials is YouTube de eerste plaats waar ze gaan om content op te zoeken. Daarmee is het de op een na grootste zoekmachine met meer dan drie miljard searches per maand. Hou dus rekening met SEO en verwerk *keywords* in je beschrijvingen, tags en titels. Heel wat marketeers plaatsen geen of een korte beschrijving bij hun YouTubefilmpjes. Een gemiste kans!

Maak indruk op YouTube met sterke formats. Albert Heijn Nederland creëert verschillende videoreeksen rond koken, tips en producten. De reeks 'Flessen met Vjèze' won een Best Social Media Award in 2020 voor beste influencercampagne.

Merken kunnen hun video's *publishen* op YouTube en ook een eigen kanaal opzetten, met als doel abonnees te werven. Zorg dat die pagina er goed uitziet, met een aantrekkelijke banner, een beschrijving van wat mensen mogen verwachten als ze zich abonneren, met *keywords* geoptimaliseerd voor zoekmachines, een welkomstvideo en je video's geordend in categorieën.[123]

INSTAGRAM

Instagram is een visueel kanaal. Je moet je onderscheiden met unieke, visuele content en een eigen stijl. Ook de look-and-feel van je volledige feed is belangrijk. Met *stories* kun je creatief te werk gaan en je volgers bijvoorbeeld een blik achter de schermen tonen. *Stories* hebben bovendien verschillende tools om in gesprek te gaan met je publiek zoals polls, vragen en quizzen. Iets waarvan ook veel influencers gebruikmaken.

De Instagramfeed van Bol.com heeft een volledig eigen stijl ontwikkeld rond één terugkerend, humoristisch format en haalt zo heel wat engagement.

Voor b2c-merken kan Instagram Shopping een heel interessante feature zijn als je weet dat 60% van de gebruikers op zoek gaan naar én nieuwe producten willen ontdekken.

PINTEREST

Als je doelgroep vooral uit vrouwen bestaat, die inspiratie willen vinden en delen, dan is Pinterest interessant om mee te nemen in je plan. Het medium is vooral geschikt in het begin van de *customer journey*, waardoor er veel doorgeklikt wordt naar de website achter een bepaalde pin. Meer dan de helft van Pinterestgebruikers deed een aankoop na het zien van businesscontent op Pinterest. Sinds 2019 kun je er als merk ook betaalde content op plaatsen.

GROEPEN

Voor specifieke groepen, zoals het personeel van een organisatie en specifieke interesses, kan het interessant zijn om een besloten groep te starten op platformen als Facebook of Slack. Het voordeel is dat je door het besloten karakter 100% van je groep bereikt en door de gerichte content heel relevant kunt zijn.

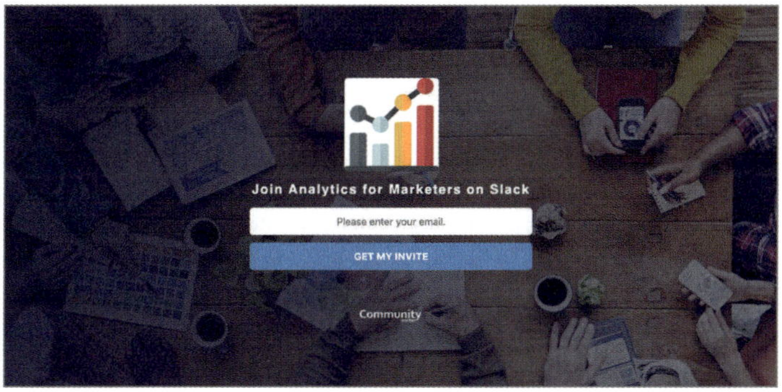

De besloten Slackgroep van Christopher Penn, met nichecontent over Analytics.

TIKTOK

'The defining social media app of Gen Z'.[124] Deze app is het sociale netwerk voor het delen van korte video's met muziek. In tegenstelling tot YouTube hoeft de content op TikTok niet 'professioneel' te zijn. Creativiteit en gevoel voor humor zijn veel belangrijker. Uit onderzoek blijkt dat 60% van de TikTokgebruikers tussen 16 en 24 jaar oud is.

Het museum Technopolis ging een samenwerking aan met TikTok'ers Michiel en Céline, om op die manier een jong publiek aan te spreken.

Om als merk aanwezig te zijn op TikTok, moet je de taal begrijpen. Ontwikkel een format op maat voor dit kanaal. Je succes staat of valt met unieke filmpjes. Bedenk je eigen concept als je wilt scoren. Je kunt samenwerkingen aangaan met TikTok'ers, van wie sommigen al uitgegroeid zijn tot influencers met miljoenen volgers. TikTok is ook een populair medium om challenges op te zetten.

TWITTER

Het kanaal voor hoger opgeleiden, pers, politici en influencers, die vooral opinies delen. Het platform is daarom heel geschikt om pr-waardige content te delen. Voor merken is Twitter interessant als customersupportkanaal, zeker als je op grote schaal producten of diensten verkoopt. Veel consumenten vallen terug op Twitter om vragen te stellen of klachten te delen met merken. Door het persoonlijke karakter kun je je engagement behoorlijk opkrikken.

TWITCH

Twitch[125] is een zeer populaire onlinestreamingservice, hoofdzakelijk gebruikt door videogamers. Dit videoplatform is een plaats waar gamers streams kijken of zelf live zijn. Ze spelen games terwijl ze interactief communiceren met hun publiek of viewers. De engagementratio ligt zeer hoog en viewers spenderen er ongeveer 95 minuten per dag, vaak interactief.

Voetbalploeg Standard Luik speelt ook mee in de ePro League.

Het platform is interessant als je een specifieke doelgroep van gamers of meer specifiek spelers van een bepaalde game, zoals FIFA wilt bereiken. De Belgische voetbalclub Standard Luik heeft een professionele FIFA-speler, die meespeelt in de Proximus ePro League. Twikii heeft een teamoutfit gekregen waarop alle sponsors voorkomen en hij draagt die wanneer hij FIFA-trainingen streamt.

6.3.1.6 WEBINARS

De sterkte van events zal altijd de face-to-face-interactie met je publiek blijven, daar kan niets tegenop, maar de kosten per contact liggen vrij hoog. Een manier om evenveel mensen aan te spreken met je content en hen interactief te laten participeren, zonder de hoge kosten, is een webinar.

Er is een duidelijke evolutie naar meer live content, ook in digitale vorm. Denk maar aan realtimecontent, Facebooklivestream en de sterke opkomst van webinars, zeker sinds de coronacrisis. Het livegegeven geeft de content een grotere urgentie, die er minder is voor een stuk dat gewoon continu beschikbaar is.

VIER TIPS VOOR EEN SUCCESVOL WEBINAR[126]

1. *Kies een duidelijk afgebakend onderwerp voor je webinar*
   Een webinar geeft je de kans om kennis te delen, te laten zien dat jij dé expert bent, waarmee je de interesse kunt wekken bij potentiële klanten.
2. *Kies de software, de datum en het tijdstip*
   Heb je een tool gekozen? Dan moet je vervolgens een datum en tijdstip kiezen. Hou daarbij rekening met je publiek. Wanneer heeft het de tijd en ruimte om achter zijn laptop te zitten en naar jouw webinar te kijken?
3. *Promoot het webinar*
   Begin al zes tot acht weken voor het webinar met de promotie. Zorg dat mensen het webinar blokkeren in hun agenda.
4. *Goede voorbereiding is het halve werk*
   Kies een vlotte spreker. Iemand moet comfortabel zijn met het praten voor een camera en écht iets weten over het onderwerp. Bereid je erop voor dat er vragen gaan komen.

6.3.1.7 PODCASTS

Podcasts bestaan al even, maar het is pas sinds 2019 dat ze echt doorbraken. In 2020 luisterde in België al één op de vijf mensen maandelijks weleens naar een podcast, in Nederland ongeveer 18% van de bevolking (bron: Statista.com). Een podcast kun je vergelijken met een radioprogramma, maar dan opgenomen. De penetratie van smartphones ligt aan de basis van het succes. De meeste luisteraars zijn mannen tussen 18 en 44 jaar, van wie een derde hoogopgeleid.

Op zich is een podcast een type content, zoals een video of een artikel. Je moet dus nog kanalen inzetten om je podcast te promoten. Gebruik daarvoor *owned media* als een *newsletter*, *paid media* als sociale media en *earned media* zoals je *ambassadors*, om elke nieuwe editie van je podcast bekend te maken. Ga er sowieso van uit dat je tijd nodig hebt om een publiek op te bouwen. Je podcast wordt het best ook op streamingkanalen zoals Spotify en BuzzSprout aangeboden.

6.3.2 PAID MEDIA

Bij *paid media* gebruik je externe platformen, waarop je (extra) visibiliteit koopt voor je content. Als gevolg van het lage organische bereik van content op sociale media, de grote concurrentie en de kostprijs van *quality content*, is *paid media* inzetten dikwijls onontbeerlijk, als je je content optimaal wilt laten renderen.

Paid media zal in het bijzonder nuttig zijn om:

- voldoende bereik te halen;
- bepaalde niches te bereiken;
- een eigen publiek op te bouwen, als je eigen database nog niet groot genoeg is;
- een bepaald momentum, zoals een webinar, te promoten.

Bij *paid media* kan het gaan over de 'klassieke' kanalen zoals radio- en tv-spots, maar ook gesponsorde content op sociale media. Met *paid media* koop je een 'gegarandeerd' bereik, dat werkt zolang je betaalt. Daardoor is het beter controleerbaar dan *owned* en *earned media*.

Sommige merken of organisaties zien af van *paid media*, omdat het hun content commercieel en minder geloofwaardig doet overkomen. Dat is niet nodig, het publiek is ondertussen gewoon aan merken waarvan de content gesponsord is, het is eerder de inhoud die ervoor zal zorgen dat iets als commercieel wordt beschouwd. Het is een afweging die je moet maken: authenticiteit ten opzichte van een heel beperkt bereik. Het werkt zolang je betaalt.

In de volgende tabel worden de meest gebruikte *paid*-kanalen weergegeven. Sociale media staan op nummer 1. Logisch, want slechts 1 tot 3% van je paginavolgers bereik je organisch, dus zonder betaalde media-inspanningen. Ook SEA doet het niet slecht, met 68% verovert het de tweede plaats.

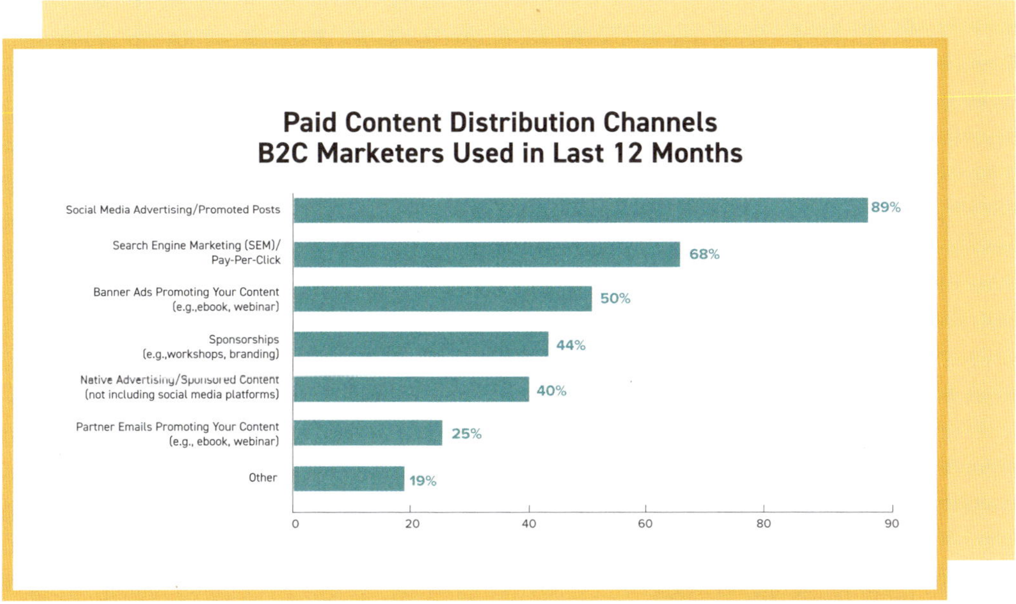

Bron: B2C Content Marketing Benchmarks: Content Marketing Institute/MarketingProfs (2020)

6.3.2.1 NATIVE ADVERTISING

Native advertising[127] is een kruising van marketing en journalistiek. Een online- of offlinemedium produceert in opdracht voor een merk *branded content*, die opgenomen wordt tussen hun redactionele content. De vorm en stijl sluiten aan bij de omgeving waarin het verschijnt, enkel een vermelding bovenaan in het artikel verraadt dat het over *sponsored content* gaat. Met *native advertising* maak je gebruik van het bereik, de context, de uitstraling en expertise van een bestaand platform of medium. De meeste uitgevers hebben een autonome *brand studio*, met journalisten die betaalde content maken voor merken.

Wereldwijd is de markt nu al meer dan 80 miljard dollar waard. Toonaangevend internationaal is T-Brand Studio van *The New York Times*, in België en Nederland is DPG Media een grote speler.

VOORDELEN VAN NATIVE ADVERTISING

- Het is ideaal om heel snel een groot bereik te halen.
- In vergelijking met andere vormen van online-advertising omzeil je adblockers: 25% van de Belgen maakt er gebruik van.
- De lezer associeert jouw merk met de uitstraling van het medium.

De Vlaamse Dienst voor Arbeidsbemiddeling (VDAB) richtte zich via een bijlage bij het weekblad HUMO *naar 60-plussers, om hen te sensibiliseren om actief te blijven. Het magazine werd gemaakt door krasse knarren, die nog steeds aan het werk zijn.*[128]

Native advertising is ideaal om in te zetten *top of funnel* (zie hoofdstuk 2), om mensen breed binnen te trekken, door een herkenbaar probleem of situatie te schetsen. Met interessante verhalen kun je de lezer boeien en subtiel de link leggen met het product of de dienst van de opdrachtgever.

Het is geen goed idee om in *native advertising* volop een merk of product uit te spelen, zo verliest het alle geloofwaardigheid als redactioneel stuk. De meeste redacties zullen dat ten andere weigeren, omdat ze hun publiek niet om de tuin willen leiden. Zorg dus al in je selectie van het medium dat er een goede match is met de content die je voor ogen hebt. Welke meerwaarde kun je hun publiek brengen?

6.3.2.2 PAY-PER-CLICK

Pay-per-click of PPC kun je inzetten in zoekmachines (ook wel SEA genoemd) en op nieuwssites. Je koopt traffic naar je website. Beide zijn interessant, omdat ze geïntegreerd zijn in hun omgeving. Bij PPC betaal je als opdrachtgever het medium op basis van het aantal clicks.

PPC werkt ideaal in combinatie met SEO. Waar SEO organisch en trager werkt, kun je met PPC het proces versnellen en de traffic naar je site een boost geven. In een studie[129] van MarketingProfs geven twee op de drie marketeers de voorkeur aan Google Ads, omdat het overall betere resultaten gaf dan SEO: een hogere conversieratio, langere *time on site* en makkelijker te implementeren.

Het soort content dat je aanbiedt via PPC zal eerder in de *how-to*-sfeer zitten. Een goede manier om PPC te testen, is een stuk te promoten dat op zich al goed gewerkt heeft in andere kanalen.

Search-PPC: op basis van bepaalde *keywords* of strings worden tekstadvertenties aangeboden. Ook *long tail*-zoektermen kunnen interessant zijn. Zorg voor aantrekkelijke copy en een duidelijke *call to action*. Denk ook aan het pad op de link die je aanbiedt; laat mensen landen op een gerichte pagina en denk na over wat je wilt dat ze daar doen.

Content-PPC: is eigenlijk een vorm van *native advertising*, maar in de vorm van een contentadvertentie, op de websites van media die content aanbieden. Ze staat ook tussen de andere content van het medium maar is lichtjes afwijkend van vorm. Ook deze content-PPC-*ads* worden niet tegengehouden door adblockers. De belangrijkste aanbieder van content PPC is Outbrain.

6.3.2.3 PLATFORMEN KOPEN

Deze aanpak ligt op de rand tussen *paid* en *owned*. Er is de initiële investering om een platform te kopen en daarna is het van jou uiteraard. In hoofdstuk 8 van dit boek gaan we dieper in op *Killing Marketing*, het boek van Joe Pulizzi en Robert Rose. Daarin beschrijven ze hoe content marketing ook een *profit center* kan zijn. De content die aangeboden wordt, is zodanig goed, dat mensen willen betalen om ze te bekijken of andere bedrijven om erop aanwezig te zijn. Vanuit die filosofie kunnen bedrijven ook bestaande media opkopen in de context van hun merk, omdat die reeds een bepaald publiek opgebouwd hebben en de content hebben. Op die manier kunnen ze makkelijker hun eigen verhalen tot bij hun publiek krijgen én ook geld verdienen aan het medium, door de verkoop en advertenties van andere merken.

Mediabedrijf UBM (ondertussen overgenomen door Informa) verkocht zijn media rond *electronics* aan Arrow Electronics, omdat ze zich meer wilden toeleggen op conferenties (ze kochten onder andere het Content Marketing Institute). Zo start Arrow met een grote voorsprong om zijn publiek met relevante content te bedienen.

6.3.2.4 SPONSORED POSTS OP SOCIALE MEDIA

Zoals eerder vermeld nam organisch bereik van je volgers op platformen als Facebook en LinkedIn de laatste jaren een ferme duik. Je intrinsieke bereik is nog 1 à 3%,[130] ook al kan dat hoger komen te liggen als je content meer interacties krijgt. Die platformen willen immers dat je als merk zo veel mogelijk je content aanbiedt via *sponsored* posts. Daarmee koop je bereik, waarbij die post in de tijdlijn van een door jou gekozen segment verschijnt.

Het voordeel van *sponsored posts* is dat je heel precies een publiek kunt uitkiezen op basis van criteria als leeftijd, geografie, geslacht, taal en interesses. Door de zogenaamde Facebookcookies verzamelde Facebook een schat aan informatie over individuele interesses van mensen. Segmentatie kan ook op basis van bezoekers van je website of specifieke pagina's ervan, abonnees van je nieuwsbrief, mensen die je pagina al geliket hebben of lookalikes van al deze methodes.

Je kiest zelf hoeveel budget je wenst te besteden. De kosten worden beïnvloed door de kwaliteit en de mate waarin de post accuraat getarget is. Als de doelgroep goed in interactie treedt met de post (likes, clicks, comments), blijft die relatief goedkoop. Als de doelgroep dat niet (meer) doet, wordt de *ad* duurder of gewoonweg amper (meer) vertoond. Facebook wil daarmee de content zo relevant mogelijk houden. Ook Instagram – eigendom van Facebook – en Twitter werken op een vrijwel gelijkaardige manier.

Elk platform biedt een uitgebreid arsenaal aan mogelijkheden om je content extra te promoten. Info die ze, samen met tips en tricks en cases, op hun site aanbieden. Ook hier geldt testen en meten. Ga met A/B-testing of dynamisch advertentiemateriaal na welke content het best presteert bij je doelgroep, vergroot of verfijn je segmentaties en verspreid content met *dark posts* – berichten die niet op je pagina zelf verschijnen – als je bijvoorbeeld nichesegmenten wilt bereiken of aan remarketing wilt doen.

Remarketing is enorm interessant als je je publiek *funnel*-gewijs wilt laten converteren. Je bereikt dan *top of funnel* een brede doelgroep met *awareness*-content, om hen vervolgens te retargeten met content die hen dieper in de *funnel* leidt, om hen uiteindelijk naar een conversie te brengen. Doordat ze al duidelijke interesse toonden voor je *top of funnel*-content, kun je hen makkelijker laten converteren aan de hand van remarketing-*ads*.

Concreet: stel dat je aanbieder bent van zonnepanelen. *Top of funnel* kun je mensen hun aandacht trekken met content over 'het interessante rendement van zonnepanelen'. Van de lezers van deze content kun je uitgaan dat er een latente interesse is naar meer. Met remarketing kun je vervolgens zorgen dat ze op verschillende plekken (via sociale media, maar ook via het Google Display Network) geconfronteerd worden met meer concrete content, bijvoorbeeld over waarop je moet letten bij de aankoop van zonnepanelen. Die content – die op zich al te concreet is om een breed publiek aan te spreken – zal bij deze gesegmenteerde doelgroep beter werken.

Op zich is het aantal volgers van je socialemediapagina een *vanity metric*. Mensen gaan niet uit zichzelf naar je socialemediapagina komen om al die ongetwijfeld fantastische content die je aanbiedt, te bekijken. Toch is het interessant om een basis aan relevante volgers op te bouwen en aan een waardevolle groei te werken, zeker als je doel *communitybuilding* is. Het is goed voor de uitstraling van je pagina en het is ook handig om op te targeten met je *paid posts*. Groei bereik je door te focussen op de timeline van je publiek. Verspreid via je pagina unieke en interessante content. Je klanten gaan op hun beurt deze posts delen met hun vrienden en zo bouw je een publiek op.

6.3.2.5 INFLUENCERS

Influencermarketing[131] is de laatste jaren een veelgebruikt buzzword geworden; er duiken zelfs steeds meer bureaus op die zich specialiseren in influencermarketing. Terecht, zo blijkt, want volgens Imec volgt 31% van de mensen in Vlaanderen influencers op sociale media. 33% van de respondenten geeft aan dat ze aangezet zijn om een product te kopen door de invloed van influencers (Imec Digimeter 2019). Sommige studies claimen zelfs dat influencermarketing een hogere ROI heeft dan andere kanalen. Volgens een studie van Burst Media levert elke euro die een bedrijf investeert in influencermarketing, een gemiddelde ROI van 6,50 euro op. Die studie van Emarketer dateert al van 2015, ondertussen is er de laatste jaren wat scepsis ontstaan, zeker tegenover influencers die weinig of geen inhoudelijke meerwaarde hebben.

Influencers zijn mensen die een grote aanhang en invloed hebben bij hun volgers. Wij kennen influencers in de vorm van BV's, maar op sociale media, blogs of YouTube, bestaat er een schare van bekendheden, die elk een bepaald nichedomein claimen: film, make-up, mode, gaming, voor elk wat wils. Sommigen van hen hebben miljoenen volgers en kunnen leven van hun activiteiten, omdat merken hun invloed 'kopen'.

Waar je moet op letten bij de keuze van influencers:
- Zorg dat er een goede match is tussen jouw merk of boodschap en de influencer.
- Ga niet per se voor de grote namen of wie jij sympathiek vindt.
- Geef niet te veel richtlijnen of regels, zij weten wat het best werkt op hun kanaal.
- Vermijd de nietszeggende productshots, laat de influencer iets actief doen met je product.
- Streef naar langetermijnsamenwerkingen, waardoor gebruik van het product natuurlijker aanvoelt.
- Bepaal de doelstellingen en analyseer de ROI.

Drie mogelijke doelen:[132]

1. *awareness*: om je bedrijf in de kijker te plaatsen of je merkimago te verbeteren;

2. *lead generation*: als je nog geen groot bereik hebt, kan dit een manier zijn om publiek op te bouwen;

3. *retention* of loyaliteit: doordat er een grote overlap is tussen jouw en hun publiek.

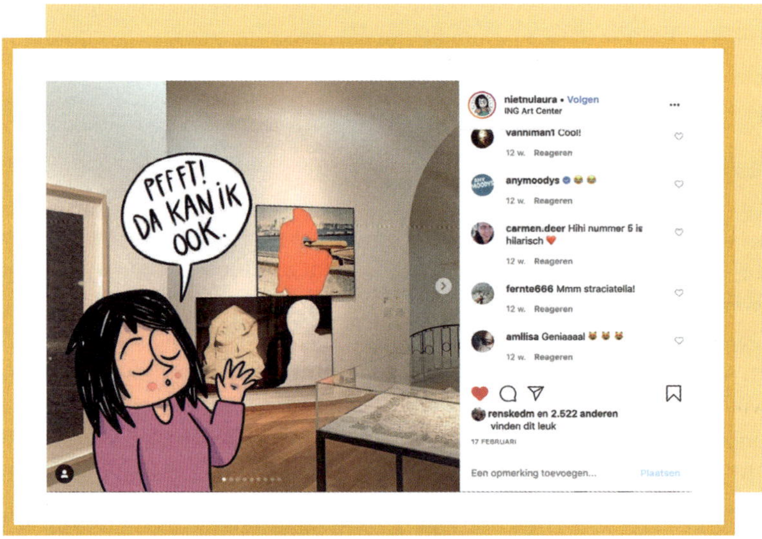

ING schakelde cartoonist Laura Janssens in om zijn tentoonstelling te becommentariëren

Er zijn de 'grote' of macro-influencers, zoals Kim Kardashian, met meer dan 160 miljoen volgers. Ook in België hebben we enkele zwaargewichten met een paar miljoen volgers, gevolgd door een groepje met honderdduizenden volgers. Bij deze mensen is er in veel gevallen weinig inhoudelijke betrokkenheid met het product en er hangt een stevig prijskaartje aan vast.

Daartegenover staan de micro-influencers.[133] De jonge mama's met een passie voor tweedehandskledij, een wielrenner met een voorliefde voor fietsen of zoals bij een tentoonstelling van het ING Art Center, een cartoonist met een affiniteit voor kunst. Slim selecteren en research kan heel wat meerwaarde opleveren. Zij hebben dan niet het heel grote bereik, maar door de focus op hun niche stralen ze vaak veel meer vertrouwen uit dan de macro-influencers (E-fluenz, 2020).

6.3.3 EARNED MEDIA

Bij verdiende media of *earned media* wordt er over je merk of organisatie gesproken (word of mouth) of wordt de content gedeeld door je publiek of de pers. Als je content kwalitatief is, zal dat automatisch gebeuren, maar je kunt het geluk ook een handje helpen en een strategie opzetten om *earned media* te bevorderen. Merken kunnen oproepen doen, om te reageren, deel te nemen aan een wedstrijd, te stemmen, foto's op te laden of verhalen te vertellen, al dan niet begeleid met hashtags voor de gelegenheid gecreëerd. Niet makkelijk, want mensen laten zich van nature niet voor de kar van merken spannen. Je zult dus het beste uit de kast moeten halen om mensen mee te krijgen. Occasioneel loopt het ook eens mis in die pogingen en reageren consumenten negatief op de 'sympathieke' oproep van merken. Toen McDonald's vroeg om ervaringen te delen onder #McDoStories, kwamen daar ook een pak negatieve verhalen boven en zagen ze zich verplicht om hun initiatief in te trekken. Bezin voor je begint en denk na over hoe je publiek kan reageren op een zekere oproep.

De meest eenvoudige vorm van *earned media* zijn recensies. Streef ernaar om je klanten hun tevredenheid te laten optekenen, vlak na hun aankopen. Dat kan gebeuren door dagen na de aankoop een opvolgmail of -mails te sturen, met de vraag om een review te schrijven. Anderen die positief over jou spreken of enthousiast voor jou aan het creëren slaan, leveren de meest waardevolle content op. Het is écht, het komt uit het hart, wat het veel geloofwaardiger maakt. Het zal dan wel wat organisatie vragen, op zich heb je geen mediakosten. Meer nog: veel interacties op sociale media hebben een positieve invloed op het organische bereik van je account. *Earned media* is tevens een goede barometer voor de kwaliteit van je content. De mate en de inhoud van interacties van je klant zeggen je of je content aanslaat of niet.

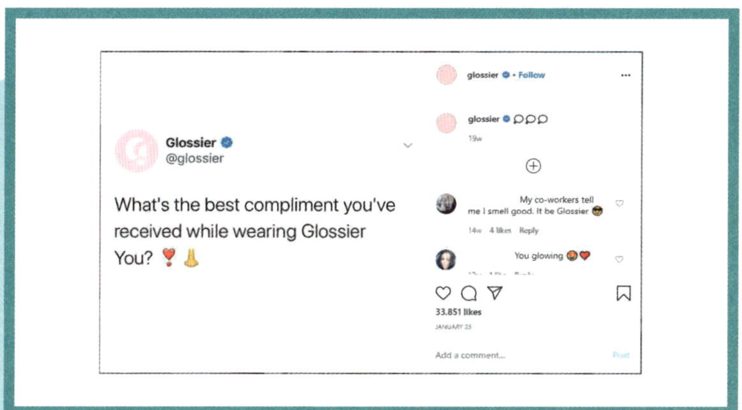

Glossier genereert veel earned media, door de juiste toon aan te slaan

Om *earned media* te verkrijgen, moet je content op maat van de doelgroep zijn. Glossier[134] is een merk dat door het zeer *customer centric* inzetten van zijn eigen kanalen, veel goede reacties en dus *earned media* genereert. Het beautymerk onderscheidt zich van traditionele bedrijven door rechtstreeks te communiceren met en te luisteren naar hun publiek.

6.3.3.1 AMBASSADOR MARKETING

Brand ambassadorship is vaak gericht op klanten, maar eigenlijk is je eigen personeel de belangrijkste groep potentiële ambassadeurs. Als zij geloven in jouw merk of organisatie, zullen ze dat enthousiasme willen uitdragen; is dat niet zo, dan zit je waarschijnlijk met een probleem. Zij kunnen als zogenaamde *employee advocates* op een geloofwaardige en authentieke manier een boodschap van je merk of organisatie overbrengen. En dat binnen netwerken waar je als bedrijf zelf minder toegang toe hebt, zoals hun persoonlijke omgeving.

Coolblue trommelde vijftig collega's op om een intern gecreëerd muzieknummer 'Gewoon, doen' nog meer luister te geven en het vervolgens met het gehele bedrijf mee te promoten op social.

WAAR MOET JE OP LETTEN BIJ AMBASSADOR MARKETING

1. *Creëer verbondenheid*. Communiceer helder naar je werknemers waarvoor je bedrijf staat en zorg ervoor dat ze trots kunnen zijn. Deel niet alleen je missie en visie, ook jouw tone of voice en look-and-feel zijn belangrijk. Zoek geëngageerde werknemers die actief bedrijfscontent delen en een groot bereik hebben.
2. *Stimuleer cocreatie*, laat je medewerkers mee ontwerpen en beslissen. Cocreatie kan door bijvoorbeeld je werknemers te betrekken bij het ontwerpen van een nieuw product, het schrijven van een blog of het organiseren van events.
3. *Authenticiteit is de sleutel tot succes*. Voorzie in een aantal richtlijnen, maar geef je medewerkers ook de ruimte om zelf content aan te halen en te verspreiden.

Voor elke mogelijke handeling binnen content marketing bestaat er software om je te helpen, zo ook voor het opzetten, organiseren en monitoren van je ambassadeursnetwerk. Twee handige (en lokale) systemen, zijn Ambassify en Social Seeder.

6.3.3.2 SAMENWERKINGEN MET ANDERE MERKEN

Het kan interessant zijn om content te creëren voor of te promoten op de site van een ander platform, een ander merk of een andere organisatie, die zich naar hetzelfde publiek richt, maar geen concurrent is voor jou. Dit soort openheid geeft geloofwaardigheid aan je merk en zorgt voor extra traffic, omdat je een nieuw publiek aanspreekt. Die nieuwe bezoekers kun je vervolgens vragen om zich in te schrijven voor een nieuwsbrief, je te volgen op sociale media of een *content offer* te downloaden, waar je hun gegevens voor kunt vragen.

Decathlon en Basic Fit lanceerden midden in de coronacrisis #sportinuwkot, een initiatief dat gepromoot werd door beide organisaties, waarmee ze elk nieuw publiek aanspraken

6.3.3.3 PUBLIC RELATIONS

Kwalitatieve, unieke content heeft een sterk pr-vermogen. Omgekeerd moet je content maken, die *PR-able* is, om via de pers een groter publiek te bereiken.

Hoe maak je content *PR-able?*[135]

- Bekijk de mogelijkheden van pr helemaal in het begin van je contenttraject.
- Leg een database aan van de belangrijkste titels en contactpersonen.
- Kneed je pr-verhaal afhankelijk van de titel en het publiek.
- Is wat je te vertellen hebt niet zo buitengewoon of eerder complex, voeg dan wat spektakel toe, zoals Willemen Group, dat bij de lancering van Drainphalt heel plastisch demonstreerde hoeveel water hun asfalt kon absorberen.
- Werk met een pr-partner, pr is een specialiteit; zij kennen de journalisten en zorgen voor een persoonlijke opvolging.

Wat spektakel kan helpen om een verhaal PR-able te maken, zoals bij de lancering van Drainphalt, waar hevige regenval gesimuleerd werd

Goede pr-coverage[136] vergt sterke relaties met pr-professionals. Voordat je contact opneemt met verslaggevers of redacteurs moet je de mensen leren kennen. Lees artikels en verhalen, volg hen op sociale media en abonneer je op hun nieuwsbrieven vooraleer je je verhaal gaat pitchen. Het opbouwen van een relatie met de redacteur van een nieuwsmedium is niet zoals het gebruik van Tinder. Je wilt een langdurige, wederzijdse relatie (MarketingProfs, 2020). Pr-coverage kan op haar beurt weer de basis vormen voor nieuwe content, in stukken als ‘in de pers’.

6.3.3.4 SOCIALE MEDIA

Earned media op sociale media ontstaan doordat iemand praat over je verhaal en daarbij een link, jouw (merk)naam of hashtag gebruikt. Het kan ook wanneer iemand je content deelt, beoordeelt (LinkedIn) of becommentarieert. Op plaatsen als Facebook, LinkedIn of Twitter zal het verkrijgen van *earned media* het makkelijkst zijn, omdat de drempel het laagst is: mensen zijn het gewoon om te reageren en te delen op dit soort platformen en de tools om dat makkelijk te kunnen doen, zijn voorhanden.

Collect&Go riep zijn publiek op om #kleineverwennerijen te posten

Earned media op sociale media kun je bevorderen door in je content vragen te stellen of oproepen te doen aan je publiek om zelf content te creëren (*user generated content*), via een wedstrijd waar bijvoorbeeld delen een manier is om stemmen te ronselen of door een groep van ambassadeurs (je personeel, klanten, fans) te vragen om de content verder te delen.

Inhaken op herkenbare momenten, is ook een manier om veel interactie en dus earned media te krijgen. Ga op zoek naar wat er zich écht afspeelt bij je doelgroep.

WAT KUN JE ERMEE?

BEGINNER	• Investeer (aanzienlijk meer) in contentdistributie. • Wat wil je bereiken, leg daar de focus op. • Vertrek vanuit *owned media*, versterk met *paid media* en ambieer *earned media*. • Bouw een solide en goed gestructureerde contenthub als thuisbasis voor je content. • Volg je publiek naar de kanalen waar ze zich bevinden. • Start met één of een beperkt aantal kanalen, tot je daar excelleert; dan kun je eventueel schakelen naar meer kanalen.
GEVORDERD	• Maak persona's van je publiek(en) en bekijk welke media ze raadplegen in de loop van de dag. • Bouw je eigen publiek op je eigen kanalen op. • Maak content aangepast aan het kanaal. • Alles begint met je contenthub, als uitvalsbasis voor al je contentmarketinginspanningen. • Nieuwsbrieven blijven het werkpaard van je contentaanpak. • Gebruik sociale media om content te verspreiden én traffic te krijgen naar je site. • Organiseer jezelf met een contentkalender en time je posts. • Test. Meet. Test. Meet. Enzovoort.
EXPERT	• Bouw een rendez-vousmoment op met je content, door consistent te zijn. • Bekijk de mogelijkheden van printmagazines, daar zoeken mensen ervaringen die ze niet digitaal vinden. • Ga niet per se voor het *shiny new* kanaal; bekijk het, maar wees kritisch. • Experimenteer met nichekanalen, groepen en direct messaging om je publiek gerichter aan te spreken. • Werk naar meer *earned media* toe, start met je eigen werknemers in te zetten als ambassadeurs.

Een internationale expert ... over distributie

Een interview met JESPER LAURSEN

De Deen Jesper Laursen is een bezige bij. Als CEO van het contentbureau Brand Movers exploreert hij met succes de cross-over tussen content marketing en andere disciplines. Daarnaast richtte hij in 2015 het Native Advertising Institute op, een platform waar uitgevers en marketeers antwoorden op alle vragen over *native advertising* vinden.

Waarom moeten bedrijven (meer) investeren in distributie?

Voor onze klanten maken we grafieken waar we tonen hoeveel volk er via *organic* en hoeveel via *paid* kanalen naar hun content komt. Als je het goed doet, zie je bij *organic* een trage gestage groei, maar het is *paid* dat zorgt voor de pieken en de snelheid in de groei. *Organic* is dan wel gratis, maar je moet er toch voortdurend werk insteken om je SEO te onderhouden en dat kost ook geld.

Een eerste reden om te investeren in contentdistributie is dus snelheid. Bedrijven investeren behoorlijk wat budget in content en dan willen ze niet twee jaar wachten op een aanvaardbaar resultaat. Je wilt op korte termijn extra traffic naar je site aantrekken.

Een tweede reden is dat je met *paid* een meer gestructureerde manier hebt om een specifiek publiek aan te spreken. Met *organic* spreek je iedereen aan, waarbij de meerderheid potentieel niet relevant zal zijn.

En ten slotte, *paid* is ook een manier om mensen via een brede *funnel* binnen te trekken naar jouw site en jouw content. Dat kan dan gaan over native advertising, maar bijvoorbeeld ook advertising waarin hetzelfde verhaal verteld wordt.

Hoe organiseer je distributie?

Wat je regelmatig krijgt, zijn discussies tussen de verschillende *agencies*, die elk hun deel van de taart willen en zeggen dat de ander kannibaliseert op hun resultaten. Om dat te voorkomen, moet je zo veel mogelijk elke afzonderlijke inspanning kunnen beoordelen, wat hun bijdrage is aan de traffic. Door hen naar specifieke pagina's van de website te leiden, kun je zien wat het effect van SEO, content en advertising is. Doe je het goed, dan steel je geen traffic van de anderen, maar cumuleer je met jouw traffic op hun resultaten. Iedereen wint bij een goede samenwerking.

Een andere strijd die gevoerd moet worden, is met het mediabureau, dat alle kennis in huis heeft om *ads* te verspreiden, maar niet per se snapt hoe content marketing werkt. Daarom bepleiten wij om *paid*-distributie bij het content marketingbureau onder te brengen, wat het mediabureau natuurlijk niet zo fijn vindt. Ze voeren argumenten aan dat het moeilijk te coördineren valt, wat onzin is als iedereen in dezelfde account werkt en zo het overzicht behoudt. Idealiter werken we gewoon samen. Wij als content marketing-*agency* vergaren veel data over ons publiek, door de content die het bekijkt. Die kennis kan het mediabureau op zijn beurt gebruiken om te targeten met heel gerichte commerciële boodschappen, die daardoor veel beter zullen werken.

Inhoudelijk zie je soms ook een grote discrepantie tussen advertising en content. In commercials wordt een verhaal verteld, maar als je dan naar de site van het merk gaat, vind je daar verder niets over terug en dat is jammer. Er is een Deens voorbeeld van een telecombedrijf dat een geweldige spot maakte rond cybersecurity, met grootmoeders die hun kleinkinderen hacken, maar als je naar de site ging, stond daar verder niets over dit thema. Het merk in kwestie liet daardoor een groot potentieel liggen. Je brengt met advertising een groot probleem te berde en dan laat je mij gewoon hangen, door geen oplossingen aan te reiken.

Hoe ga je om met alle nieuwe platformen die blijven oppoppen?

Hou een open geest, volg het, test het en kijk wat het doet. Ons advies is altijd 'Less is more'. Budgetten zijn beperkt, je moet kiezen voor de kanalen die een meerwaarde bieden. Onze klanten zijn soms teleurgesteld als we komen met een distributieplan met maar drie kanalen, maar dat zijn nu eenmaal de kanalen die resultaat gaan opleveren. Het is niet omdat je publiek op TikTok zit, dat ze op die plek geïnteresseerd zullen zijn in jouw content.

Wat is jouw advies voor Belgische marketeers?

Vraag je af: 'Wat wil ik bereiken?' Marketeers hebben moeite om hun doelstellingen af te lijnen. Soms zijn het er zoveel, dat het onmogelijk wordt om ze te verwezenlijken. Wat is je belangrijkste probleem dat je wilt aanpakken, daar moet je je focus leggen en dat is ook wat je moet meten, om te zien of je aanpak werkt.

BUDGETTEN ZIJN BEPERKT, JE MOET KIEZEN VOOR DE KANALEN DIE EEN MEERWAARDE BIEDEN.

DEEL 3
HOE ORGANISEER JE CONTENT MARKETING?

HOOFDSTUK 7

METEN EN OPTIMALISEREN VAN CONTENT EN AUTOMATISEREN VAN CONTENTDISTRIBUTIE

CASE

Belisol

BELISOL HAALT WEKELIJKS 220 PROSPECTS UIT CONTENT MARKETING

Belisol is al veertig jaar specialist en intussen ook marktleider in ramen en deuren. Het bedrijf is in handen van de familie Alen, beschikt over een eigen productie, een plaatsingsdienst en een franchisenetwerk. Goed voor 81 showrooms, 1000 medewerkers en 125.000 klanten in België, Nederland en Frankrijk.

Content is een belangrijk onderdeel van die goed geoliede machine.[137] Om het accent op service, kwaliteit en innovatie te ondersteunen, brengt Belisol een eigen magazine uit. Het *Belisol Magazine* helpt om het imago op te bouwen, maar wil ook vervolgbestellingen bij bestaande klanten stimuleren en nieuwe leads genereren. Met het magazine wil Belisol binnenstappen in de huiskamer van potentiële klanten en hen de weg wijzen naar de dichtstbijzijnde verkooppunten. Het magazine verschijnt tweemaal per jaar en bevat een begeleidende brief met showroompersonalisatie. Het telt 44 pagina's en heeft een oplage

(Nederlandstalig/Franstalig) van 50.000 exemplaren, bestemd voor een publiek in België, Nederland en Frankrijk.

Inhoudelijk wil het *Belisol Magazine* vooral niet opscheppen. Het accent ligt op content met een lifestylegevoel dat relevante, boeiende info geeft met inspirerende artikels vol tips van architecten en verhalen van klanten. Met die aanpak wil Belisol de aandacht trekken, vertrouwen scheppen en *top of mind* worden bij de lezers.

De getuigenissen van klanten maakt hen in die content als het ware tot echte *brand ambassadors*. Door de combinatie met de website, slaagt Belisol er bovendien in om de resultaten concreet meetbaar te maken. Via het inspiratieluik op de website, waar wekelijks nieuwe content verschijnt, maakt het de bezoekers warm om het printmagazine aan te vragen. Elke week ontvangt Belisol daardoor 220 nieuwe prospects. Die instroom zorgt voor concrete leads naar de filiaalhouders, waar het mechanisme uitmondt in verkoop. Die cijfers zijn bovendien exclusief de mensen die aan de digitale kanalen voldoende hebben om rechtstreeks naar hun lokale Belisolwinkel te gaan.

Concreet leiden de 220 wekelijkse leads naar 100 winkelafspraken per maand. Dat komt neer op een conversie van 45% van content naar afspraak. Die winkelafspraken leiden op hun beurt naar 30 bestellingen per maand, opnieuw een conversie van 13,6% van content naar bestelling. In absolute cijfers draagt de leadmechaniek die vertrekt vanuit het *Belisol Magazine* zo tot een omzet van meer dan 200.000 euro per week. Belisol stipt ook aan dat de succesratio gevoelig steeg bij de zogenaamde fase 2/3-klanten. Dat zijn de bestaande klanten die een deel van hun renovatie doen en die later terugkomen voor de vervolgbestelling. Bij hen steeg de succesratio dankzij het magazine met 20%.

7.1 METEN IS WETEN, MAAR VOORAL OVERTUIGEN EN VERBETEREN

Zodra je als bedrijf je content hebt verspreid, loopt de teller en kun je met het oog op je doelstellingen de impact meten. De groei van het aantal digitale kanalen heeft tot een extra gelaagdheid geleid. De content die je als bedrijf uitgeeft, bereikt niet enkel een publiek, het zorgt ook voor 'acties', zoals je publiek dat je content op zijn beurt deelt met zijn eigen connecties. Dat levert nieuwe inzichten op over de impact op de merkbekendheid en het merkengagement. Omdat je publiek in ruil voor content vaak gegevens achterlaat, kun je als uitgever-marketeer ook bijleren over conversie. Je kunt je leads tellen. En dat opent dan weer de mogelijkheid om de invloed van content op je verkoopcijfers te berekenen.

Zo is rond het brede palet aan digitale kanalen een al even ruime waaier aan *metrics* ontstaan. Dat brengt nieuwe uitdagingen mee. Wat is voor je content marketing de beste set van *metrics*? Hoe pas je die toe op de *touch points* in je distributieplan, ook als die zich offline bevinden? Hoe interpreteer je de cijfers correct?

En waartoe dienen de meetdata echt? Wie het terugverdieneffect van zijn investeringen in content becijfert, kan bij zijn CEO of CFO een budget verantwoorden, maar in essentie is meten vooral een verbetertechniek. Als uitgever leer je heel precies het antwoord kennen op de vraag welke content je publiek echt helpt en hoe je de content sterker kunt maken. Bij het maken van die inschatting is het belangrijk om ook attent te zijn voor *metrics* die alleen ogenschijnlijk interessant zijn. Denk aan *vanity metrics* zoals Facebookviews: ze geven een indicatie, maar het is niet de *metric* waarop je grote keuzes moet baseren. In dat rijtje horen ook de gekochte *metrics* thuis. Je kunt zwaar inzetten op distributie en komen aandragen met veel gekochte Facebookviews, maar durf de vraag te stellen hoeveel mensen die content echt hebben bekeken en er iets mee deden.

Een laatste uitdaging: de lijst van contentmarketing-*metrics* is lang. We brengen ze in essentie terug tot vier grote types: *metrics* om het bereik en de consumptie te meten, om het deelgedrag in te schatten, om de groei van het aantal leads te tellen en om extra verkoop dankzij content te identificeren.[138]

7.2 CONSUMPTIE-METRICS: HOE GROOT IS JE PUBLIEK?

Het meten van de consumptie van content is voor uitgever-marketeers het basisniveau. Je inventariseert hoeveel mensen een stuk content hebben gezien, gelezen, gehoord of gedownload. Voor offlinecontent is dat geen vanzelfsprekende klus. Op een bedrijfsevenement kun je nog vrij scherp in kaart brengen wie je hebt uitgenodigd en wie kwam opdagen. Maar hoe meet je een magazine, waarvan je de oplage wel kent, maar geen beeld hebt van de leesgewoonten?

Custo, de vakvereniging van contentmarketingbureaus, past daar een mouw aan met zijn eigen benchmark, de Custometer.[139] Het meetinstrument vergelijkt je scores in de enquête met de benchmarks van andere Belgische Custometers. Zo krijg je een beter beeld van onder andere het bereik van een magazine, de houding van de lezers tegenover je bedrijf of merk, de leestijd en de waardering van de lezer. De Custometer meet met andere woorden op kwaliteit, impact en effect op het merk, maar dat is niet het enige wat je offline kunt meten. Je kunt ook via unieke links of augmented reality op zoek gaan naar de interactie vanuit een magazine. Tot slot kun je offline aan A/B-testing doen. Het is bijvoorbeeld mogelijk om 5% van je publiek het magazine niet te sturen en dan jaarlijks meten of er een verschil in gedrag is ten opzichte van de 95% die het magazine wel ontving.

Online liggen de kaarten anders en loopt het vergaren van data makkelijker. De interpretatie spreekt echter niet altijd voor zich.

7.2.1 PAGINAWEERGAVEN

Het aantal pageviews is het startcijfer voor elke contentmarketeer. Het vertelt je hoeveel keer je content werd bekeken, zonder het onderscheid te maken tussen mensen die een pagina eenmaal of meermaals bezochten. Deze *metric* is zeer eenvoudig, maar toch kun je hier al verschillende niveaus in de analyse aanbrengen. Wie in Google Analytics de cijfers onder 'Gedrag' bekijkt, krijgt bij de sitecontent een samenvatting van alle paginaweergaven die je site scoorde in de geselecteerde periode. Doorgaans is een week- of maandcijfer, al naargelang het ritme van je content, zeer werkbaar. Om dit cijfer correct te interpreteren, zijn slechts enkele extra data nodig: het aantal paginaweergaven in de voorgaande maanden, het aantal in dezelfde periode een jaar eerder.

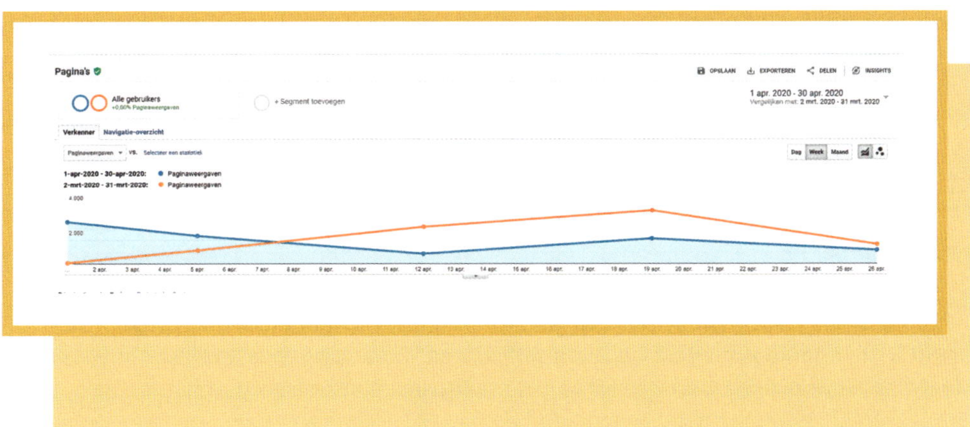

Het aantal pageviews is voor contentmarketeers een nuttige maar vrij algemene indicator. In Google Analytics kun je ook het aantal pageviews per contentitem ontdekken. Vooral de opbouw van het aantal views is belangrijk. Reken een blogartikel niet af op de consumptie tijdens de eerste week. Ook deze pagina's hebben tijd nodig om hun plaats in de zoekresultaten te veroveren. Bovendien is het kenmerk van sterke content dat het aantal pageviews lang blijft aangroeien. Een sterk blogartikel kan tot een jaar lang scoren. Verrijk data uit pageviews ook met andere gegevens die mooi aansluiten bij je distributie. Is bijvoorbeeld onlinevideo cruciaal voor je strategie, duik dan in YouTube Analytics. Je leert niet enkel hoeveel mensen keken, maar bijvoorbeeld ook hoelang.

7.2.2 BOUNCE RATE

Om het aantal paginaweergaven goed in perspectief te plaatsen, kan het geen kwaad om eerlijk te zijn. Komen die bezoekers echt iets lezen of bekijken op je site of haken ze zeer snel weer af? Dat kun je aflezen aan de *bounce rate*. Het is een *metric* waar Google Analytics zelf het nodige belang aan hecht en waar je niet diep moet voor zoeken. Op je homepage van Google Analytics neemt het de *bounce rate* meteen mee. Dieper in de analyses kun je ook op zoek naar de *bounce rate* per verkeersbron. Blijkt die bijvoorbeeld een pak lager te liggen voor de bezoeken die binnenkomen vanuit je Facebookpagina, dan weet je dat daar een zeer geïnteresseerd deel van je doelgroep te vinden is.

De *bounce rate* is een nuttige *metric*, maar verdient ook weer wat nuance. Analytics ziet een *bounce* specifiek als een sessie waarin slechts één verzoek aan de Analytics-server wordt geactiveerd. Een bezoeker komt via de nieuwsbrief op een artikel terecht, leest dat artikel en verlaat vervolgens de website. Als die bezoeker dat artikel echter van a tot z heeft gelezen, is dat best een prima resultaat. Een hoge *bounce rate* in combinatie met een voldoende hoge sessieduur hoeft dus zeker geen slecht nieuws te zijn. Zeker voor wie op conversie mikt en de bezoeker na het lezen via een *call to action* wil aanzetten om bijvoorbeeld gegevens achter te laten. Als dat gebeurt, kan het lezen van één artikel al genoeg zijn. Wie echter op *awareness* mikt, zal de *bounce rate* anders moeten interpreteren, want dan kan het een opsteker zijn als de bezoekers na het eerste artikel ook verder de weg vinden op je website.

7.2.3 GEBRUIKERS

Het opbouwen van een publiek kan van twee kanten komen. Bestaande bezoekers kunnen tuk zijn op je content en je blog of contentplatform steeds opnieuw bezoeken. Maar nog fijner is het als je content constant nieuwe geïnteresseerden kan boeien. Opnieuw in Google Analytics kun je via het aantal 'Gebruikers', dat voorheen 'Unieke bezoekers' heette, inschatten hoeveel (verschillende) mensen je content hebben bezocht. In Google Analytics kun je het aantal gebruikers en het aantal sessies meten. Wanneer iemand een site bezoekt, rapporteert Google Analytics dat als 'sessie'. Eén gebruiker kan dus bijvoorbeeld staan voor twee sessies en tien paginaweergaven.

Aanvullend kun je in Google Analytics uitzoeken hoeveel pagina's een bezoeker tijdens zijn sessie bekeek. Ook dat levert zeer interessante inzichten op. Bekijkt een bezoeker weinig pagina's, dan kan dat mankementen blootleggen. Je content is te lang, te saai, of nog: je legt te weinig interne links. Het aantal pagina's per sessie is een *metric* die je rechtstreeks op weg zet naar meer engagement. Hoe meer verschillende stukken content een bezoeker consumeert, hoe groter het engagement.

7.2.4 DOWNLOADS

De consumptie van content in de vorm van een bestand dat je publiek kan downloaden, kun je niet zomaar via het aantal pageviews analyseren. Wie het aantal downloads wil leren kennen, kan dat niet automatisch zien in Google Analytics. Het is mogelijk via een integratie in je contentmanagement (Wordpress bv.), maar veel marketeers gebruiken een landingspagina waar bezoekers hun gegevens achterlaten om zicht te krijgen op het aantal downloads.

Om het cijfer juist te interpreteren, is het goed het aantal werkelijke downloads te vergelijken met het aantal bezoeken aan de pagina met de downloadlink. Is dat percentage aanzienlijk lager, dan kun je het best inhoud en opbouw van de landingspagina bijsturen.

7.2.5 OPEN EN CLICKRATES

Vergeet niet een blik te werpen op het succes van je content bij mensen die al eerder hun gegevens achterlieten. Deze groep ontvangt bijvoorbeeld e-mails die hen actief content aanreiken. De evolutie van hun consumptiegedrag is cruciaal voor je strategie op lange termijn. Per *buyer persona* kun je leren of hij voldoende interessante content van jouw hand blijft krijgen. Tonen cijfers aan dat deze doelgroepen genoeg hebben van je content, dan moet er een rood licht gaan branden.

Via je e-mailprovider of -tool kun je zicht krijgen op het aantal geopende mails. Meestal is dat een vrij stabiel cijfer, dat vooral in de opstartfase nuttig is. Zakt het gemiddelde na enkele e-mails in elkaar, dan is het aangewezen je nieuwsbrief te herbekijken. Nog interessanter is het clickgedrag (link 'click performance'). De evolutie ervan geeft aan of de ontvangers achter je links vinden wat ze verwachten.

PERSFEDERATIE VFP HAALT HET BESTE UIT DE CORONACRISIS

In volle coronacrisis schakelde de Vlaamse Federatie van Persverkopers (VFP) over naar digitale verslaggeving voor onafhankelijke dagbladhandels. VFP en haar ledenmagazine *Radar* voelden – nog voor de coronacrisis – de nood om sneller te informeren. Het printmagazine heeft een tweemaandelijkse periodiciteit, maar veel dossiers vragen een grotere actiesnelheid. De federatie creëerde voor *Radar* de website Persradar.be waar dagbladhandelaars nieuws heet van de naald vinden. Aan Persradar.be koppelde VFP digitale nieuwsbrieven die het periodiek maar ook bij breaking news naar zijn publiek stuurt. De doelgroep van dagbladhandelaars digitaliseerde laat en is niet constant online te vinden.

De Vlaamse Federatie van Persverkopers lanceerde de nieuwsbrieven midden maart 2020 met een database van iets meer dan 500 adressen van persverkopers. Tegen eind april stond de teller op meer dan 1300 adressen, goed voor de overgrote meerderheid van de Vlaamse onafhankelijke persverkopers. In totaal telt Vlaanderen nog 1500 onafhankelijke persverkopers. De *open rate* en de *click through rate* van die nieuwsbrieven waren een belangrijke indicator om het succes in te schatten. De nieuwsbrieven van *Radar* scoorden een stabiele *open rate* net boven of onder 60% en een doorklikratio in de buurt van 40% (met pieken tot voorbij 60%). Die cijfers hield Radar ook aan met niet-coronagerelateerde content.

7.3 DEEL-METRICS: HOE GEËNGAGEERD IS JE PUBLIEK?

Content is in zijn beste vorm allesbehalve statisch. Wie een mooi glossy customermagazine maakt, wil dat dit knappe product lange tijd op vele salon- en andere tafels blijft liggen. De eigenaar deelt de content op die manier met zijn eigen netwerk. Online loopt het net zo: een digitale uitgever-marketeer investeert in sterke content, maar bijvoorbeeld ook in knoppen die het delen via sociale netwerken makkelijk maakt.

Zowel offline als online beoogt de content hetzelfde: de ontvangers ervan actie doen ondernemen. Als dat gebeurt, dan spreken we over engagement. En dat engagement krijg je sneller als de content zowel inhoudelijk (hij helpt de ontvanger vooruit) als vormelijk (het ziet er goed uit en is makkelijk deelbaar) de verwachtingen inlost. Een trouw publiek vraagt zijn netwerk om de content ook te consumeren. Met deze *metrics* kun je inschatten hoeveel weerklank je content krijgt.

7.3.1 LIKES EN SHARES

De bekende *I like*-duim is niet zomaar een speeltje. Content liken op sociale media is voor gebruikers van sociale netwerken een manier om aan hun netwerk te tonen wie ze zijn. Een post op Facebook met veel likes en *shares* is dus niet gratuit: het is een waardevolle uiting van engagement. Dezelfde reflex bestaat buiten de sociale media. Bij e-mailnieuwsbrieven kun je via je e-mailprovider inschatten hoe vaak ontvangers je mails doorsturen. Met *blogging*-software is het mogelijk om bij te houden hoe vaak anderen doorlinken naar jouw content. Focus echter niet op onehitwonders of slechte momenten. Engagement is een doelstelling die je op lange termijn moet interpreteren.

HET ENGAGEMENT VAN EEN LEGO KRONKIWONGI

Wat gebeurt er als je kinderen de vrijheid geeft om eender wat te bouwen met LEGO? Dan bouwen ze een Kronkiwongi, iets dat zich het best laat samenvatten als alles wat een kind kan bedenken en bouwen met LEGO.[140] De Deense speelgoedfabrikant wilde, in de eerste plaats bij moeders, de aandacht vestigen op het grote creatieve potentieel van de blokjes.
Het ging in zee met Facebook, waar het filmpjes publiceerde waarin kinderen tonen hoe ze hun Kronkiwongi bouwen. De verhalen kwamen terecht in de Facebook Newsfeed van 24 miljoen moeders in 15 landen. Dat is zowat 80% van alle moeders in de betrokken markten. Dat leverde niet enkel veel bereik op (160 miljoen impressies, 37 miljoen videoviews).

De uitnodiging om mee te bouwen sprak aan en het engagement was enorm. Kinderen van over de hele wereld begonnen hun Kronkiwongi te bouwen. Zo verhoogde LEGO niet enkel de *awareness* rond de creatieve mogelijkheden van zijn steentjes, het verhoogde ook het engagement. Het engagement op de wereldwijde Facebookpagina van LEGO groeide met 61%.

7.3.2 COMMENTAAR

Commentaar geven op content is een meer doorgedreven vorm van engagement. Je publiek apprecieert niet enkel wat je verspreidt, het wil er ook iets over zeggen. Een ondernemer die in een zakentijdschrift een opiniestuk schrijft over het sociaal overleg, kan het engagement voelen dankzij lezersbrieven of andere reacties. Die reactiecontent moedigt vervolgens anderen aan om het eerste opiniestuk nog even te lezen en, wie weet, ook te reageren. Maar daarnaast zijn commentaren vooral een goede *metric* om de evolutie van je *thought leadership* in te schatten. Hoe groter je autoriteit, hoe meer je publiek geneigd zal zijn om via comments je ideeën te onderschrijven of te bekritiseren.

Online is het aantal commentaren groter en verschijnen ze sneller. Toch waarschuwen we opnieuw voor de momentopname. Een pittig opiniestuk zal sowieso meer commentaar vangen dan een artikel met praktische tips, terwijl het mogelijk is dat beide hard nodig zijn in je contentplan. Onderzoek dus vooral of het totale aantal commentaren op langere termijn stijgt.

7.4 LEAD METRICS: HOEVEEL KLANTGEGEVENS TEL JE?

Bedrijven die content maken om hun bekendheid te vergroten of het engagement te verbeteren, krijgen dankzij de analyse van de consumptie en van het delen al een mooi beeld van het succes. Wie content inschrijft in een salestraject heeft echter nood aan meer data. De eerste *metric* die op verkoopsucces kan wijzen, is het aantal leads. Een lead is een persoon die jou zijn gegevens achterlaat (bv. via een formulier) en je toelaat om met hem in contact te treden. Denk aan de bezoeker die op een bouwbeurs interesse toont in je nieuwe dakramen. Hij of zij vult een document in, het verkoopteam zorgt voor de opvolging. Ook online wordt iemand een lead op basis van een ingevuld inschrijvingsformulier, maar neemt het meerdere vormen aan.

Afhankelijk van de plaats in de *funnel* zullen we leads ook anders omschrijven. In de opdeling tussen TOFU-, MOFU- en BOFU-content zie je *lead generation* een rol van betekenis spelen vanaf het midden van de *funnel* (zie hoofdstuk 2). Lezers of kijkers van MOFU-content omschrijven we als *marketing qualified leads* (MQL). Verderop in de *funnel* (BOFU) is de aansluiting met verkoop al een stuk groter en hebben we het over *sales qualified leads* (SQL).

7.4.1 CONTACTFORMULIEREN

Zowat elke bedrijfswebsite voorziet in de mogelijkheid om een contactformulier in te vullen. Vaak kan de geïnteresseerde al aangeven waarom hij contact opneemt (een demo, een offerte, een klacht ...), wat helpt bij het verwerken van deze leads. Het is interessant dat je via UTM-tracking (*urchin tracking module*) kunt inschatten hoe vaak bezoekers na het lezen of bekijken van een bepaald stuk content overstappen naar de contactpagina om er hun gegevens achter te laten.

7.4.2 INSCHRIJVINGEN OP DE E-MAILLIJST

Wie content verspreidt op zijn eigen kanalen, kan een inschrijving aanbieden op de e-mailnieuwsbrief of op alerts bij nieuwe publicaties. Het achterlaten van je e-mailadres is dan een expliciete vraag om meer en regelmatiger content te ontvangen. Ook hier is het via de URL's mogelijk om het verband met het consumeren van content te leggen.

Los van de (e-mail)adressen die je verzamelt om je verkooptraject voort te zetten, levert het meten van de leads twee types data op. Ten eerste het ruwe aantal inschrijvingen (MQL's), ten tweede het verband tussen een lead en de content die deze inschrijving in de hand heeft gewerkt (SQL's). Om het ruwe aantal inschrijvingen correct te interpreteren, zijn net als bij engagement de data op langere termijn een must. Vergelijk met het aantal inschrijvingen in dezelfde periode in de jaren ervoor en leg die naast de vooraf gedefinieerde zakelijke ambities. Niet elke onderneming zit te wachten op een exploderend aantal leads. Een vaste toevoer van een stabiel aantal leads kan evengoed het ideale scenario zijn.

De data over het verband tussen content en leads zijn bijzonder boeiend om je content te versterken. Deze cijfers geven in essentie aan hoe goed je erin slaagt om bezoekers te converteren met niet-promotionele content. De gegevens vertellen ook welke onderwerpen en formats dat het best doen. Deze data injecteren met andere woorden pure kwaliteit in je redactionele werking.

LIGHTSPEED IN B2B VAN VIDEO NAAR WHITEPAPER NAAR LEADS

Lightspeed, een aanbieder van kassasystemen voor de horeca, ging in zee met zes Nederlandse topchefs voor de contentcampagne 'Meet the chef'. De videoreeks volgt de chefs in hun zoektocht naar een Michelinster.[141] Met de reeks wilde Lightspeed zich positioneren als hip techbedrijf, maar ook leads scoren. De video's zorgde voor heel wat pr-waarde, maar door de koppeling met een whitepaper kon Lightspeed ook de conversie naar leads meten. Het vergeleek daarvoor het aantal downloads ten opzichte van de pageviews en scoorde zo een conversieratio van 11%. Het succes inspireerde Lightspeed tot een vervolg. Het tweede seizoen is gewijd aan de Belgische gastronomie en brengt de verhalen van vier Belgische chefs.[142]

7.5 VERKOOP-METRICS: DOET JE CONTENT VERKOPEN?

Bedrijven die met sterke content hun verkoop willen opkrikken, nemen nog niet meteen genoegen met een stijging van het aantal leads. Verkoop als doel van content marketing zit in de lift en het succes is net als voor *awareness* en engagement meetbaar.

7.5.1 OFFLINEVERKOOP

Bedrijven voor wie de sales-*funnel* eindigt in een offlineverkoop, kunnen via de eerder aangehaalde *lead metrics* het verband leggen. Als het verkoopteam een lead verzilvert die teruggaat tot een specifiek contentitem, dan is het niet verkeerd om die content te relateren aan de verkoop. De case die dit hoofdstuk inleidt, toont heel mooi hoe Belisol dat verband wist te leggen.

Vaak is automatisering en koppeling met het CRM-systeem nodig om dit traject juist te interpreteren. Een lead leidt immers niet altijd snel tot een verkoop. Vaak onderhoud je eerst het contact met een bezoeker die een formulier invulde, bijvoorbeeld door hem content te blijven bezorgen (*lead nurturing*).

7.5.2 E-COMMERCE-INKOMSTEN

De onlinehandel is niet verrassend een transparante en bijgevolg ook zeer belangrijke *metric* voor content marketing. Google Analytics beschikt over de mogelijkheid om e-commercetracking op te zetten. Zo kun je in het gedeelte 'Acquisitie' al inschatten welke distributiekanalen van content later op je webshop de meeste inkomsten opleveren. Dat op zich is al een nuttig cijfer om je kanalenkeuze te evalueren.

De e-commercetracking in Google Analytics (of met andere software) voegt echter een pak extra data toe. Je kunt inschatten welke producten interesse opwekten, welke in het winkelmandje terechtkwamen, welke uiteindelijk wel of toch niet over de virtuele toonbank gingen, wat de rol was van extra promoties enzovoort. De terugkoppeling naar de individuele stukken content is mogelijk door aan elke inschrijvende bezoeker een verkoopwaarde toe te kennen in Google Analytics. Dat voegt aan de resultaten per pagina vervolgens een luik toe met de gemiddelde waarde per pagina.

Hoewel verkoop als contentmarketingtarget onmiskenbaar aan belang wint, blijft het belangrijk om goed stil te staan bij de plaats van content in de *funnel*. De grotere focus op conversie zien we bij de content dieper in de *funnel* en dan kan het gaan om verkoop als conversie, maar ook om andere types conversie (zie hoofdstuk 2). Werkt deze schakel onvoldoende, dan doorbreekt dat de hele contentketting. Verkoop is dus waardvol als *metric*, maar plaats en functie zijn het belangrijkst.

DE METRICS-SLINGER MAG NIET DOORSLAAN

Ian Cleary, de man achter Razor Social en specialist in socialemediatechnologie, is een groot voorstander van het gebruik van automatiseringssoftware om de impact van content marketing te analyseren. Hij is overtuigd dat verkoop als doel aan belang zal winnen, maar waarschuwt ervoor dat bij het meten de slinger van deze analyse niet in de verkeerde richting mag doorslaan.[143]

'Elke tweet of elke YouTubevideo zorgt voor data over het gedrag van je doelgroep, maar je kunt slechts tot op een bepaald niveau dat gedrag traceren. Je kunt niet aan elk individueel stuk content dat je via sociale media verspreidt, de impact op de inkomsten koppelen. Dat is niet de bedoeling en dat doe je evenmin bij een affiche of een televisiespot.'

DE ROI VAN CONTENT MARKETING - EEN FICTIEF PRAKTIJKVOORBEELD

Met de puzzel van *metrics* rond consumptie, deelgedrag, leads en verkoop kun je als uitgever-marketeer inschatten hoe sterk je investeringen in content marketing renderen. De ROI is niet het doel op zich, maar toont wel aan of het sop de kool waard is. Dit kleinschalige, fictieve praktijkvoorbeeld legt uit hoe je zo'n ROI kunt berekenen.

1. *De investering*
   Aan een contentproductie van 40 uur per maand tegen 100 euro per uur spendeer je 4000 euro. In die 100 euro zijn je vaste kosten inbegrepen (servers, hosting, software enz.), maar je trekt ook een extra budget van 2000 euro per maand uit om je contentdistributie de nodige kracht te geven. Dat brengt de totale investering op 6000 euro.

2. *De inkomsten*
   Je productie levert 40 leads per maand op en die resulteren met een gemiddelde conversie van 15% in 6 nieuwe klanten. Je CRM-systeem leert je dat klanten in hun hele cyclus gemiddeld 4500 euro spenderen en dat de winstmarge 25% bedraagt. Op de 27.000 euro die de 6 nieuwkomers waard zijn, houd je (op lange termijn) dus finaal 6750 euro over.

3. *De ROI*
   Het verschil tussen de investering en de return bedraagt 750 euro. Om de ROI te kennen, deel je die 750 euro door de investering van 6000 euro (0,125), goed voor een ROI van 12,5% (1,25 euro per geïnvesteerde 10 euro).

7.6 BEHOUD HET OVERZICHT DANKZIJ DASHBOARDS

In dit hoofdstuk hebben we frequent verwezen naar Google Analytics als tool om zicht te houden op de evolutie van je contentmarketingprestaties. Een dergelijk overzicht is nuttig omdat het helpt je investeringen te verantwoorden, maar het brengt ook wel wat discipline bij. Een dashboard stimuleert je om vaker je prestaties te controleren, je volgt consequenter dezelfde *metrics* en legt sneller de vinger op bepaalde trends. Tot slot is het ook een investering in tijd. Slaag je erin om alle data samen te brengen in een handig dashboard, dan versoepelt dat de rapportering gevoelig.[144]

Een dashboard kun je heel basic maken, vertrekkend uit een spreadsheet, of zeer geautomatiseerd. In dat laatste geval integreer je databronnen zoals Google Analytics met andere bronnen, gaande van sociale media (data van Facebook, Twitter ...) over e-mailmarketingsoftware (Mailchimp, CampaignMonitor ...) en marketingautomationsoftware (Hubspot, Pardot ...) of zelfs salesplatformen (Shopify ...). De integratie kan plaatsvinden in marketingautomationsoftware die je bedrijf gebruikt (zie verder in dit hoofdstuk). Dat heeft als voordeel dat je de cijfers makkelijk kunt relateren aan bijvoorbeeld je *buyer persona's*, je workflows, maar ook aan je CRM of je projectmanagementsoftware. Naast de automatiseringssoftware bestaan er ook veel tools die zich specifiek op de *dashboarding* richten. Je vindt ze op maat van grote en kleine bedrijven. Het verschil zit hem doorgaans in het aantal gegevensbronnen dat je maximaal kunt samenbrengen.

Een dashboard komt pas echt tot zijn recht als je het actief inzet om je content marketing te optimaliseren. Zie het als de motor van een lerend systeem, die ook af en toe alarm kan slaan. Opent je publiek die ene nieuwsbrief plots veel minder dan gewoonlijk, dan hoeft dat geen probleem te zijn. Maar gebeurt dat meermaals in een korte periode, dan is het belangrijk om op basis van de data op je dashboard de situatie te analyseren en bij te sturen.

7.7 METRICS MAPPEN JE FUNNEL

Nadat we in hoofdstuk 3 de contentdoelstellingen koppelden aan de TOFU–MOFU–BOFU-*funnel* en daar in hoofdstuk 5 de contenttypes aan toevoegden, kunnen we het schema verder afwerken met de content-*metrics*. De *metrics* tonen namelijk aan of je erin geslaagd bent om met je contenttypes en de bijbehorende distributie de eerder aangestipte doelen te realiseren. Net als bij de keuze van de contentdoelen zul je merken dat bepaalde *metrics* zeer sterk gekoppeld zijn aan een specifieke plek in de *funnel* (terwijl sommige contenttypes in de hele *funnel* kunnen opduiken). Bereik-*metrics* zul je vooral bovenaan in de *funnel* vinden; hoe dieper in de *funnel*, hoe meer conversiegerichte *metrics* je op je schema zult aanbrengen.

THE CONTENT LIFECYCLE

TOFU

GOALS

- Increase offer awareness
- Grow retargeting lists
- Increase engagement
- Grow website traffic

- Blog
- Social Media Updates
- Infographics
- Photographs
- Digital Magazine/Book
- Audio Podcast
- Video/Video Podcast
- Microsite
- Print Magazine/Newsletter
- Primary Reserach

METRICS

- Offer awareness
- Retargeting list growth
- Site engagement rates
- Number of inbound links
- Traffic by channel

MOFU

GOALS

- Email list growth/lead growth
- Grow retargeting lists
- Initial Customer Acquistion

- Educational Resources
- Useful Resources
- Software Download
- Discount/Coupon Club
- Quiz/Survey
- Webinar/Events

METRICS

- # of Leads/Email list growth
- Offer conversion rate
- Retargeting list growth
- Newsletter email open/click-through rate

BOFU

GOALS

- Lead/Customer Nurture
- Grow retargeting lists
- Maximize Immediate Customer Value
- Increase Retention
- Increase Buyer Frequency

- Demo/Free Trial
- Customer Story
- Comparison/Spec Sheet
- Webinar/Event
- Mini-Class

METRICS

- # of Sales Qualified Leads
- Offer Conversion Rate
- Promo Email Open/Click-Through Rate
- Retargeting list Growth
- Average Customer Value
- Retention Rate
- Buyer Recency/Frequency

7.8 OPTIMALISEREN VAN CONTENT

7.8.1 VAN RESULTATEN NAAR INZICHTEN

De KPI's van je contentinspanningen zorgvuldig bepalen en het resultaat van die inspanningen meten, is één zaak. Deze gegevens gebruiken om je content nog te verbeteren, is wat anders. Vooral de accurate en snelle meetresultaten van digitale content zorgen ervoor dat optimaliseren sneller en eenvoudiger is.

Onder het optimaliseren van content verstaan we het op geregelde tijdstippen evalueren van alle contentinspanningen (Worden de doelstellingen gerealiseerd?) en ze bijsturen (Hoe kunnen we de doelstellingen beter realiseren?). Is er vooruitgang geboekt ten opzichte van een vorige evaluatie? Is er vooruitgang geboekt wat betreft de doelstellingen? Wie dat vaak en goed monitort, kan snel en efficiënt inspelen op evoluties en heeft zo een stapje voor op concurrenten.

Deze optimalisering kan op heel wat verschillende vlakken plaatsvinden: de inhoud van je content, de manier en de timing van verspreiden, de doelgroep ... Wie all the way wil gaan, moet ook zijn doelstellingen durven te optimaliseren. Die kunnen na verloop van tijd niet meer up-to-date zijn.

Bedrijven die naar optimaliseren als essentieel onderdeel van hun contentwerking kijken, kunnen gebruikmaken van *content methodology*. Dat is het uitstippelen van een proces om continu de doeltreffendheid van de content van het bedrijf te verbeteren. Daarvoor heb je goed afgebakende doelstellingen en KPI's nodig, net als de cultuur om constant te leren en te verbeteren. Optimaliseren draait om inzichten. 'Er zijn heel wat tools om te meten', klinkt het bij Jonas Verhaeghe, *senior marketing technologist* bij Invisible Puppy en een van de belangrijkste experts op dit vlak in ons land. 'Die leveren je een berg aan data op. Daarmee kun je echter nog niet optimaliseren. Daarvoor moet je die data interpreteren en er inzichten uit verwerven.'

7.8.2 WANNEER OPTIMALISEREN?

We kunnen er niet genoeg de nadruk op leggen: content marketing is een werk van lange adem. Dat heeft natuurlijk ook zijn gevolgen voor de optimalisering van de content. Kun je na een dag, een week of een maand al conclusies trekken of kun je beter wachten tot je een langere periode kunt overzien? Het antwoord is niet eenduidig.

Enerzijds kun je al vroeg in het proces beginnen met meten en vervolgens meteen aanpassen en optimaliseren. Je bent met je content immers live vanaf dag één. Anderzijds is vergelijken over al je kanalen heen pas mogelijk nadat je contentmarketingprogramma een tijdje gelopen heeft. Reken op een jaar. Benchmarken kun je wel al doen vanaf dag één. Na een maand kun je in grote lijnen zien wat goed is en wat niet. Hoe langer je meet, hoe accurater je inzichten zullen zijn en hoe sneller en beter je kunt optimaliseren.

Dat je kunt bijsturen, biedt je ook de mogelijkheid om te experimenteren en op basis van de data na te gaan in hoeverre bepaalde content of een bepaalde manier van distributie werkt. Dat kan bijvoorbeeld met de klassieke A/B-tests. Door een deel van je doelpubliek een andere versie van je site te tonen of van je nieuwsbrief te sturen, kun je meten welke versie de beste resultaten oplevert en vervolgens pas je je content en je distributie aan.

Daarnaast is het belangrijk mee te geven dat optimaliseren geen eenmalig iets is. Optimaliseren is een continu gegeven. Je kunt dat het beste op vaste tijdstippen doen (voor digitale content marketing is maandelijks de norm) en met een vast template (zie hieronder). En onthoud dat geoptimaliseerde content betere resultaten zal genereren. Je hebt er dus alle baat bij om voortdurend in te grijpen.

VRAGEN OM JE CONTENT TE EVALUEREN EN TE OPTIMALISEREN

- Welke content werkte goed en waarom?
- Welke content werkte niet goed en waarom?
- Wat werkte het best en ligt dat in lijn met eerdere bevindingen?
- Wat werkte het slechtst en ligt dat in lijn met eerdere bevindingen?
- Was er voldoende interactiviteit?
- Bood jouw content voldoende informatie en/of inspiratie?
- Was je content goed genoeg?
- Heb je voor elk stuk content het juiste format gebruikt?
- Zijn jouw stukken content te kort, te lang ...?
- Richtte je content zich tot de juiste doelgroep?
- Zat de doelstelling van de content goed?
- Zat de *call to action* goed?
- Welke tijdstippen zorgden voor de beste resultaten (distributie)?
- Welke tijdstippen zorgden voor de slechtste resultaten (distributie)?
- In welke mate is de concurrentie geëvolueerd in de richting van jouw sweetspot?
- ...

7.8.3 WAT OPTIMALISEREN?

Wat je wilt optimaliseren, hangt uiteraard af van je KPI's. Wil je veel bezoekers op je site? Of wil je vooral dat mensen die je site bezoeken, contact met je opnemen voor meer informatie? Wil je dat lezers veel tijd aan je magazine besteden? Of mik je eerder op inschrijvingen voor een test van je product?

Het antwoord op deze vragen zal bepalen welke elementen je moet optimaliseren. Digitale content marketing werkt vaak met de *funnel search-leads-conversion* (zie hieronder). Wie bezoekers naar zijn website wil lokken, moet gevonden worden. En dan is een goede SEO van de website onontbeerlijk. En word je niet gevonden, dan is elke verdere actie per definitie uitgesloten.

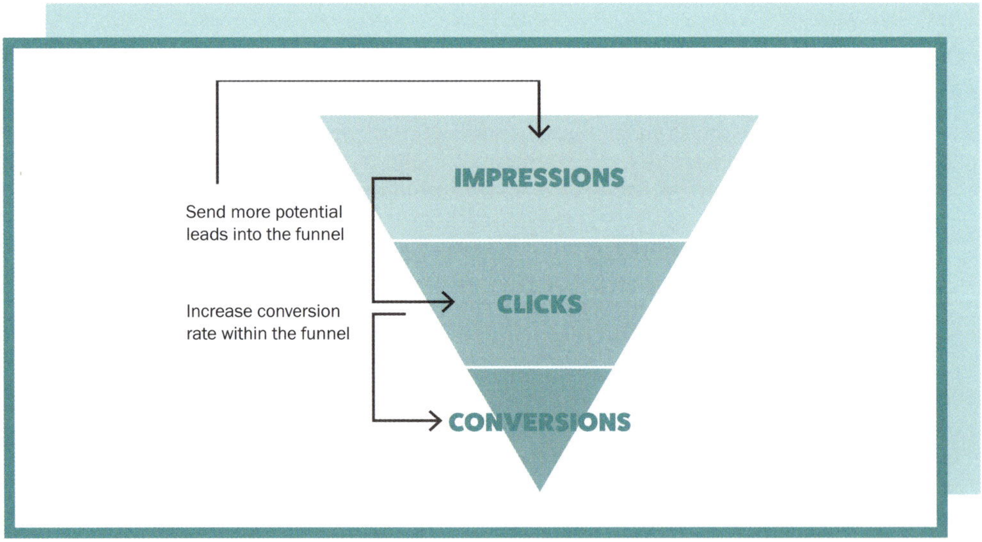

SEARCH ENGINE OPTIMIZATION: DE MOEDER DER OPTIMALISERINGEN

SEO is de bekendste optimalisering. Hieronder verstaan we het verbeteren van de resultaten van je site en websitepagina's in zoekmachines als Google. En laat nu juist Google in zijn algoritme het belang van relevantie verhoogd hebben. Hoe relevanter de inhoud op je pagina's, hoe beter ze zullen scoren in Google. Content marketing toont hier meteen zijn rol.

Het algoritme van de Google is een van de best bewaarde geheimen, vergelijk het gerust met het recept van Coca-Cola.

Toch zien we de afgelopen jaren een aantal duidelijke trends, waarmee je als marketeer het best rekening houdt. Enerzijds is Google technisch verbeterd, wat ervoor zorgt dat je het best geen content van jezelf of van anderen kopieert, en dat het belangrijk is om voldoende te updaten. Google wil immers de indruk krijgen dat je site 'levendig' is.

Anderzijds is relevantie steeds belangrijker: je focust beter op een gespecialiseerd topic waarover nog niets of weinig is geschreven (de *long tail keywords*).

Toch merkt expert Jonas Verhaeghe dat hij nog altijd heel veel 'oppervlakkige' content vindt (lees: de typische *how-to* of tips). *In depth content* zit vaak achter een betaalmuur of login en wordt daardoor minder gevonden. Een opportuniteit?

Tot slot hecht Google heel veel belang aan contentclusters. Het gaat technisch na of de content die je aanbiedt, wel logisch op elkaar volgt. Je hebt er natuurlijk zelf baat bij dat dat het geval is, maar indien niet, straft Google dat ook af. Gelukkig bieden een aantal tools zoals Hubspot (zie verder) de mogelijkheid om deze clusters aan te maken. Hoe het praktisch loopt? In plaats van je content bijvoorbeeld post na post op je blog te plaatsen, maak je een overzichtspagina waarop je alle blogposts over een bepaald thema plaatst. Google zal die pagina's een betere score geven omdat ze doorlinken naar tal van andere content, telkens over hetzelfde topic.

Wie mikt op leads heeft vooral behoefte aan een goede *usability* van de site. Analyse van de cijfers van Google Analytics kan op dit vlak heel wat inzichten geven. Waar haken surfers af? Hoelang duurt het voor ze de gezochte informatie vinden? Welke pagina of button zorgt voor een rem? Ook voor de optimalisering van de conversiecijfers is een *trafficking tool* als Google Analytics van belang. Het leert op welk punt in het verkoopproces mensen afhaken.

Naast deze voor de hand liggende *metrics*, kunnen veel wat minder voor de hand liggende zaken ook voor optimalisering zorgen. Denk bijvoorbeeld aan de auteur van een blogpost of artikel. Bepaalde auteurs zullen steevast beter scoren dan andere. Kom je tot het inzicht hoe dat komt, dan kun je deze tips en tricks doorgeven aan andere auteurs. Ook een betere samenwerking tussen de verschillende personen die betrokken zijn bij je contentproductie, kan betere resultaten opleveren.

7.8.4 WAT HEB JE NODIG?

Starten met het optimaliseren van je content is eenvoudiger dan je denkt. Naast je doelstellingen en KPI's heb je natuurlijk content nodig, die op een website staat en die je via een aantal kanalen verspreidt. Daarnaast moet je site gekoppeld zijn aan een tool als Google Analytics, moet je een SEO-strategie hebben en een interne flow om te meten en te optimaliseren. Daarmee ben je vertrokken. Verder hangt het af van je eigen doelstellingen en maturiteit.

Voor beginnende bedrijven zal een basic meting volstaan om te optimaliseren. Hoe meer ervaren een merk of een organisatie wordt, hoe meer er ook behoefte is aan gedetailleerde *metrics*. Alleen zo kan het nog optimaliseren, enerzijds omdat de voor de hand liggende optimaliseringen eerder plaatsvonden, anderzijds omdat de kans groot is dat de orde van grootte en de complexiteit van de contentinspanningen toegenomen zal zijn. En dan zijn gespecialiseerde tools handig.

7.8.5 ENKELE TOOLS

Wie aan digitale content marketing doet, heeft een ruim aanbod aan (soms gratis) tools ter beschikking om de content, de contentdistributie of de contentflow intern te optimaliseren. Afhankelijk van de doelstelling is een andere tool opportuun.

DE DRIE BASISTOOLS

- *Google Analytics (gekoppeld aan G Suite)*
  Google Analytics is en blijft ongetwijfeld de belangrijkste tool om te meten en te analyseren wat er op je website gebeurt. Wanneer je dat slim combineert met G Suite, het gratis pakket met tools in de cloud als Gmail, Documenten, Drive en Agenda, kom je al een heel eind. G Suite biedt kleinere ondernemingen een goede en goedkope manier om samen te werken aan content. Je kunt er tegenwoordig gemakkelijk cijfers uit Google in integreren en zo slim en gemakkelijk beginnen te optimaliseren.
- *Google Search Console*
  Waar Google Analytics focust op de gebruikers op je website, geeft Google Search Console je tools in handen om je visibiliteit in zoekmachines te verhogen. Denk maar aan Google Webmaster Tools dat je onder meer helpt om meer info in je zoekresultaten mee te geven. Ook zo kun je optimaliseren.
- *Hotjar*
  Hotjar biedt je tools om het gebruik van websites in detail te meten. Dat doet het bijvoorbeeld via heatmaps waarmee duidelijk wordt welke bewegingen surfers maken op je site (en waar ze afhaken). Door de link met Google Analytics combineer je kwalitatieve input met kwantitatieve resultaten.

VIER TOOLS VOOR PRO'S

- *Contently.com*
  Een platform dat je helpt om van ideeën relevante content te maken. Het is niet enkel een workflow, maar ook een samenwerkingsmethode en het platform biedt zeer gedetailleerde analyses van de verspreide content.
- *Kapost.com*
  Biedt net als Contently een platform waarmee je de volledige contentflow kunt invoeren, verspreiden, meten en optimaliseren. Onderscheidt zich door zijn sterke focus op b2b en het genereren van leads.
- *NewsCred*
  Ook een platform, maar tegelijkertijd een CMS. Via NewsCred kun je zelf contenthubs aanmaken en laten hosten. Ook inzake contentpromotie biedt NewsCred een aantal tools.
- *Bynder (of een andere tool die je Digital Asset Management (DAM) kan verzorgen)*
  Software die je gebruikt als bibliotheek voor al je contentassets. Grote bedrijven produceren vaak heel wat content, die bovendien op heel wat kanalen gebruikt moet worden. Een DAM biedt een overzicht van al die content en is gemakkelijk doorzoekbaar. Een goed beheer van je content zorgt natuurlijk ook voor een verbetering van je flows en je content.

Voor elke doelstelling en elke bedrijfsgrootte is er wel een tool. Het is belangrijk om ook hier stapsgewijs te werk te gaan. 'Van niets naar een Rolls-Royce is niet het beste plan', zegt Jonas Verhaeghe hierover. 'Je kunt beter de tools gebruiken die je datgene bieden wat je exact nodig hebt. Wie Contently of Kapost maximaal wil inzetten, heeft baat bij een uitgebreid team. Anders kun je overdonderd worden door de mogelijkheden of ze niet optimaal benutten.'

7.8.6 DIGITAAL LEIDT TOT REAL TIME

Wie digitaal wil optimaliseren, heeft de snelheid als voordeel. 'In principe is realtimeoptimalisering digitaal mogelijk', aldus Jonas Verhaeghe. In veel gevallen is dat nog een verre droom, al gebeurt het steeds vaker dat de marketeer met behulp van een dashboard de prestaties continu monitort en bijstuurt waar nodig. In België is deze situatie (jammer genoeg) de uitzondering. Dynamische content zou realtimeoptimalisering weleens realiteit kunnen maken. De content past zich hierbij namelijk aan volgens een aantal ingegeven parameters. Op dit moment kun je de inhoud van een nieuwsbrief bijvoorbeeld aanpassen aan het moment dat iemand die opent, maar je kunt ook tal van andere parameters invoeren en in real time updaten.

7.9 AUTOMATISEREN VAN CONTENTDISTRIBUTIE

7.9.1 WAT IS MARKETINGAUTOMATION?

Waar het digitale bij optimalisering een verbetering van de resultaten bewerkstelligt, heeft het bij marketingautomation een andere toegevoegde waarde: het inplannen van contentdistributie en -flows. Marketingautomation slaat op softwareplatformen en -technologieën die als doel hebben om marketingafdelingen en organisaties te helpen hun verschillende onlinekanalen efficiënter in te zetten en taken te automatiseren. Waar dergelijke platformen tot voor enkele jaren vooral focusten op het automatiseren van e-mailmarketing, combineren ze nu veel tools om zaken te plannen, te analyseren en te optimaliseren. Wanneer je bepaalde content op de website post, kan die meteen gelinkt worden aan een nieuwsbrief, aan socialemediaplatformen en dergelijke.

Marketingautomation heeft als essentie het aanleveren van kwalitatieve leads aan de salesafdeling, maar je kunt het natuurlijk ook voor andere doeleinden gebruiken.

7.9.2 WAAROM MARKETINGAUTOMATION?

Gebruikmaken van marketingautomation biedt een merk heel wat voordelen. Allereerst neem je repetitieve taken weg. Wie leads via content langzaamaan meer richting bedrijf of product wil trekken (*nurturing*), kan in feite niet zonder marketingautomation. Het is zo goed als onmogelijk om medewerkers de opdracht te geven prospecten door de keten van informatie te loodsen, afgestemd op het profiel van elke prospect. Daarnaast verminder je het risico op fouten. Dat heeft echter ook een gevaarlijk neveneffect. Wanneer je bij de start een fout maakt, wordt die ook 'geautomatiseerd'. Je flow zorgvuldig checken is dus noodzakelijk.

De flow is allicht een van de belangrijkste voordelen. Marketingautomationtools maken het gemakkelijk te bepalen wie welke content nodig heeft en wanneer en in welke volgorde je die moet brengen. Een voorbeeld: wie zich op een website registreert voor meer informatie, kan eerst een whitepaper toegestuurd krijgen en vervolgens maandelijks een nieuwsbrief. Na zes maanden kun je een eerste commerciële aanbieding doen en na twaalf maanden een tweede. De inhoud van zowel content als aanbiedingen kan variëren, afhankelijk van hoelang de persoon al content krijgt. Een merk dat een dergelijke flow opzet via een tool, kan die eenvoudig verder uitdiepen, verfijnen en optimaliseren. 'Je bouwt voort op je systeem', merkt Jonas Verhaeghe op.

Verder vergemakkelijkt marketingautomation een correcte monitoring van de acties en het aanleveren van kwalitatieve leads. Tot slot – en misschien is dat wel de allerbelangrijkste troef – biedt het jouw klant of prospect de fijne ervaring dat hij op het juiste moment geconfronteerd wordt met voor hem relevante content. Op voorwaarde dat je *buyer persona's* goed zijn uitgewerkt en goed zijn gelinkt aan de content natuurlijk.

Marketingautomation gaat dus over veel meer dan over het automatiseren van content, het gaat vooral over het individualiseren ervan: iedereen krijgt de content die hij wil, waar en wanneer hij dat wil. Dankzij marketingautomation draai je de relatie met de consument om. Bij traditionele communicatie is het het merk dat de communicatie stuurt en beslist wanneer de consument het best iets ontvangt. Marketingautomation stelt je in staat om scenario's uit te werken waarbij de consument zelf aan het stuur zit. Hij geeft zelf – impliciet of expliciet – aan waar hij in het verkoopproces zit en welke content hij nodig heeft en wordt door de automatische flow op z'n wenken bediend.

Het is dan ook des te opvallender dat in België slechts 4% van de bedrijven (met meer dan tien medewerkers) een marketingautomationtool gebruikt.[145] Dat blijkt uit onderzoek van The House of Marketing, dat ook aantoont dat de inzet van de technologie jaarlijks met meer dan 70% groeit. Met die groeicurves nestelt ons land zich in de middenmoot in Europa. Het is duidelijk dat het gebruik van de tools snel toeneemt.

HOE CONTENT TOT BUSINESS LEIDT BIJ SD WORX

SD Worx helpt bedrijven met hun loonadministratie en hr-beleid. Dat doet het al een aantal jaren ook met content en het steunt daarvoor sterk op *inbound marketing*. Het begon in 2016 toen SD Worx uitpakte met de campagne 'Had ik dat geweten!'. Radio, print, online en dm leidden klanten en prospects naar artikels op de blog. Over herkenbare topics zoals flexibele verloning, landingsbanen en taxshifteffecten. Op deze blog werd de bezoekers gevraagd om zich te registreren. Vanaf dat moment kende SD Worx via een tool (Hubspot) een score toe aan elke actie. Wie een artikel leest, krijgt – zonder dat hij of zij dat weet – 2 punten. Twee artikels zijn goed voor 5 punten. Een e-book downloaden of filmpje bekijken, levert weer extra punten op. Personen met een hoge score zijn duidelijk erg geïnteresseerd in de aangeboden content. Dat zijn *sales ready leads*.

Na dit succesvolle pilotproject, dat vijf maanden liep, besliste SD Worx om van hun blog een blijvende *inbound marketing*-tool te maken. Er werden vijf persona's gecreëerd: van de kmo-zaakvoerder over de hr-manager tot de hr-directeur van een groot bedrijf. Voor elk van de vijf types schreef het team specifieke artikels. Daarnaast stippelde het SD Worx-team de verschillende *touch points* van de *buyer journey* uit om gericht content te kunnen verspreiden. Het leidde ertoe dat *inbound marketing* intussen goed is voor meer dan de helft van de leads van SD Worx.

HAD IK DAT GEWETEN!
#hidg

'De afgelopen jaren kende deze markt een professionaliseringsgolf', klinkt het bij Jonas Verhaeghe. 'Ik zie *inbound marketing* – de techniek waarvoor marketingautomation gebruikt wordt – tegenwoordig als standaard binnen het marketingarsenaal van een merk. Vele bedrijven hebben het de laatste jaren uitgeprobeerd, maar bij sommige veroorzaakte het een koude douche. Het gaat immers niet enkel om het automatiseren van je content; je hebt uitstekende content nodig om je consument door een flow te loodsen.'

7.9.3 ARTIFICIAL INTELLIGENCE TILT AUTOMATISEREN NAAR EEN HOGER NIVEAU

Artificial intelligence heeft online de afgelopen jaren zijn intrede gedaan. Het wordt gebruikt om processen te vergemakkelijken en te automatiseren, en in communicatie is het vooral bekend via *programmatic advertising*, software die het mogelijk maakt om volledig automatisch reclameruimte aan te kopen en die leert uit het gedrag van zijn klanten. Maar ook bij content marketing kan AI ingezet worden. Jonas Verhaeghe: 'Allereerst kun je het inzetten bij het rapporteren van de resultaten van je inspanningen. Je ontdekt zo sneller inzichten. Maar daarnaast zijn chatbots een mogelijkheid. Zij kunnen je helpen om betere content te bezorgen aan je prospecten, op basis van hun input.'

CHATBOT WIJST DE WEG BIJ BOSTOEN

Bouwonderneming Bostoen is er vaak als de kippen bij om nieuwe technologie te omarmen. Zo werken ze op hun site al enige tijd met een chatbot om consumenten sneller hun weg te doen vinden. Sam spreekt mensen op de site aan en biedt hen een conversatie over een aantal thema's aan. Wanneer het te complex wordt, linkt hij door naar het algemene e-mailadres of het algemene telefoonnummer.

Niet enkel bij automatiseren van content speelt artificial intelligence een belangrijke rol, ook bij het optimaliseren kan het nut hebben. Zo kan via AI heel wat content gecreëerd worden. Content die per definitie beter is dan die geschreven door een mens, omdat hij rekening houdt met heel wat parameters en elementen uit het verleden.

7.9.4 ENKELE TOOLS

De markt van leveranciers van marketingautomationoplossingen bestaat voor een groot deel uit namen die afkomstig zijn uit de Verenigde Staten, enkele uitzonderingen als het Belgische Selligent daargelaten. De bekendste namen zijn allicht Hubspot en Active Campaign, al is met name SharpSpring aan een opmars bezig. Vaak zijn deze oplossingen trouwens onderdeel van grote CRM- of businessintelligencetoepassingen (zoals Oracle Marketing Cloud dat deel uitmaakt van Oracle of Salesforce Pardot).

Het grootste verschil tussen de leveranciers heeft betrekking op de verschillende tools die ze aanbieden. Parallel daarmee is er uiteraard ook een – groot – prijsverschil, enerzijds tussen de producenten, anderzijds bij elke aanbieder zelf, vaak afhankelijk van het aantal contacten in de database. Waar een kmo al voor enkele honderden euro's per jaar aan de slag kan, zijn voor grote marketingafdelingen budgetten van enkele tienduizenden euro's geen uitzondering.

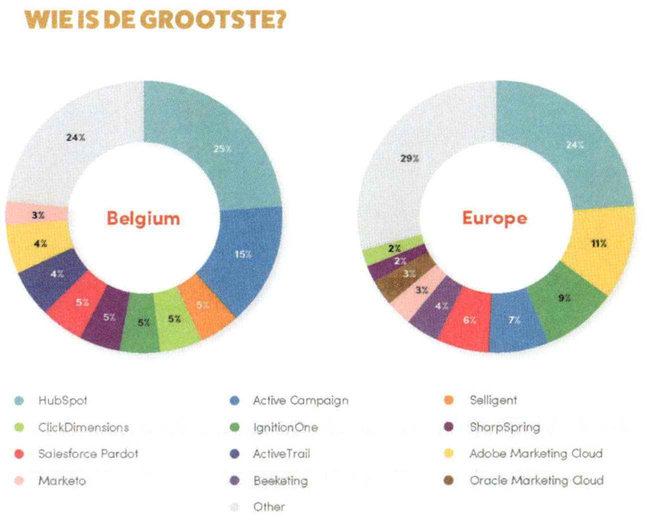

Uit The state of marketing automation in Belgium. The House of Marketing. Oktober 2018 (whitepaper).[146]

WAAR HEB JIJ BAAT BIJ?

Er zijn tientallen tot honderden marketingautomationtools. Er de beste uitkiezen is dus niet vanzelfsprekend. Elk merk heeft immers ook andere behoeften. Om je wat handvatten te bieden bij het selecteren, geven we in de tabel een overzicht van drie belangrijke tools en enkele van hun belangrijkste elementen.

	Hubspot	Salesforce Pardot	Marketo
Landing page builder	V	V	V
A/B split testing	V	V	V
Blogplatform	V		
Socialemedia-management	V	V	V
Biedt een CRM aan	V	V	
Lead nurturing	V	V	V
Multilanguage	V	V	V
Doelgroep	Kmo's en startende grote bedrijven	Grotere bedrijven	Grotere bedrijven
Kostprijs (per maand)	50 dollar (tot 100 contacten) - 3200 dollar	1250-4000 dollar	Op basis van de grootte van de database

Samenvattend kunnen we stellen dat elk bedrijf moet nagaan welke elementen belangrijk zijn en op basis daarvan een keuze maken. Sowieso evolueren deze platformen razendsnel; ze blijven hun mogelijkheden uitbreiden. Tools die zich specialiseren in CRM (denk bv. aan Microsoft Dynamics) of CMS (Drupal, WordPress of Joomla, om er maar enkele te noemen) verdienen trouwens nog een bespreking op zich. Helaas ontbreekt ons hier de ruimte. Wanneer ze gebruikt moeten worden bij content marketing is in ieder geval een goede integratie met de marketingautomationtool belangrijk.

7.9.5 INTEGRATION IS KEY

Marketingautomation als losstaand element in je marketing- of communicatiestrategie is geen goed idee. Pas wanneer er een integratie is met een CRM, een ERP of een e-commerceplatform, heb je het onderste uit de kan. *Integration is key.*

'Goede data en marketingautomation gaan hand in hand', klinkt het bij Jonas Verhaeghe. 'Zowel het aantal profielen, het aantal gegevens per profiel als de kwaliteit van de data zijn cruciaal. Ik heb het bij dit laatste element vooral over de uniformiteit van de data.' Al mag het gebrek aan data geen reden zijn om er niet mee te beginnen. Door ze in te zetten genereer je namelijk ook heel wat data. Telkens is een link met bestaande systemen essentieel, ofwel om uit te putten, ofwel om de verzamelde data op te slaan. 'Je brengt zo alle contactpunten in beeld en krijgt een 360°-zicht op de *sales journey* van je klant', besluit Jonas Verhaeghe. Deze volledige integratie brengt nieuwe functies mee. Onder meer *data scientists* doen hun intrede om de zo gegenereerde data om te zetten in inzichten.

7.9.6 DE GRENZEN VAN MARKETINGAUTOMATION

Zoals elke automatisering houdt ook marketingautomation bepaalde risico's in. Op basis van bestaand gedrag toekomstig gedrag voorspellen, houdt gevaar in.

TARGET IETS TE SNEL

De Amerikaanse retailer Target ondervond het gevaar van gedrag voorspellen aan den lijve. Op basis van de aankoopgegevens van klanten kan het bedrijf voorspellen wanneer iemand zwanger is en binnen hoeveel maanden pampers en babyvoeding zullen worden aangekocht. Target linkte dat aan nuttige content (er was dus een goede integratie tussen de verschillende databases en systemen) en bezorgde die aan de veronderstelde doelgroep.
Tot het op een bepaald moment telefoon kreeg van een verongelijkte vader van een tienerdochter. Die beweerde dat de retailer zijn dochter ongeoorloofde informatie bezorgde die haar in zijn ogen aanmoedigde om zwanger te worden. Tot de betrokken marketeer enkele dagen later weer contact opnam en te horen kreeg dat Target gelijk had. De dochter van de man was zwanger ...

Marketingautomation is dus niet zaligmakend. Het is een enorm handige tool om flows uit te werken, maar hou zeker de vinger aan de pols.

7.9.7 WETGEVING

Voor wie zijn contentinspanningen wil automatiseren, is het zinnig om ook de wetgeving inzake privacy in het oog te houden. Sinds 25 mei 2018 is de GDPR-wet in voege in Europa. De toestemming van de consument is immers onontbeerlijk om een contentflow op te zetten. Vandaar dat je hem, als hij op je site is beland, het beste de mogelijkheid kunt bieden om een nieuwsbrief te ontvangen. Schrijft hij zich daarvoor in, dan geeft hij meteen toestemming om *newsletters* te ontvangen. Die vraag tot toestemming kun je verbreden tot andere vormen van communicatie, zoals het sturen van e-books. De consument zal ze graag ontvangen en zo bega je wettelijk geen misstappen.

Je eigen klanten hoef je in principe geen toestemming te vragen. Tenminste als je de contactgegevens hebt verkregen bij de verkoop van een product of dienst, als je ze uitsluitend voor vergelijkbare producten of diensten gebruikt en als ze zich kosteloos en gemakkelijk kunnen uitschrijven en zo niet langer je nieuwsbrieven ontvangen.

Je bent ook wettelijk verplicht om in elke nieuwsbrief die je stuurt, een mogelijkheid tot opt-out te bieden. Naast een wettelijke verplichting, past een opt-in ook helemaal in de contentmarketingfilosofie. De rol van expert bereik je niet door iemand tegen zijn zin informatie te sturen.

WAT KUN JE ERMEE?

BEGINNER

- Het meten van content marketing is geen doel op zich. Het is een verbetertechniek die de basis vormt voor het optimaliseren van je strategie, productie en distributie.
- Enkel door te optimaliseren boek je echt resultaten met je contentinspanningen.
- De accurate en snelle meetresultaten van digitale content maken optimaliseren gemakkelijker. Bovendien zijn er tal van tools voorhanden.
- Optimaliseren doe je met het oog op je doelstellingen en KPI's.
- Marketingautomation helpt je bij het inplannen van je contentdistributie en het opzetten van contentflows. Zo kun je elke klant of prospect de juiste content op het juiste moment bieden.
- Wil je marketingautomation inzetten, zorg er dan voor dat je de tool kunt koppelen aan je CRM en andere datasystemen.
- Twijfel niet: zet technologie en software in om je contentinspanningen naar een hoger niveau te tillen.

GEVORDERD

- Je meet, maar ga na of je de juiste zaken meet. Zie meetresultaten steeds in de juiste context. Eén geïsoleerd cijfer is waardeloos. Koppel cijfers aan eerdere metingen en aan je kennis van de markt en de consument om de data correct te interpreteren.
- Ga na of je alle functionaliteiten van Google Analytics beheerst en hoe je ze kunt inzetten om tot snellere en betere inzichten te komen.
- Ga na of je alle functionaliteiten van je marketingautomationtool beheerst en hoe je ze kunt inzetten om tot snellere en betere inzichten te komen.
- Zorg dat je verschillende tools goed op elkaar zijn afgestemd. Hiermee maak je het verschil in het verkrijgen van *insights* en leads.
- Ben je zeker dat je database goed is opgebouwd? Geen goede marketingautomation zonder goede database.

EXPERT

- Neem een *marketing technologist* en/of *data scientist* aan. Zo ben je zeker dat je uit elke tool en elk datapunt het maximum haalt.
- Waak over de manier waarop je dashboard wordt samengesteld. Integreer je voldoende en de juiste databronnen? Leg je de juiste linken met je CRM of projectmanagement?
- Focus op 'orkestratie'. Alle tools moeten niet alleen goed op elkaar zijn afgestemd, ze kunnen elkaar ook nog versterken.
- Hou je ogen open. Er komen elke dag nieuwe tools bij, waarbij er misschien eentje is die jouw laatste lacune op dit vlak invult.

**Een internationale expert over ...
het gebruik van data bij content marketing**

Een interview met CHRISTOPHER S. PENN

Christopher S. Penn is dé autoriteit als het gaat om marketingtechnologie. De laatste jaren specialiseert hij zich in artificial intelligence en *machine learning*.

DE SMARTPHONE IS TEGENWOORDIG HET BELANGRIJKSTE DEVICE DAT CONSUMENTEN GEBRUIKEN OM CONTENT TOT ZICH TE NEMEN.

Wat hebt u de afgelopen jaren zien veranderen in content marketing?

We moeten vooral begrijpen hoe de consumptie van content de afgelopen jaren veranderd is. De smartphone is tegenwoordig het belangrijkste device dat consumenten gebruiken om content tot zich te nemen. Dat was tien jaar geleden helemaal niet het geval. Als je bij het meten van content dus niet kijkt naar hoe consumenten de verschillende devices gebruiken, dan mis je de boot. Je moet echt een goed beeld hebben van welke kanalen worden gebruikt. Er is heel wat *cross-device*-consumptie. Mensen springen van het ene toestel naar het andere. Ze lezen iets op hun smartphone, maar vullen op hun computer een formulier in ... Of ze gebruiken een *single sign in* zoals de *sign in* van Facebook om zich niet telkens te moeten registreren. Het *cross-device*-gedrag moet je dus meten als je een duidelijk beeld van de contentconsumptie wilt krijgen. Google Analytics helpt jou daar al zeer goed bij.

Wat contentmarketeers – vooral in b2b – daarnaast ook slecht aanpakken, is de te grote focus op zaken als leeftijd en geslacht. Ze moeten focussen op het gedrag van hun consumenten. Anders leidt dat tot een te grote veralgemening van het gedrag. Het gaat erom hoe je content geconsumeerd wordt, niet door wie ...

Het meten van de doeltreffendheid wordt steeds moeilijker, niet?

Neen, volgens mij net niet. Dankzij de smartphone komt de offlinewereld online. Mensen kunnen er dingen mee scannen, kunnen zaken inspreken, kunnen zaken doorsturen. Al die data komt nu tot bij ons, de marketeers. Of dat nu via Google Analytics is, via marketingautomationsoftware of via CRM-software ... We hebben meer en betere data over content en waartoe die dient. Je kunt meten wie je content ziet, waar ze vandaan komen en wat ze doen nadat ze jouw content bekeken hebben. Je kunt zien welke content het best converteert. Als je de juiste tools, processen en mensen in je organisatie hebt, is content marketing meer dan ooit en beter dan ooit te meten.

Meten al veel bedrijven het goed?

Sommige wel, maar het zijn er niet zoveel. Het is een *people issue*. Hebben de mensen die voor content marketing verantwoordelijk zijn, de juiste skills om te begrijpen wat werkt en wat niet werkt?

Hebben de Verenigde Staten hier een voorsprong?

Neen, heel wat technologie komt wel uit de Verenigde Staten, maar dat betekent niet dat we ook beter meten. Het hangt echt af van de skills van je mensen. Zo is er heel wat beweging op het vlak van AI-wetenschap in

IN DE EERSTKOMENDE JAREN ZULLEN ER MINDER BUDGETTEN VOORHANDEN ZIJN VOOR MARKETING.

Nigeria. De vraag voor marketeers moet dus zijn: hoe zorg ik dat ik toegang krijg tot die wereldwijde talentenpool?

Welke evoluties komen eraan?

Door de pandemie en de recessie is dat moeilijk in te schatten. Maar in de eerstkomende jaren zullen er minder budgetten voorhanden zijn voor marketing. Marketeers zullen dus creatief moeten zijn. *Machine learning* en artificial intelligence – voor open source – zullen ervoor zorgen dat slimme marketeers extra inkomsten uit content marketing gaan halen of er nieuwe content mee gaan creëren. Mensen zullen de aanpassers, de verbeteraars worden, maar niet diegenen die de content creëren. *Let's face it,* de content die door mensen gemaakt is, is behoorlijk middelmatig. De modellen die artificial intelligence genereert, verbeteren dag na dag. Ook die zijn middelmatig, maar ze verbeteren. Tot ze goed of minstens goed genoeg zijn.

Kwaliteit is belangrijker dan kwantiteit. Dat betekent toch dat mensen nog belangrijk zijn in het creëren van content?

Dat klopt. Voor kwaliteitscontent heb je mensen nodig. Het duurt trouwens ook heel lang voor ze die kwalitatieve content kunnen maken. Coca-Cola werkte vroeger op een traditionele manier. Het liet bureaus weken werken aan materiaal dat in campagnes gebruikt kon worden. Nu gebruiken ze een fotodatabank gebaseerd op AI, waardoor ze in een minuut een miljoen beelden creëren. Die gebruiken ze en zo ondervinden ze welke beelden beter werken. Die info wordt aan het AI-leersysteem bezorgd, zodat dat bijleert. Als een mens bijleert, is dat goed voor die mens, maar niet noodzakelijk voor zijn omgeving. Wanneer een machine bijleert, is dat goed voor het hele systeem.

Hoe kunnen Belgen AI goed gebruiken? We zijn een land van elf miljoen mensen, die drie talen spreken.

Het hangt ervan af wat je ermee wilt doen. Met AI kun je ook classificeren, voorspellen ... Bovendien is het via open source beschikbaar. Het is dus geen technologie die enkel voor grote bedrijven is weggelegd. België en de hele Europese Unie hebben een hoge opleidingsgraad. Jullie hebben het talent. Jullie kunnen er dus mee aan de slag.

ANALYSE ZONDER ACTIE IS AFLEIDING, ZOALS EEN MAALTIJD KOKEN ZONDER ZE OP TE ETEN.

Wat is de grootste uitdaging als het gaat om het meten van content marketing?

Ten eerste moet je accuraat meten. Je moet je basics kennen, weten hoe je Google Analytics moet gebruiken. Enkel dan kun je weten welke data echt belangrijk zijn. Ten tweede is er een cultureel probleem. Heel wat mensen meten massa's zaken, maar doen er vervolgens niets mee. Analyse zonder actie is afleiding, zoals een maaltijd koken zonder ze op te eten. Je moet je mening en je gevoel kunnen opzijzetten en geloof hechten aan de data. Dat is heel moeilijk. Ik zie veel angst en te grote ego's. Het is pas als je bereid bent data echt te gebruiken, dat je aan optimalisatie kunt denken. En dat doen nog maar weinig bedrijven.

Marketingautomation kent dan weer een ander probleem. Door wetgeving als GDPR is het verboden om data te gebruiken voor andere zaken dan waarvoor je ze verzamelde. Daarnaast herhaal ik m'n punt van data goed te gebruiken: geweldig dat je aan marktsegmentatie kunt doen, maar als je het nooit gebruikt, ben je er natuurlijk niets mee. De volgende tien jaar zullen we vooral marketingautomation moeten ontwikkelen op basis van gedrag en niet op basis van socio-demografische info.

Hebt u een advies voor Belgische marketeers?

Zorg dat je basis goed zit. Zorg dat je Google Analytics en Google Tag Manager ten volle gebruikt. Daarna moet je heel precieze vragen stellen en op basis daarvan bepalen welke tools je nodig hebt, welke zaken je moet meten en welke *insights* belangrijk zijn. *Get the right tool for the job* ... Maar zorg dat je eerst weet wat de opdracht is.

HOOFDSTUK 8

JE ORGANISATIE AANPASSEN

CASE

Proximus

BIJ PROXIMUS DRAAIT ALLES ROND DE CONTENT ROOM

Bedrijven zijn naast particuliere klanten een ontzettend belangrijke doelgroep voor Proximus. Elk bedrijf heeft immers ICT en telecominfrastructuur nodig en vaak zijn de eisen van de klant behoorlijk pittig en de tarieven die een telecomspeler kan hanteren, bijgevolg interessant.

In heel wat gevallen is de *decision maker* over dit soort topics bij bedrijven de CIO, de *chief information officer* (het hoofd van de IT-afdeling) met de CEO, CFO en CHR als belangrijke interne influencers. Die doelgroepen voedt en bewerkt Proximus al jarenlang met zeer veel premiumcontent, die bovendien op heel wat kanalen wordt verspreid (de print en digitale magazines *One* en *Perspectief*, de blog, de *newsletter*, sociale media ...).

Wat opvalt is de sterke focus op de doelgroep en welke boodschappen die doelgroep nodig heeft. Kort door de bocht zou je kunnen stellen dat Proximus een van de beste uitgevers is in digitale transformatie informatie voor het C-level. Die focus reflecteert zich ook

in de organisatie, zowel bij Proximus als bij bureau Propaganda. Zo telt het marketingteam van Proximus b2b een zestal contentspecialisten, die vooral instaan voor het overzicht van alle content en de link met de doelstellingen van het bedrijf. Daarnaast houden de andere marketeers content in hun achterhoofd bij hun werkzaamheden, zodat ze geregeld met ideeën komen.

Een groot deel van de contentproductie gebeurt dan weer door Propaganda, waar een apart team *dedicated* voor de telecomgigant werkt. Zij zorgen voor de uitvoering van de verschillende projecten: het schrijven van de artikels, de *newsletter*, het maken van infographics en video's, de grafische vormgeving van de online- en offlinemagazines enzovoort.

En de plannen en ideeën? Die bedenken ze samen. Zo zijn er meetings met een vaste frequentie (tweewekelijks) waarin de werking en planning aan bod komt, maar die daarnaast ook een brainstormmoment voor nieuwe content zijn. Die krijgt een go (of niet) op basis van toetsstenen als SEO-gaps, salesboost, primeur, commerciële kalenders, segmentatieplannen, actualiteit ... Aan tafel zit het b2b-marketingteam van Proximus, het contentteam van Propaganda en eventueel extra personen van andere bureaus of Proximuscollega's. Een vaste agenda en een vaste verslaggeving met actiepunten zorgen voor structuur, terwijl er een voor iedereen toegankelijke onlinetool is om de contentkalender bij te houden en voortdurend up-to-date te houden.

Ook de *analytics* maken trouwens deel uit van de vaste agenda. Het inzicht in de resultaten van de verschillende contentinitiatieven maakt het immers mogelijk om contentflows voortdurend bij te sturen op het vlak van boodschap, CTA, kanaal ... Het is een manier die sterk doet denken aan hoe een redactie fungeert. En dat is geen toeval.

8.1 VAN MARKETEER NAAR UITGEVER: GEVOLGEN VOOR DE MARKETINGAFDELING

8.1.1 EEN ANDERE MANIER VAN DENKEN ÉN WERKEN

Wil je aan content marketing doen, dan moet je beseffen dat deze manier van werken impact heeft op de structuur en invulling van de marketingafdeling. Meer nog: het vergt een andere manier van denken. Weg met het campagnedenken, leve het denken in continue communicatie. Er zijn misschien nog occasionele campagnepieken, maar je denkt vooral *always on*. Voor veel marketeers is deze nieuwe attitude lastiger dan gedacht. Het betekent een *dedicated* persoon of team, die de volle verantwoordelijkheid voor content marketing opneemt.

Ben je bereid om de stap te zetten, dan heb je baat bij een aangepaste marketingorganisatie. Je hebt minder baat bij campagnespecialisten, meer bij contentmarketingspecialisten. Zo krijg je een structuur die sterk vergelijkbaar is met die van een redactie. Veel marketingafdelingen werken met een redactieteam dat wordt geleid door een hoofdredacteur of contentstrateeg.

Maar daarmee eindigt het niet. De contentcreators zijn verantwoordelijk voor de productie van de content, maar er zijn nog tal van aspecten die een rol spelen en waarvoor specialisten broodnodig zijn. Experts in digital, online en SEO bijvoorbeeld, of goeroes in CRM en *data intelligence*. En niet te vergeten *acquisition marketeers*, want zij zijn het die van contentconsumenten leads moeten maken. En daarna is het aan de salesafdeling om te converteren tot klanten. Wie van content marketing een filosofie maakt, kan zijn hele marketingafdeling op deze manier organiseren en bijvoorbeeld advertising en events er een onderdeel van laten zijn.

ORANGE: CONTENT VANUIT EEN COCKPIT

Een cockpit. Zo ziet het b2b-contentteam zijn rol binnen de telecomoperator. Het is eerder klein, maar zorgt ervoor dat zijn impact heel wat groter wordt, net door silo's te doen samenwerken. Dat is volgens de telecomspeler nodig omdat content marketing complexer is dan traditionele marketing en enkel een succes kan zijn door samenwerking tussen de verschillende disciplines (zowel intern als extern).

Omdat content zo centraal staat in de b2b-communicatie, nam het recent ook de leiding bij de creatie van een dashboard waarin alle b2b-communicatie-inspanningen opgenomen worden, zodat het hele team beter dan voorheen ziet welke inspanningen het best lonen in welke fase van de *customer journey*.

8.1.2 DE AANPAK IS AFHANKELIJK VAN DE OMVANG VAN HET TEAM

De structuur van de marketingafdeling van een kmo is totaal anders dan die van een grote organisatie en dat geldt ook voor de structuur rondom content marketing. In het eenvoudigste model is de marketingverantwoordelijke ook verantwoordelijk voor content marketing en werkt hij daarvoor samen met externe partijen. Vaak is er enerzijds een verantwoordelijke (die zich buigt over de strategie) en zorgen een of meer redacteurs en socialemedia- en distributie-experts voor de uitvoering. Grote marketingteams kunnen vooral in het gedeelte 'uitvoering' het team uitbreiden. Vooral digitale specialisten (marketingautomation, *inbound marketing*, SEO) zijn dan een logische toevoeging.

KMO VS GROTE ORGANISATIE

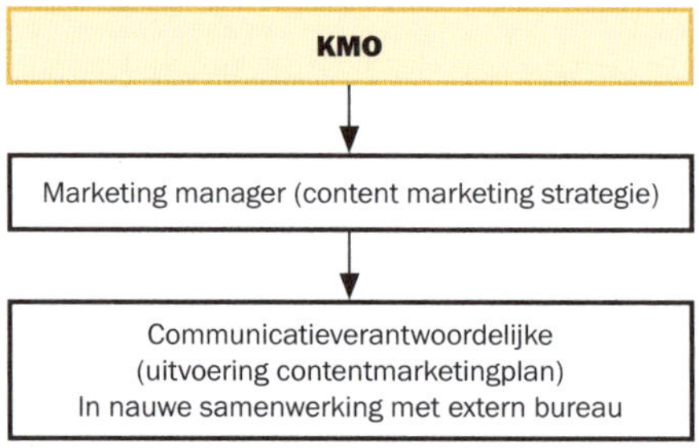

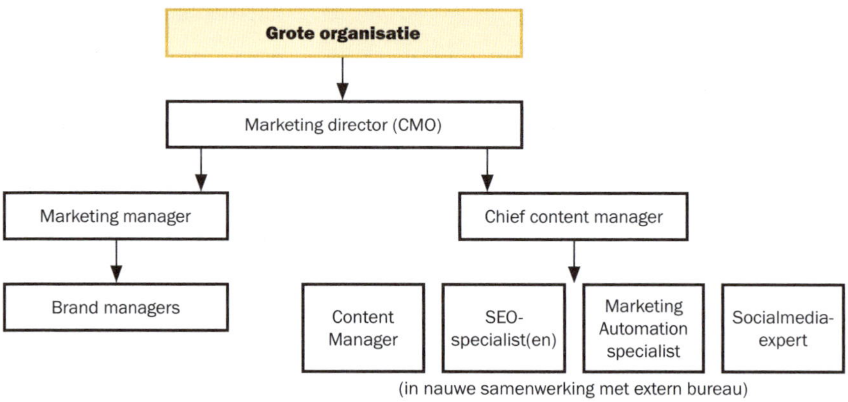

8.1.3 NIEUWE MARKETINGROLLEN

Digital optimizer, marketingautomationgoeroe ... de toegenomen aandacht voor content marketing bij bedrijven heeft ook een aantal nieuwe functies binnen marketing doen ontstaan. Opvallend daarbij is de link tussen marketing en *digital*.

VAN CHIEF CONTENTMANAGER TOT DATA CRUNCHER

- *Chief contentmanager* rapporteert aan de *chief marketing officer* en is verantwoordelijk voor de strategie, planning en uitvoering van alle contentmarketingactiviteiten en voor de uitbouw van het team. Vergelijk het met de uitgeefdirecteur in een mediabedrijf.
- *Contentmanager* is vaak (eind) verantwoordelijk voor een kanaal waar het bedrijf aan content marketing doet. De hoofdredacteur zeg maar.
- *Contentcreator* creëert de content: fotografen, schrijvers, journalisten, interviewers ...
- *Contentproducers* zorgen ervoor dat de gemaakte content er goed uitziet. Het lay-outteam dus.
- *Publisher:* content maken en content verspreiden zijn twee verschillende zaken. Ook het verspreiden van content is dus een rol op zich, vaak nog gesplitst per kanaal. Communitymanagers zorgen bijvoorbeeld voor de verspreiding van content op sociale media.
- *Digital optimizer* is verantwoordelijk voor alle datavergaring en, op basis daarvan, het optimaliseren van de content. Dat kan door SEO, maar ook door bijvoorbeeld de gebruiksvriendelijkheid van een pagina te verhogen.
- *Marketingautomationexpert* is verantwoordelijk voor de flows binnen marketingautomation.
- *Data cruncher* analyseert data en komt zo tot inzichten. Nauwe link met de businessafdelingen.
- *Chief listening officer* houdt de reacties op sociale media, maar ook op andere kanalen, in de gaten. Niet om er meteen op te reageren (dat doet de communitymanager), wel om informatie te vergaren over de doelgroep, de reacties ... om op basis daarvan de contentproductie of -verspreiding te kunnen verbeteren.

8.1.4 HET GEHELE MARKETINGTEAM BETREKKEN

Binnen de marketingafdeling een contentmarketingcel opstarten, is de meest gebruikte manier om met content marketing te starten. Het daarbij houden is evenwel een grote fout. Content marketing is een mindset. Ook de andere marketeers, de verkoopafdelingen en bij uitbreiding de hele organisatie moeten ervan doordrongen zijn of minstens op de hoogte zijn (zie verder). Dat betekent dat je het hele marketingteam moet betrekken. Het contentteam kan bijvoorbeeld verantwoordelijk zijn voor de contentproductie, maar de distributie kan gebeuren door de (product) marketeers, afhankelijk van hun behoeften.

STEEDS MEER SAMENWERKING OVER DE TEAMS HEEN BIJ ORANGE

Content wordt gemaakt en verspreid op vele plaatsen, is ook de vaststelling bij Orange. Daarom focust de telecomoperator ook meer op samenwerking tussen de verschillende afdelingen en verantwoordelijken. De rol van de communicatieafdeling is steeds meer faciliterend: mensen helpen om de 'juiste' content te verspreiden. Daarbij is het belangrijk om bruggen te bouwen met corporate communicatie, marketing, pr, social, web, *market intelligence*, productdevelopers, hr, interne communicatie ...

Ook met de verschillende bureaus die voor Orange werken, maakt de afdeling afspraken en legt het processen en procedures vast. Twee elementen zijn volgens Magda Trullemans, *business communication manager* bij Orange, cruciaal: ervoor zorgen dat elke betrokkene mee is in het verhaal en niet alleen zijn rol en verantwoordelijkheden kent, maar ook mee is met de contentstrategie, de workflow en de technologie; en het communiceren van successen, ook naar het senior management.

8.1.5 INTERNATIONALE INSPIRATIE

Content marketing doe je dan het best niet in een hoekje, toch is het – zeker in België – nog altijd de meest gebruikte 'organisatievorm'. Robert Rose, *chief strategy officer* van TCAdvisory (zie ook het interview in hoofdstuk 2), onthulde tijdens een presentatie op het congres Content Marketing World in 2018,[147] een aantal modellen over de plek die content marketing in organisaties heeft.

Waar *the lone wolf framework* de vertaling is van 'in een hoekje', gaat *the rebel framework* al heel wat verder. Hier is content marketing aanwezig in elke businessunit. Goed, want je treedt uit je hoekje, maar anderzijds is er geen overkoepelende visie. Iedereen doet maar wat. Toch werken nogal wat bedrijven op deze manier. *Center of excellence* is dan weer een verbeterde versie van *the lone wolf*. Het getuigt immers van een duidelijk geloof in content marketing. Maar deze manier van werken staat opnieuw verder af van de business. *The integrated model* is allicht de best mogelijke oplossing. Heel wat kennis en een overkoepelende visie op de business staan hier centraal.

Nu, het zou natuurlijk wel heel eenvoudig zijn indien bedrijven *off the shelf* een model kunnen kiezen en het vervolgens implementeren. Vaak gaan hier heel wat eerdere fasen en tussenstappen aan vooraf. Pas nadat je door bepaalde fasen bent gegaan (en er geleerd hebt uit je fouten), ben je klaar voor een volgende fase. Het gaat om een maturiteitsproces. Op dit vlak heeft België natuurlijk een groot voordeel. Op het vlak van content marketing zijn we nog verre van matuur. Hierdoor kunnen we leren uit wat bedrijven in andere landen doen, welke fouten ze maken, en welke richting ze uitgaan.

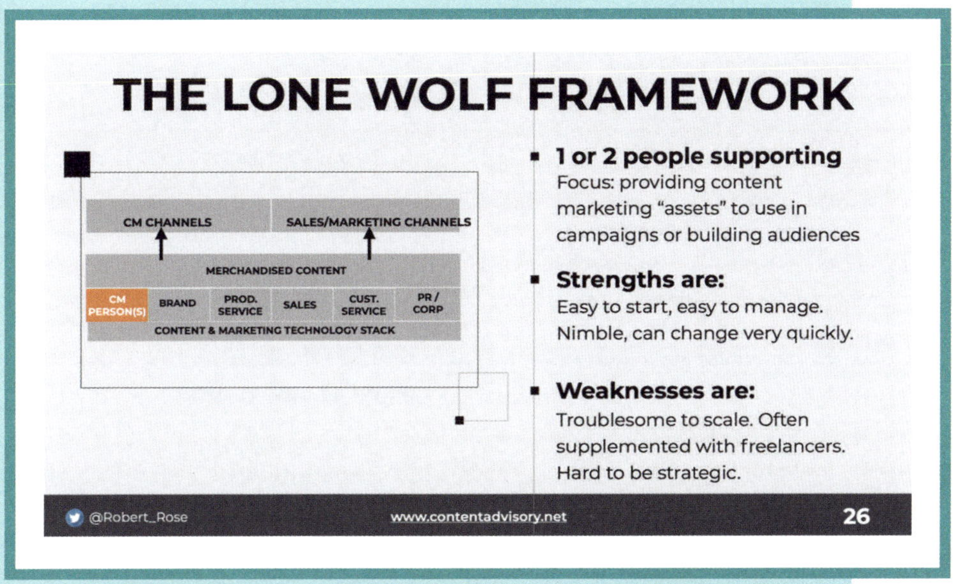
THE LONE WOLF FRAMEWORK
CM CHANNELS
SALES/MARKETING CHANNELS
MERCHANDISED CONTENT
CM PERSON(S)
BRAND
PROD. SERVICE
SALES
CUST. SERVICE
PR / CORP
CONTENT & MARKETING TECHNOLOGY STACK
1 or 2 people supporting
Focus: providing content marketing "assets" to use in campaigns or building audiences
Strengths are:
Easy to start, easy to manage. Nimble, can change very quickly.
Weaknesses are:
Troublesome to scale. Often supplemented with freelancers. Hard to be strategic.
@Robert_Rose
www.contentadvisory.net
26

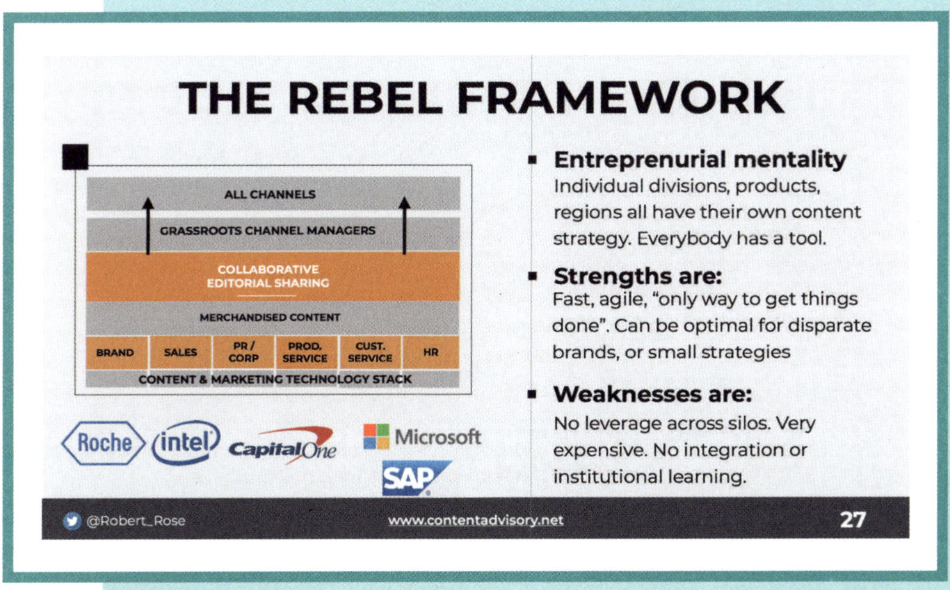
THE REBEL FRAMEWORK
ALL CHANNELS
GRASSROOTS CHANNEL MANAGERS
COLLABORATIVE EDITORIAL SHARING
MERCHANDISED CONTENT
BRAND
SALES
PR / CORP
PROD. SERVICE
CUST. SERVICE
HR
CONTENT & MARKETING TECHNOLOGY STACK
Roche
intel
Capital One
Microsoft
SAP
Entreprenurial mentality
Individual divisions, products, regions all have their own content strategy. Everybody has a tool.
Strengths are:
Fast, agile, "only way to get things done". Can be optimal for disparate brands, or small strategies
Weaknesses are:
No leverage across silos. Very expensive. No integration or institutional learning.
@Robert_Rose
www.contentadvisory.net
27

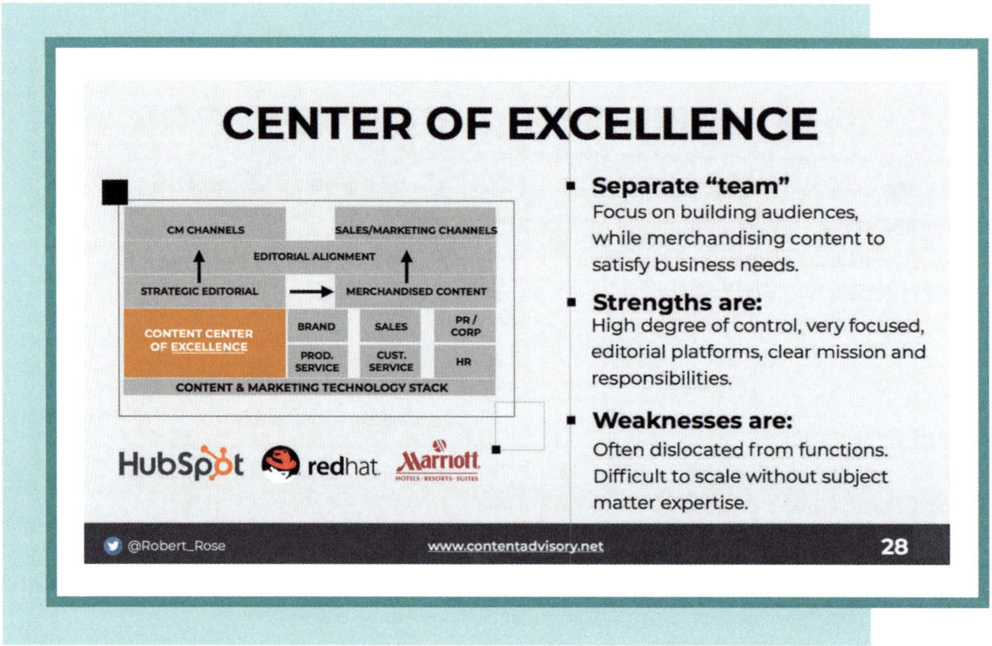
CENTER OF EXCELLENCE
CM CHANNELS
SALES/MARKETING CHANNELS
EDITORIAL ALIGNMENT
STRATEGIC EDITORIAL
MERCHANDISED CONTENT
CONTENT CENTER OF EXCELLENCE
BRAND
SALES
PR / CORP
PROD. SERVICE
CUST. SERVICE
HR
CONTENT & MARKETING TECHNOLOGY STACK
HubSpot
redhat
Marriott
HOTELS · RESORTS · SUITES
Separate "team"
Focus on building audiences, while merchandising content to satisfy business needs.
Strengths are:
High degree of control, very focused, editorial platforms, clear mission and responsibilities.
Weaknesses are:
Often dislocated from functions. Difficult to scale without subject matter expertise.
@Robert_Rose
www.contentadvisory.net
28

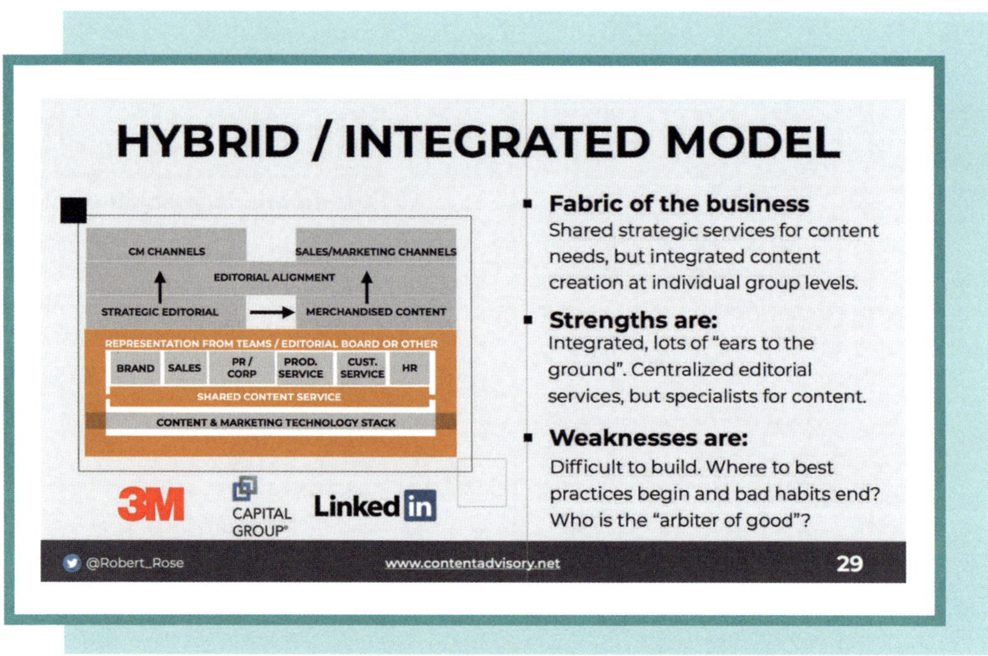
HYBRID / INTEGRATED MODEL
CM CHANNELS
SALES/MARKETING CHANNELS
EDITORIAL ALIGNMENT
STRATEGIC EDITORIAL
MERCHANDISED CONTENT
REPRESENTATION FROM TEAMS / EDITORIAL BOARD OR OTHER
BRAND
SALES
PR / CORP
PROD. SERVICE
CUST. SERVICE
HR
SHARED CONTENT SERVICE
CONTENT & MARKETING TECHNOLOGY STACK
3M
CAPITAL GROUP
LinkedIn
Fabric of the business
Shared strategic services for content needs, but integrated content creation at individual group levels.
Strengths are:
Integrated, lots of "ears to the ground". Centralized editorial services, but specialists for content.
Weaknesses are:
Difficult to build. Where to best practices begin and bad habits end? Who is the "arbiter of good"?
@Robert_Rose
www.contentadvisory.net
29

8.2 WAT DOE JE ZELF EN WAT BESTEED JE UIT?

8.2.1 CONTENTMARKETINGBUREAUS, EXPERTS TER ZAKE

Zeldzaam zijn merken die hun contentmarketingactiviteiten volledig intern opzetten. Meestal doen ze voor de strategie en/of de uitvoering een beroep op experts, de contentmarketingbureaus. Een extern bureau wordt ook ingeschakeld om de externe blik te bewaken, zodat het bedrijf gefocust blijft op zijn publiek. Die bureaus zijn in deze materie gespecialiseerd en hebben in vele gevallen al heel wat jaren op de teller staan. Een aantal bureaus is voortgekomen uit de sector van klantenmagazines, andere uit de digitale wereld (meestal met *inbound marketing* als vertrekpunt). Intussen komen steeds meer ervan zowel online als in print zeer goed beslagen ten ijs.

De meeste contentmarketingbureaus in ons land zijn aangesloten bij de vakvereniging Custo. Die heeft als doel content marketing bekender te maken, te informeren over het onderwerp en adverteerders te helpen met hun vragen op dit vlak (zie inspiratiepagina aan het einde van dit boek).

JE HEBT EEN GARDE EN JE HEBT EEN GARDE

'Heel belangrijk bij b2b-contentmarketing is dat je de taal van je doelgroep tot in de perfectie beheerst. Een garde van een chef-kok is niet dezelfde als een garde van een bakker.' Aan het woord is Kurt Boodts, die bij Debic (producent van zuivelspecialiteiten) het contentmarketingprogramma opzette. 'Vandaar dat wij onze content lieten maken door de contentcreators van ons bureau, maar dat onze culinaire experts voor de basisinformatie en voor een laatste check zorgden. De contentcreators – die een opleiding in de materie volgden – waren nodig om de boodschappen optimaal aan te passen aan het kanaal. Afhankelijk van de situatie had ofwel de creator ofwel de culinaire adviseur de lead.'

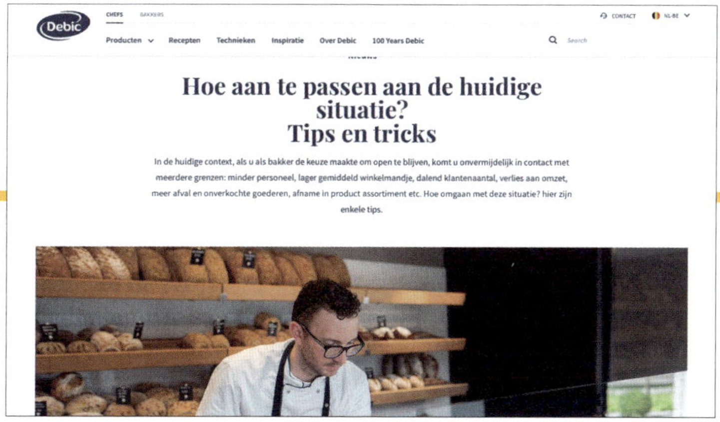

In het landschap van contentmarketingbureaus heeft elke speler zijn eigen positionering, zijn eigen specialiteit. Veel hangt af van waar je als merk behoefte aan hebt. Bepaal dan ook eerst en vooral wat je nodig hebt en ga vervolgens op zoek naar de ideale partner om samen het contentavontuur aan te gaan.

WAAR JE OP MOET LETTEN ALS JE CONTENTMARKETINGBUREAUS ENGAGEERT

Afhankelijk van wat van belang is voor jouw specifieke situatie zijn enkele of meer van de volgende aandachtspunten van belang.

- Zoek je een bureau om je hele contentstrategie te bepalen of enkel een uitvoerder om je content te produceren?
- In hoeverre is het bureau in staat om een langetermijncontentstrategie op te zetten, KPI's te bepalen en die ook te meten?
- Kan het bureau een contentplan opstellen en beheren?
- Kunnen ze persona's maken en die ook toepassen?
- Wat is hun ervaring in jouw of een gelijkaardige sector?
- Wat is hun ervaring met blogs, e-news, video, magazines en andere voor jouw merk relevante kanalen?
- Hoe goed kennen ze de voor jouw merk relevante distributiekanalen (Facebook, influencers ...)?
- Hoe creatief is het bureau om content te maken die de middelmaat overstijgt?
- Hoe groot is de kennis over SEO en *inbound marketing*?
- Wat is hun ervaring op het gebied van sociale media?
- In hoeverre kunnen ze je helpen met lay-out, vertalingen ...?
- Hoe ziet hun remuneratiemodel eruit (fee, stukprijs ...)?

Voor wie een contentmarketingbureau zoekt, heeft Custo via moederorganisatie ACC een pitchgids uitgewerkt. Hij is op verzoek bij de vereniging te verkrijgen (www.acc.be/pitchcorner).

8.2.2 NATIVE ADVERTISING ZORGT VOOR ANDERE PARTNERS

Naast contentmarketingbureaus zijn er de afgelopen jaren andere tussenpartijen op de markt verschenen. Het gaat om (online) uitgevers die *native advertising* aanbieden. In dat geval maakt de redactie of een freelancer die de context van het medium in kwestie goed kent, een artikel in de stijl van het medium over, of de doelstellingen van het merk (zie hoofdstuk 1).

Native advertising is voor heel wat uitgevers een nieuwe inkomstenstroom, waarmee ze hopen de terugvallende reclame-inkomsten te compenseren. Vandaar dat sommige uitgevers over behoorlijk grote teams beschikken om *native advertising* te verkopen en te realiseren. Zo was dat van DPG Media midden 2020 zo'n 45 man groot. Toch loont het de moeite de vraag te stellen of de uitgever de best geplaatste persoon is om jouw *native advertising* te maken. Hij kent inderdaad zijn publiek als de beste, maar niet noodzakelijk jouw doelgroep. Het is een afweging die je moet maken: wie is hier het best geplaatst? Mijn interne team, mijn contentbureau of de uitgever?

OP ZOEK NAAR WIN-WIN-WIN

Eneco zocht in 2017 toenadering tot de retailsector. Het schakelde daarvoor zakenblad *Trends* in en samen kozen ze voor een rondetafelgesprek met enkele prominente spelers van de retailsector. Het onderwerp? Niet duurzame energie, wel duurzaamheid. Het leverde een artikel op dat meer dan zijn plaats had in het magazine, dixit de redactie. Online volgden artikels over subthema's die doorlinkten naar de mogelijkheid om een e-book over het thema te downloaden.

Zo kreeg Eneco ook waardevolle gegevens van prospecten binnen. Samenvattend was het een project waar de uitgever bij won (hij kreeg extra inkomsten en een artikel dat helemaal paste bij het magazine), waar de lezer bij won (een interessant artikel) en waar de adverteerder bij won (naamsbekendheid en gegevens van prospecten). Win-win-win dus.

"WE BEREIKTEN HET POINT OF NO RETURN"

Retailers rond de tafel over duurzaamheid

Hoe sterk zit duurzaamheid ingebed in het DNA van retailers? Worden ze ertoe gedwongen of is het een bewuste keuze? En welke invloed heeft dat op de winkel van de toekomst? CEO van Eneco, Christophe Degrez nodigde de duurzaamheidsverantwoordelijken van enkele belangrijke retailers uit rond de tafel. "We stellen ons de vraag wat we met onze parkings moeten doen als er enkel nog self-driving cars rondrijden."

Hoe uit duurzaamheid zich in jullie onderneming?

Sylvie Van Acker: Het is meer dan een onderdeel van de waardeketen bij H&M, het maakt deel uit van ieder apart deel van de waardeketen. Duurzaamheid begint bij het design van het product, waar we aandacht besteden aan de materialen. We onderzoeken ingrepen tijdens de levensduur van een product, zoals minder energie verbruiken bij het wassen. Verder gaat het over het transport van kleding naar onze winkels, over het energiegebruik bij de productie ervan en over de eindfase van het product. Het moet op een goede manier te recycleren zijn. We bekijken het tot slot op het vlak van energiegebruik. H&M België gebruikt enkel groene energie, maar we willen die ook op een efficiënte manier gebruiken en ervoor zorgen dat we er zo weinig mogelijk van moeten gebruiken.

Caroline Gastaud: Ook bij IKEA zit duurzaamheid geïntegreerd in elke schakel van onze waardeketen. We delen het op in drie grote blokken. Te beginnen met ons aanbod van producten die duurzamer zijn. Daarnaast willen we onze klanten helpen bij het uitbouwen van een duurzame levensstijl. We hebben, bijvoorbeeld, een reeks producten die klanten de kans geeft om spaarzaam met energie om te gaan, zoals ons assortiment verlichting dat 100% led is. Verder bieden we diensten aan die klanten toelaten om de levensduur van hun producten te verlengen. Hetzij door ze een nieuwe 'look' te geven of ze te herstellen, hetzij via recuperatie en doorverkoop in de winkels. Daarnaast spelen de winkels een belangrijke rol in ons streven naar duurzaamheid. Dat merk je bijvoorbeeld aan de zonnepanelen of de recuperatie van regenwater.

***"Ik betwijfel of duurzame producten duurder moeten zijn."* (Pascal Léglise)**

Pascal Léglise: Bij Carrefour maakt duurzaamheid al sinds eind de jaren 90 deel uit van het DNA. We hebben een programma dat op internationaal niveau gedefinieerd is rond vier assen: het tegengaan van verspilling, biodiversiteit, de samenwerking met de partners en

TRENDS INFORMATION SERVICES

8.2.3 MISSCHIEN KUN JE ZELF EEN MAGAZINE OF WEBSITE OVERNEMEN

Klinkt wat gek? Of overambitieus? Misschien is het wel haalbaarder dan je denkt. In het buitenland – en dan vooral in de Verenigde Staten – is het al enkele jaren een trend. Merken kopen er media op. Zo kocht L'Oréal enkele jaren geleden de website Make-up.com, om consumenten meer inspiratie op dit vlak te kunnen bieden.[148] In b2b kocht Arrow Electronics (een MediaMarkt voor professionals) een uitgever van vakbladen in elektronica. En Whirlpool kocht receptensite Yummly, zodat het zijn kookapp kon uitbreiden met stappenplannen om gerechten klaar te maken. Merken kopen zo de broodnodige uitgeverskennis in. Dat is gemakkelijker en soms zelfs goedkoper dan zelf de kennis op te doen. Is jouw merk een lifestylemerk dat zich richt op jonge, onafhankelijke vrouwen? Misschien is *Flair* wel iets voor jou?

8.2.4 ZONDER CONTENTKALENDER RED JE HET NIET

Je merkt het: content marketing vergt een complexe organisatie. Je maakt intern een aantal zaken, maar vaak werk je ook samen met een gespecialiseerd bureau. En misschien heb je daarnaast ook nog een *native advertising*-partner. De behoefte om een overzicht te behouden is groot.

Dan hebben we goed nieuws voor je: gebruik een contentkalender en dat lukt je vlekkeloos. Een contentkalender bevat een overzicht van alle content die je gaat verspreiden en geeft daarbij info: de titel, het onderwerp, de auteur, de deadline van aanlevering, de deadline voor vertaling, de illustratie die erbij hoort en de contentpijlers waartoe het contentstuk behoort. Sommigen koppelen hier ook de resultaten aan: per contentstuk staat ook de consumptie ervan.

DE NOODZAKELIJKE ELEMENTEN VAN EEN CONTENTKALENDER:

- publicatie- en verspreidingsdatums;
- topic;
- boodschap;
- kanalen;
- doelgroep die je wilt aanspreken.

OPTIONEEL KUN JE NOG TOEVOEGEN:

- zoekwoorden en tags die behoren tot je blogpost of social post;
- contentpijlers;
- visuals opnemen die je gaat delen;
- verantwoordelijken voor elke stap in het proces;
- de status van een stuk.

Je kunt het zo gek niet bedenken of het kan wel in een contentkalender. Daarin schuilt natuurlijk het gevaar: je wilt volledig zijn, maar je wilt het ook overzichtelijk houden. Onze raad: beperk het aantal kolommen zodat je steeds in een oogopslag kunt zien wat relevant is voor een bepaald stuk. *In der Beschränkung zeigt sich der Meister ...*

Het kan ook een goed idee zijn om de publicatietijd op te nemen in je kalender. Timing is alles, denk aan de persoonlijke timeline van je persona. Experimenteer met en analyseer de beste timing voor publicatie en distributie van je post, per platform. Hou daarbij ook rekening met de gemiddelde levensduur van een post op dat specifieke platform. Een tweet zal veel minder zichtbaar blijven dan een Instagrampost. Dinsdag- en donderdagvoormiddag komen regelmatig terug als 'het beste moment om nieuwsbrieven te versturen'. Maar als iedereen op eenzelfde moment verstuurt, kun je beter een afwijkend moment kiezen. Ann Handley verstuurt haar tweewekelijkse *Total Annarchy*-nieuwsbrief telkens op zondag, om twaalf uur.

Een veelgemaakte fout is onmiddellijk het volledige arsenaal aan kanalen in te zetten om een nieuw stuk te promoten: je verschillende sociale kanalen, e-mail, *ambassadors* en influencers en pr, allemaal op dezelfde dag. De kans zal inderdaad groter zijn dat je stuk opvalt, op die dag, maar je hebt dan ook al je kruit verschoten. Het is beter om een stuk te promoten over een langere periode, op verschillende manieren. Die gedoseerde aanpak zal minder *spammy* aanvoelen en uiteindelijk tot een beter eindresultaat leiden.

Online bestaan er diverse contentkalenders. Denk maar aan StoryChief, Hootsuite, CoSchedule of Hubspot. Veel bedrijven geven echter nog altijd de voorkeur aan die goede oude Excel-file. Waarom? Omdat elke organisatie andere noden en focussen heeft. Een contentkalender is maatwerk. Idealiter deel je het document op een *sharing*-platform als Google Drive of Dropbox zodat iedereen die bij het proces van jouw contentproductie en -distributie betrokken is, er toegang toe heeft.

8.2.5 CONTENTGOVERNANCE

Welke profielen zijn intern actief voor content marketing? Met welke bureaus werkt een organisatie samen? Welke afspraken en processen worden hierover gemaakt? Wie de verschillende elementen rond de organisatie van content marketing wil bundelen, zorgt voor contentgovernance. Het gaat hierbij dus niet om het beheren van de content zelf, wel over de *content supply chain*: over mensen (wie?), rollen (wat?), flows (wanneer?), afspraken (hoe?) en middelen (waarmee?) die je inzet om content te plannen, te maken, te beheren, te publiceren en te evalueren. Volgens Pieter Vereertbrugghen, *managing partner* bij het bureau Cypres en pionier van contentgovernance, is het introduceren ervan in de eerste plaats een kwestie van mindset. Bedrijven beseffen nog te weinig dat content een van hun belangrijkste assets is. Zodra men dit belang beseft, zoekt men automatisch naar manieren om de contentstrategie efficiënt uit te voeren: dat is contentgovernance.

8.3 NIET ENKEL EEN TAAK VOOR MARKETING

8.3.1 EEN CULTUUR VAN CONTENT

We merkten eerder al op dat content marketing een filosofie is en dat ze zich niet mag beperken tot het contentmarketingteam binnen de marketingafdeling. In feite gaat het nog breder: de hele organisatie moet het nut van content marketing inzien om verhalen aan te leveren en om de content die je maakt, verder te verspreiden. Content marketing wordt pas maximaal benut als de hele organisatie doordrongen is van de cultuur.

8.3.2 VALKUILEN

Betrokkenheid van de (hele) organisatie is een sleutelelement om met content marketing succes te boeken. We kunnen het niet genoeg herhalen. Die betrokkenheid moet je aansturen en niet aan het toeval overlaten. Toch is ook aansturing geen garantie voor succes. Vaak wordt binnen de organisatie een team van experts uit andere afdelingen geformeerd. Wanneer dat team zich als ambassadeur gedraagt en ook anderen aansteekt, is er geen vuiltje aan de lucht. Maar wanneer het zich verzet, kom je binnen de hele organisatie geen stap verder. Ook wanneer er voor goedkeuring van content binnen de organisatie een lang traject moet worden afgelegd, komt dat de resultaten niet ten goede. Snel en flexibel inspelen op zaken die zich aandienen, is immers essentieel.

8.3.3 MANIEREN OM BETROKKENHEID TE VERGROTEN

In de Verenigde Staten zijn bureaus en adverteerders al wat verder in content marketing. Maar ook daar is het niet steeds vanzelfsprekend om een hele organisatie een bocht te doen nemen.

Zeker het overtuigen van het C-level is enorm belangrijk. Omdat de CMO niet steeds in het directiecomité zit, ligt dat niet voor de hand. In hoofdstuk 1 vermeldden we al dat het kan helpen om te focussen op het reputatiemanagement dat hierbij betrokken is. Wanneer dat niet lukt, is het geen slecht idee op zoek te gaan naar een *coalition of the willing*. Jesper Laursen ontdekte het bij een campagne die z'n bureau BrandMovers voor Santander maakte.[149] Het was een campagne die werd doorgetrokken in content, maar ook in advertising, pr en social. Niet gemakkelijk, en om alle neuzen in dezelfde richting te krijgen, ging hij op zoek naar mensen die voor content opstonden om zo een front te vormen, *the coalition of the willing*.

Platform Contently van zijn kant vindt de betrokkenheid van de hele organisatie dusdanig belangrijk dat het de term *content methodology* introduceerde. Daarbij staat de cultuur centraal. Contently geeft vijf tips om die cultuur te installeren.

VIJF TIPS VAN CONTENTLY

1. Creëer een gemeenschappelijk doel.
2. Zorg voor engagement bij de directie.
3. Zorg voor contentleiderschap en een (content)kader.
4. Zorg dat de samenwerking tussen afdelingen in een structuur wordt gegoten.
5. Moedig creativiteit en zin voor risico aan.

8.3.4 SAMENWERKING TUSSEN SALES EN MARKETING

Als er één afdeling is die 'mee' moet zijn bij de contentmarketingplannen, dan is het wel de salesafdeling. Zij bezetten immers de beste positie om het vervolg van het traject af te leggen. Content marketing plaveit de weg (lees: zorgt voor leads) en sales zorgt ervoor dat leads klanten worden. Samenwerking is dus essentieel en idealiter stromen de leads dan ook automatisch door naar de CRM, waarna sales het bericht krijgt dat iemand aan hun criteria voldoet. Ook in de omgekeerde richting zal een structuur voldoen waarbij sales ideeën voor content kan doorgeven. Maar het kan (en moet) ook omgekeerd. Het salesteam moet de waardevolle, relevante en consistente content van de organisatie verspreiden en zo winstgevende acties bij de klanten teweegbrengen.

5 TIPS OM CONTENTDISTRIBUTIE BIJ SALES TE STIMULEREN

1. *Maak thought leaders van je vertegenwoordigers.*
   Een autoriteit zijn werkt bijzonder goed voor leden van het salesteam. Onderzoek van LinkedIn toont aan dat 92% van de b2b-aankopers met een vertegenwoordiger wil praten als die over veel kennis beschikt of een reputatie als kennisleider heeft.
2. *Laat vertegenwoordigers digitale relaties opbouwen.*
   Een verkoper kan aan de hand van content makkelijker een digitaal verlengstuk breien aan zijn face-to-facecontacten. Geef hem sterke content in handen die hij kan delen met zijn contacten om een permanente digitale relatie te onderbouwen.
3. *Bezorg je vertegenwoordigers extra touch points.*
   Voor vertegenwoordigers is het na een eerste gesprek vaak zoeken naar nieuwe ingangen om opnieuw in contact te treden. Content zorgt voor extra *touch points*: vanuit de kanalen waarlangs je content verspreidt, kan elk lid van het salesteam zijn contacten aanspreken door te verwijzen naar interessante content.
4. *Help vertegenwoordigers om te denken vanuit het probleem van de klant.*
   Leer je verkoopteam dezelfde reflex aan als het marketingteam: vertrek vanuit wat je klant echt nodig heeft om een probleem op te lossen. Pas in een latere fase volgen de producten of diensten. Klinkt vanzelfsprekend, maar als de twee afdelingen het anders aanpakken, kan dat het rendement van content stevig drukken.
5. *Zorg dat vertegenwoordigers de prospect beter kunnen inschatten.*
   Het ontwikkelen van een goede contentstrategie levert informatie op die zeer waardevol is voor vertegenwoordigers. Hoe een *buyer persona* eruitziet en wat zijn noden zijn, helpt niet enkel bij het maken van content, maar ook bij het voorbereiden van een verkoopgesprek. Geef die informatie door.

WAT KUN JE ERMEE?

BEGINNER

- Content marketing vergt een andere organisatie dan campagnedenken. Je marketingafdeling zal (deels) de structuur van een redactie aannemen.
- Content marketing is niet alleen de taak van het contentmarketingteam. De volledige marketingafdeling moet ervan doordrongen zijn. Meer nog: de hele organisatie (en zeker het salesteam) moet de cultuur omarmen. Dat vraagt heel veel evangelisatiewerk.
- Net zoals bij reclame- of promotiecampagnes moet je content marketing niet alleen doen. Er zijn tal van experts op de markt die hierbij kunnen helpen.
- Technologie is zeer belangrijk bij content marketing. Betrek dus je IT-afdeling of zoek een IT-minded marketeer om je team te versterken.

GEVORDERD

- Content marketing doen slagen heeft alles te maken met het op een lijn krijgen van diegenen die ervoor instaan. Ga dus op zoek naar gelijkgestemden en probeer tot een gemeenschappelijke basis te komen om content marketing verder uit te rollen binnen jouw bedrijf.
- Daarnaast is het natuurlijk heel belangrijk de juiste rollen in het team of extern te hebben. Ga na welke rollen in functie van je strategie van belang zijn en kies vervolgens welke van die rollen intern aanwezig moeten zijn.
- Werk aan meetbare resultaten. Die helpen om de meerwaarde van content marketing aan te tonen en zo anderen te overtuigen.

EXPERT

- Zorg ervoor dat je – indien nodig – uit je silo breekt. Bekijk welk framework voor jouw bedrijf het beste zou werken en analyseer welke hinderpalen je nog moet wegwerken om het te installeren.
- Probeer het hele bedrijf duidelijk te maken dat content marketing een filosofie is, meer dan een techniek.
- Ga na welk medium een versterking zou zijn van jullie contentmarketingaanpak. Al is het voor het plezier van de oefening ...

Een internationale expert over ...
het aanpassen van je organisatie om van content marketing een succes te maken

Een interview met CARLOS ABLER

Als één man weet hoe je je marketingorganisatie een draai moet geven om te excelleren met content marketing, is het Carlos Abler wel. Gedurende acht jaar was hij bij 3M verantwoordelijk voor de transformatie van teams én aanpak. Het was een van de enige organisaties tot nu toe die een hybride/geïntegreerde structuur heeft opgezet en dat maakte van de technologiespeler een wereldwijd voorbeeld van hoe het moet.

ALS JE ECHT MET CONTENT MARKETING WILT BEZIG ZIJN, MOETEN DE MENSEN DIE ERVOOR VERANTWOORDELIJK ZIJN, HOGER IN DE ORGANISATIE ZITTEN OF ALLESZINS SNEL IN HET PROCES BETROKKEN ZIJN.

Wat is er de afgelopen tien jaar veranderd in hoe content marketing georganiseerd is en hoe de teams zijn gestructureerd?

Hier spelen verschillende elementen. Je hebt de evolutie van de rollen die altijd al een contentfocus hadden, je hebt de creatie van contentspecifieke teams en je hebt de impact van content marketing op de horizontale samenwerking overal in het bedrijf.

Laat ik beginnen met de afdelingen die altijd al met content bezig waren. Ik denk bijvoorbeeld aan *marketing communications*. De medewerkers van deze afdeling hebben hun uitgeverscapaciteiten moeten verbeteren om met de digitale kanalen om te gaan én om te beantwoorden aan de toegenomen vragen van de business over inkomsten, kosten, procesoptimalisering en wat het bijbrengt aan die business. Ze hebben moeten leren hoe content *performance based* moet zijn. Het moet bereik opbouwen, de verkoopcyclus inkorten, tot salesconversie of leadoptimalisering leiden ... Ik heb in totaal dertig businesselementen gevonden waar content voor extra waarde kan zorgen.

IK HEB IN TOTAAL DERTIG BUSINESSELEMENTEN GEVONDEN WAAR CONTENT VOOR EXTRA WAARDE KAN ZORGEN.

Daarnaast hebben ze moeten leren om sneller in het marketingproces betrokken te zijn. Traditioneel komen communicatie, de keuze van mediakanalen en dergelijke aan het einde van het marketingproces. Als je echt met content marketing wilt bezig zijn, moeten de mensen die ervoor verantwoordelijk zijn, hoger in de organisatie zitten of alleszins snel in het proces betrokken zijn om enerzijds de strategische input te identificeren, maar anderzijds ook om het denken rond doelgroepsegmenten in het bedrijf te vergroten en om informatie te kunnen doorgeven over performance, budgetvereisten en dergelijke zodat de marketingplannen veel realistischer zijn.

Tot slot biedt content marketing deze teams ook de kans om de shift naar *value added content* te maken. Ze kunnen evolueren van content als communicatie naar content als product. Met content moet je niet enkel aantonen hoe geweldig het merk en z'n producten zijn, de content zelf moet ook waarde hebben, zodat je mensen kunt blijven informeren over belangrijke zaken, zodat je hen nieuwe vaardigheden kunt aanleren ...

Naast de afdelingen die deel uitmaken van de business, heb je ook gebieden als corporate brand, pr, *employer branding*, CSR en dergelijke. Die hebben de luxe dat ze iets verder staan van de link met de inkomsten. Dat heeft tot gevolg dat er vaak minder stabiliteit is. Je kunt immers iets vrijblijvender te werk gaan, wat soms uitmondt in initiatieven die het ene jaar ontstaan en het volgende jaar weer verdwijnen.

Verschillen de vaardigheden die nodig zijn tegenover tien jaar geleden? Is er geen trend naar meer journalistieke skills?

Vooral in deze laatste gebieden, maar ook binnen *marketing communications*, is er een trend om meer journalisten in te zetten. Dat is geweldig als je het bekijkt vanuit het oogpunt van de verhoogde contentkwaliteit en kennis van contentcreatie en -distributie. Maar het gaat gepaard met vooroordelen. Meer bepaald over het feit dat content marketing los moet gezien worden van de business. Dat is een grote fout en die leidt tot instabiliteit in de investeringen in waardevolle contentmarketingprogramma's, net als tot de foute denkrichting dat de business en de waarde voor de consument enkel en alleen van content marketing kan komen.

Ik heb heel wat organisaties zien falen in het vinden van creatieve paden om hun gesegmenteerde aanpak en redactionele kwaliteit te behouden, net als in het out of the box denken om te beantwoorden aan de multichannel- en multiformatconsumptie van de prospect of klant. Ik heb vaak gezien dat ex-journalisten bedrijven gebruiken om hun carrière voort te zetten, omdat het businessmodel van de mediabedrijven niet evolueert. Eigenlijk maken die ex-journalisten dezelfde fout als hun vroegere werkgevers.

CONTENTMARKETEERS DIE HET CROSSFUNCTIONELE DENKEN IN DE VINGERS HEBBEN, ZITTEN GOED OM OP HORIZONTAAL VLAK IEDEREEN TE VERENIGEN.

Wat is de oplossing?

Laat me duidelijk zijn: an sich is het heel goed dat we een toename van uitgevers- en distributierollen zien. Zij moeten echter getraind worden in de vaardigheden die nodig zijn om hun talent meer te synchroniseren met wat de business nodig heeft. Net zoals er een nood is om mensen van de business meer te laten leren over publishing.

Content marketing leidt ook tot de noodzaak aan meer samenwerking in het hele bedrijf. Hoe organiseer je dat?

Dat is volgens mij de belangrijkste uitdaging in contentmarketinggovernance. Binnen bedrijven is de belangrijkste challenge op het vlak van governance systematisch en verantwoordelijk *change management*. Hoe groter de onderneming, hoe belangrijker het is dat dit geformaliseerd wordt. *Change management* voor content marketing is trouwens niet los te zien van moderne klantenrelaties en digitale transformatie. In eerste instantie denk je misschien dat onlosmakelijk verbonden betekent dat alles complexer wordt. Sommige contentmarketeers zouden het waarschijnlijk gemakkelijker vinden om in een vacuüm te opereren, zonder vergaderingen over marketingautomationontwikkelingen, datastrategieën ... Dat is echter een vergissing. Contentmarketeers zitten in een sterke positie om mee te denken over hoe technologie ontplooid moet worden om waardecreatie te realiseren. Omgekeerd moeten technologieën ook helpen om de inspanningen inzake content marketing meer resultaat te laten hebben. Hoe strategischer en hogerop in de organisatie contentmarketeers zitten bij digitale transformatie-initiatieven, hoe meer waarde deze initiatieven zullen hebben voor het bedrijf.

Samenwerken bij initiatieven is cruciaal in *change management*. Als je in een marketingteam van wereldwijd 5000 mensen wilt proberen om content marketing stelselmatig te integreren in het proces van marketingplanning, dan is de kans klein dat de board daarvoor een *change management*-programma zal willen opzetten. Als je daarentegen kunt bijdragen aan het oplossen van problemen rond *lead generation* of *lead optimization*, waarbij al verschillende teams betrokken zijn, dan is de kans veel groter dat je toestemming krijgt om een traject op te starten om alle tools en praktijken aan elkaar te linken. Zo wordt jouw programma iets waarop het hele bedrijf kan meesurfen. Contentmarketeers die dat crossfunctionele denken in de vingers hebben, zitten goed om op horizontaal vlak iedereen te verenigen.

HOOFDSTUK 9

CONTENT MARKETING ALS BUSINESSMODEL

9.1 CONTENT MARKETING KAN BIG BUSINESS ZIJN

Is het je opgevallen? Dit hoofdstuk start zonder case. En dat is natuurlijk geen toeval. Het onderwerp van dit hoofdstuk – van content marketing een business maken – is immers nog onontgonnen terrein in onze contreien. Waardoor we eenvoudigweg nog geen case hebben om dit slothoofdstuk te illustreren. In het buitenland zijn die er wel, maar die geven we dan liever als kaderstuk in de loop van het hoofdstuk.

Nu, laten we duidelijk zijn ... Uiteraard is het de bedoeling dat content marketing 'iets opbrengt'. Het gaat om content marketing, niet om content (herinner je de definitie uit hoofdstuk 1). Dat betekent echter niet dat je nog verder kunt gaan en content marketing meer laten zijn dan marketing, meer dan een techniek die je merk of product een dienst bewijst. Content marketing heeft het in zich om een rendabel businessmodel rond uit te bouwen. Noem het een extra businessunit. Maar dan wel eentje die ook nog je merkpositionering versterkt, je leads oplevert of je imago als expert in de kijker zet.

9.1.1 ECHT UITGEVER WORDEN

Wie verder wil kijken dan marketingdoelstellingen, heeft er baat bij om zijn rol als uitgever au sérieux te nemen. Ook een uitgever verdient immers geld met de content die hij verspreidt. Dat is ook mogelijk voor merken, al vergt het natuurlijk een enorme focus en de nodige investeringen.

Als typevoorbeeld wordt steevast naar Red Bull gekeken. De producent van energiedrankjes gelooft al veel langer in content marketing en startte in 2007 met Red Bull Media House, zeg maar de uitgeeftak van het bedrijf. Die is intussen goed voor een omzet van zowat 50 miljoen dollar en stelt meer dan 500 mensen tewerk. Het heeft een eigen magazine waarvoor abonnees betalen, met een oplage van 5 miljoen exemplaren. Maar het maakt vooral videoproducties die vervolgens aan tv-zenders verkocht worden of op Red Bull TV getoond worden. We durven er ons hoofd op te verwedden dat Samsung betaalt om Red Bull TV op zijn tv-toestellen te kunnen aanbieden.

De oprichter van Red Bull vatte het ooit mooi samen: 'Red Bull is een mediabedrijf dat toevallig energiedrankjes verkoopt.'[150]

Red Bull MEDIA HOUSE

ZEVEN LESSEN VAN RED BULL MEDIA HOUSE[151]

- Marketing is meer dan een afdeling. Het is de verantwoordelijkheid van het volledige merk en van elke medewerker.
- Content is een kerntaak van de business. Zorg er dus voor dat de content inspirerend en doeltreffend is.
- De business moet het concept van het merk als mediabedrijf letterlijk nemen.
- Content moet de essentie van het merk ondersteunen. In het geval van Red Bull is dat letterlijk 'vleugels geven'.
- Zorg dat je een breed mediabedrijf wordt, dat in alle mediasegmenten (video, mobiel, online, print) actief is.
- De media kunnen rendabel worden, maar behoud de focus op de marketingdoelstellingen (zodat minder in reclame geïnvesteerd moet worden).
- Maak content die je publiek kan consumeren op de manier waarop zij dat willen.

Eigenlijk kunnen merken veel leren van *personal brands*: BV's of BN'ers, chef-koks, influencers. Zij worden ook uitgever en verdienen daar goed geld mee. Personality Pascale Naessens heeft van haar kookboeken al ettelijke honderdduizenden exemplaren verkocht.

9.1.2 GELD VRAGEN

We begonnen er dit boek mee: het contentprogramma van outdoor-retailer A.S.Adventure. Diens magazine bestaat intussen al meer dan tien jaar en gedurende een aantal jaren was het ook te koop in de krantenwinkel voor het toen correcte bedrag van 4,5 euro.[152] Die beslissing had twee voordelen: enerzijds breidde het publiek van *A.S.Magazine* uit, anderzijds kreeg het magazine meteen extra meerwaarde voor de klanten van de retailer: zij zagen immers dat anderen er in de krantenwinkel voor moesten betalen.

Geld vragen voor je content is verder gaan dan content maken die 'zo waardevol is dat mensen ervoor zouden willen betalen'. Het is content maken waarvoor mensen moeten betalen. Een van de beste voorbeelden hiervan komt van LEGO, dat in 2014 de eerste *LEGO Movie* op de mensheid losliet. En met groot succes. De film lokte miljoenen bioscoopbezoekers. Hij kostte 60 miljoen dollar en leverde zowat 470 miljoen dollar op.[153] En hij zorgde ervoor dat LEGO het jaar erop zijn tot dan toe meest succesvolle jaar kende.

LEGO MASTERS DOET HET OP EEN ANDERE MANIER

Ook 'LEGO Masters' is een sterk staaltje content marketing, en meer bepaald *native advertising*. Dit tv-programma is een wedstrijd waarin de beste LEGO-bouwers uitblinken. Het is te zien op VTM en RTL4 en is gebaseerd op het originele Britse format, eigendom van het productiehuis Tuesday's Child en LEGO Group.[154]

Hier vraagt LEGO geen geld aan de eindconsument voor de content, maar wel aan productiehuizen en zenders die het programma in een bepaald land willen maken en uitzenden.

Voor veel merken zit de kunst van het genereren van inkomsten hem in het crossmediaal gaan.[155] Wie een waardevol contentplatform kan uitbouwen, kan deze content herverpakken of uitbreiden via andere kanalen en daarvoor een bepaald bedrag vragen. Vergelijk het met Sergio Herman die via z'n kookprogramma's ook kookboeken en kookgerei (al is dat niet echt content natuurlijk) op de markt brengt.

In uitgeeftermen noemen we dat *line extensions*. Het uitbreiden van je inkomstenplaatje met zaken die in het verlengde liggen van wat je doet. En – belangrijk – die je (content)merk ten goede komen. Stel bijvoorbeeld dat je als boekhoudkantoor een stevig contentplatform uitbouwt dat kmo's inzichten biedt in het financieel bestieren van een bedrijf. En stel dat de content op dat platform zo goed is dat je een trouw publiek kunt opbouwen en stilaan bekendstaat als dé expert op dit vlak. Wel, wat houdt je dan tegen om een boek uit te brengen waarin je deze inzichten bundelt. Heel wat bedrijfsleiders zouden ervoor willen betalen om een handig overzicht te hebben, dat ze constant op hun bureau kunnen laten liggen. Of misschien kun je betalende events opzetten om met je doelgroep inzichten van de grootste experts wereldwijd te delen. Of je zorgt voor betalende onlinekanalen, zoals een podcastkanaal of een YouTubekanaal waarop je enkel content deelt met zij die ervoor betalen. Of misschien zijn mensen gezien de actualiteitswaarde wel bereid om louter te betalen voor het feit dat ze je inzichten een maand eerder dan om het even wie kunnen lezen. Je ziet het, mogelijkheden genoeg om crossmediaal te gaan en zo een inkomstenmodel te vinden.

CRM-specialist Salesforce organiseert jaarlijks het event Dreamforce, goed voor 150.000 bezoekers en tientallen sponsors. In de contentmarketingsector doet het Content Marketing Institute hetzelfde met Content Marketing World dat duizenden bezoekers en tientallen sponsors trekt.

In hun boek *Killing Marketing* hebben Joe Pulizzi en Robert Rose een mooi beeld geschetst van het scala aan mogelijkheden om inkomsten te genereren uit je contentinspanningen.

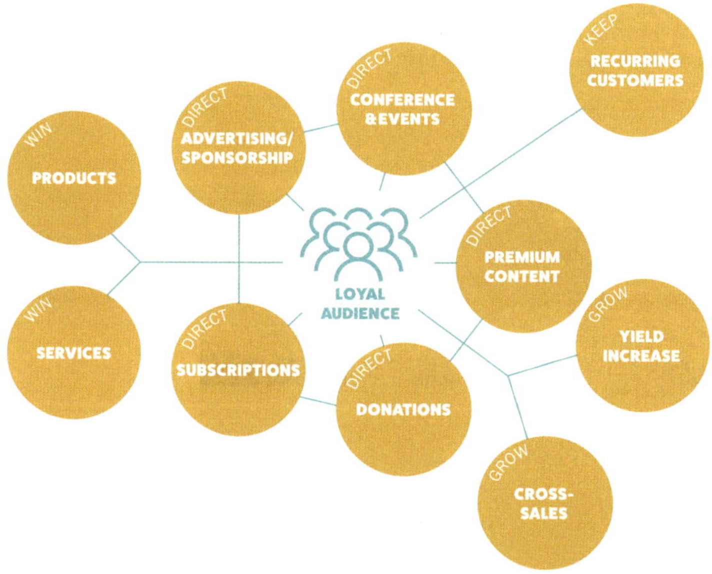

Een minder bekende manier om inkomsten te genereren is crowdfunding,[156] al lijkt ons dat enkel van toepassing op kleinere of nichemerken. Dankzij websites als Kickstarter en KissKissBankBank is het systeem in ieder geval heel gemakkelijk geworden. Je start een openlijke vraag tot financiële steun en wanneer je voldoende steun hebt, kun je je project starten. We raden hierbij wel aan om je 'geldschieters' ook wat in ruil te geven: krijgen zij extra content, krijgen zij eerder content?

Uiteraard mogen we ook advertentie-inkomsten als inkomstenbron niet vergeten. Zo is op zowel de website KraftRecipes.com (inderdaad: een initiatief van de FMCG-gigant) als in het printmagazine *Kraft Food & Family* de mogelijkheid om advertentieruimte te boeken. In België recupereren zowel *Delhaize Magazine* als *Simply Life* van

Carrefour een belangrijk deel van hun kosten door advertenties of *native advertising* van hun leveranciers toe te laten. Maar ook in b2b kan het. Cebeo, een groothandel in elektrotechnisch materiaal, produceert heel wat content waarvan een groot deel betaald wordt door de merken die het verdeelt.

ZIEKENHUIS WORDT UITGEVER

Oké, ziekenhuizen zijn heel wat commerciëler in de Verenigde Staten dan bij ons, maar toch: een ziekenhuis met een website die advertentie-inkomsten genereert? En veel? Het is wat de Cleveland Clinic al enkele jaren realiseert. Zij zorgden voor een van de beste patiëntensites wereldwijd. Het resultaat? Meer dan vier miljoen bezoekers per maand, die 'vermarkt' worden op de advertentiemarkt.

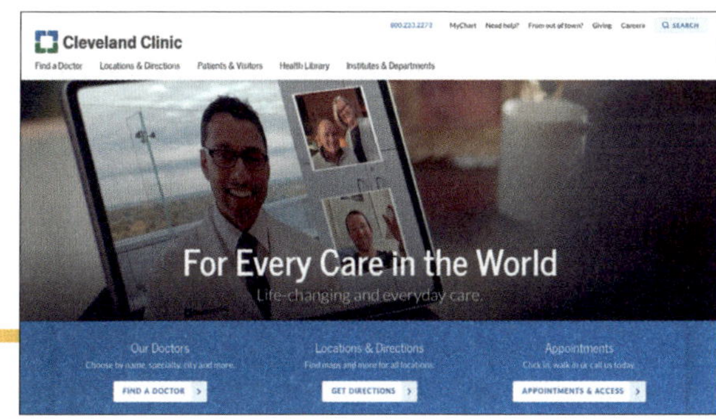

Een laatste manier is gebruikmaken van *micropayments*. Het is een manier die traditionele uitgevers ook steeds meer ontdekken en waarbij in plaats van een abonnementbedrag enkel een bedrag per gelezen blogpost, bekeken video ... gevraagd wordt. Betaalsystemen als PayPal maken het toegankelijk. Ook bitcoin zou hiervoor in aanmerking kunnen komen. Opnieuw lijkt het ons een manier waar vooral nichemerken baat bij kunnen hebben.

9.1.3 WINST MAKEN

Geld vragen voor je content betekent natuurlijk nog niet dat je contentmarketing-inspanningen ook an sich winstgevend zijn. Maar wenkbrauwen mag dat niet doen fronsen. We blijven het herhalen: content marketing dient in eerste instantie je marketing- of salesdoelstellingen te realiseren. Tant mieux als het meer wordt.

Maar het kan dus. Winstgevend zijn. Volgens Joe Pulizzi verdient Red Bull alvast meer met z'n content dan met de verkoop van z'n energiedrankjes.[157] Bevestiging heeft hij daar echter niet van. Dat we zelden weten of contentmarketingprojecten an sich winstgevend zijn, komt natuurlijk omdat ze perfect verweven zijn met de activiteiten van het merk. Het zijn geen aparte businessunits. Een uitzondering daarop is Zappos Insights.

ZAPPOS VERKOOPT ZIJN KENNIS

Zappos is in korte tijd de meest succesvolle schoenen-e-tailer ter wereld geworden. Zeg maar de Zalando van de schoenen. Het heeft dat succes te danken aan een unieke klantenbeleving met een focus op *loyalty*. En dat recept interesseert heel wat mensen. In zoverre dat Zappos het initiatief Zappos Insights opstartte. Dat biedt – tegen betaling – bezoeken en seminaries aan, maar ook content en webinars, tot zelfs een driedaags event over de bedrijfscultuur.[158] Zappos Insights is intussen een zeer rendabele *business line* van de e-tailer geworden.

Eigenlijk is deze evolutie van content marketing ook niet meer dan logisch, als je bekijkt wat we de afgelopen jaren gezien hebben. Het past volledig in de professionalisering die deze techniek doormaakt. De volgende tabel illustreert dat prima.

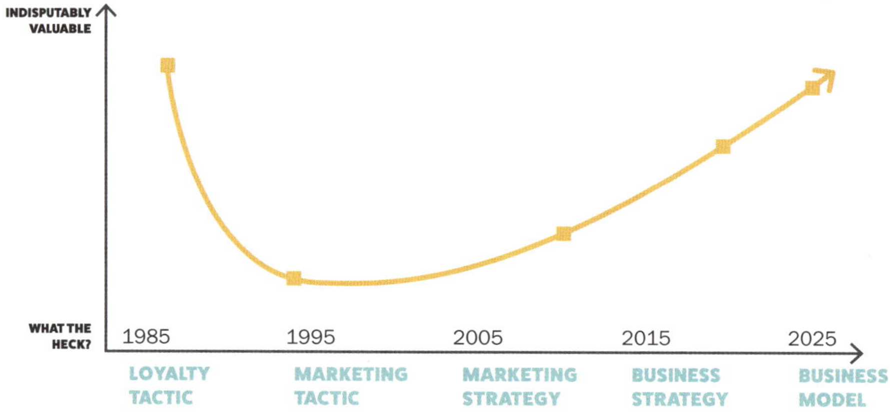

Tabel 'owned media value curve'[159]

Contentmarketeers die voorsprong willen nemen, springen dus het best op deze trein. Sowieso lijkt het ons evident dat elke contentmarketeer die z'n job ter harte neemt, minstens op zoek gaat naar een mogelijke manier om met zijn content een deel inkomsten te genereren. Wanneer het lukt, heb je immers zoveel meer budget om betere content te maken en optimaal te verspreiden. En zo meer op te brengen op het vlak van marketing en inkomsten. Noem het gerust een sneeuwbal die zich in gang zet.

Nog een laatste bedenking. Investeren in content marketing betekent natuurlijk ook dat je minder moet uitgeven aan reclame. Of dat je minder salesmedewerkers nodig hebt omdat je via je website heel wat leads binnenkrijgt. Zo kun je natuurlijk ook veel gemakkelijker het management of de CEO overtuigen om in content te investeren. En is dat niet uiteindelijk dat waar het allemaal om draait ... een beslissing om voor content marketing te gaan die breed gedragen is.

Maak je echter geen zorgen indien dit hoofdstuk een ver-van-mijn-bedshow is. Dat is het voor zowat elke contentmarketeer in België en Nederland. We wilden dit onderwerp echter absoluut om dit boek mee af te sluiten. Net omdat het aangeeft waar content marketing naartoe gaat en ook waar het toe in staat is. En net zoals we steevast stellen dat content marketing misschien wel 'gemakkelijker' is voor nichemerken – of het nu b2b of b2c is – is het voor die merken misschien ook gemakkelijker om van content een inkomstenbron te maken. Probeer maar eens ...

WAT KUN JE MEENEMEN?

BEGINNER

- Bekijk content marketing niet als een kostenpost, maar als een investering.
- Wanneer je een strategie bepaalt, denk dan – al is het een kwartiertje – na hoe jouw strategie ooit zou kunnen uitmonden in een rendabel model.

GEVORDERD

- Je bent al even bezig met content marketing, maar hebt er nog nooit bij stilgestaan dat je er ook geld mee kunt verdienen? Bekijk welke elementen in jouw mix zo goed zijn dat je er geld voor zou kunnen vragen. Of bekijk welke elementen je moet toevoegen, waarvoor je geld zou kunnen vragen.

EXPERT

- Zet de stap en durf geld te vragen voor een of enkele van je contentrealisaties.
- Begin met een testcase en leer uit je fouten.
- Wanneer er stilaan inkomsten binnenkomen, probeer dan al ambitieuze plannen te maken. Elke euro die binnenkomt, zul je immers in je eigen plannen kunnen steken.
- En kom ons vooral vertellen hoe het loopt. De kans dat er in ons land al andere dergelijke initiatieven zijn, is klein ...

EEN PLEIDOOI

Een anekdote ...
En een blik in onze manier van werken om tot dit boek te komen ...

Elk van ons was verantwoordelijk voor enkele hoofdstukken. Nam er als het ware de hoofdredacteursrol voor waar. Dat betekende ook dat we elkaar met de regelmaat van de klok vragen stelden: Wat vinden jullie het beste voorbeeld van *big rock content*: Nike Under 2 of de sprong van Felix Baumgartner? In welk hoofdstuk komt *user generated content* het best tot zijn recht? Of nog: wie kan snel vijf lokale merken noemen die bekendstaan om hun storytelling? Bij de meeste vragen kwamen de antwoorden snel. Bij de laatste vraag bleef het daarentegen oorverdovend stil. Toch wel opvallend dat wij – die dag in dag uit met content marketing bezig zijn – niet in een fractie van een seconde tien lokale merken konden noemen.

Het geeft aan dat content marketing in een paar jaar tijd weliswaar een eerste graad van maturiteit heeft bereikt, maar dat het werk verre van af is. Vandaar ons pleidooi. Om je nek uit te steken. En duidelijk te maken dat content marketing in jouw bedrijf het best nog een versnelling hoger schakelt. Dat kan enkel door het management van de kracht ervan te overtuigen. Daarvoor heb je verschillende manieren. Ofwel probeer je inkomsten te genereren (zie hoofdstuk 9). De beste manier om de CEO en de anderen uit de boardroom mee te hebben. Ofwel probeer je een *coalition of the willing* te vormen. Dat zien we in het buitenland contentmarketeers steeds vaker doen. Ze gaan er op zoek naar anderen binnen de organisatie die erin geloven, om zo samen sterker te staan, testcases uit te werken en 'met vereende krachten' te proberen de beslissingnemers te overtuigen.

Ofwel bekijk je content marketing als een mindset. Als een manier van denken, die je gebruikt voor al je communicatietechnieken. Het zorgt voor een coherentere manier van communiceren, wat haast automatisch tot meer succes zal leiden.

Maar – samenvattend – je kunt het enkel als je het goed doet. Als je uitblinkt. Daar wil dit boek bij helpen. Gebruik het als een compagnon de route, een gids. Laat het je inspireren en informeren en treed toe tot dat clubje van begeesterde marketeers die succesvolle cases opbouwen en content marketing brengen tot Champions League-niveau. Zodat we in een volgend boek ook jouw case kunnen toevoegen. Om dan weer anderen te inspireren.

De opportuniteiten zijn legio. *Just do it!* Succes met jouw *journey*!

Bart Lombaerts –
Wouter Temmerman –
Koen Denolf –
Michel Libens

EEN DANKWOORD

Dit boek had er nooit kunnen komen zonder de steun, informatie en inspiratie van heel wat vakgenoten. Een dikke merci dus aan:

Kurt Boodts, Ian Cleary, Jef De Busser, Koen De Herdt, Jeroen de Jongh, Patrick De Saeger, Frederik De Schrijver, Benoit Dubrulle, Edgard Eeckman, Daan Goote, Ruben Houkes, Pauline Lannoo, Aart Lensink, Kevin Loos, Matthieu Minne, Filip Nuyts, Tom Peeters, Sven Persoone, Geerlinde Pevenage, Joe Pulizzi, Joachim Rubin, Magda Trullemans, Wouter Van Den Herrewegen, Dirk Vandekerckhove, Brecht Vanderstraeten, Chris Van Gils, Pieter Vereertbrugghen, Jonas Verhaeghe, Franky Willekens en Ebele Wybenga.

Een speciale dank aan de experts die bereid waren om ons een interview toe te staan. *Many thanks to* Carlos Abler, Andrew Davis, Lazar Dzamic, Kristina Halvorson, Ann Handley, Jesper Laursen, Christopher S. Penn en Robert Rose.

Tot slot onze hartelijke dank aan het team van LannooCampus. Onze samenwerkingen voelen steeds meer als een geoliede machine en dat is fijn.

OVER DE AUTEURS

Bart Lombaerts richtte samen met Wouter Temmerman het contentmarketingbureau SPYKE op. Daarnaast probeert hij content marketing in België tot volle wasdom te doen komen. Zo geeft hij heel wat opleidingen en gastcolleges, is docent aan de Franstalige communicatiehogeschool Ihecs en covoorzitter van de Expert Hub Content Marketing bij BAM. In 2018 schreef hij met *Meaningful Marketing* (LannooCampus) zijn visie op de filosofie die in zijn ogen achter content marketing moet schuilgaan.

Wouter Temmerman richtte samen met Bart Lombaerts het contentproductiehuis SPYKE op. Daarvoor werkte hij als hoofdredacteur bij *Kiosk* en als journalist bij *Media Marketing* alvorens als freelancejournalist en blogger aan de slag te gaan. Hij schrijft onder andere voor *Trends* en voor diverse b2b-magazines, maar geleidelijk aan nam het aandeel bedrijven in zijn klantenportefeuille toe. Hij houdt ervan om complexe onderwerpen te ontrafelen en op een heldere manier op papier te zetten.

Koen Denolf profileert zich als contentprofeet, met als doel content marketing bovenaan de agenda te krijgen bij marketeers. Dat doet hij met zijn eigen vlog, door als coauteur eerder mee te werken aan het eerste Belgische contentmarketingboek, door les te geven bij BAM, HoGent en Vives, door grote publieken te overtuigen als keynotespreker en dagdagelijks met zijn werk als strateeg bij The Fat Lady, een contentmarketingbureau dat inzet op het doorbreken van de status quo.

Michel Libens is al zijn hele professionele leven actief op het snijpunt van marketing en media. Eerst in diverse functies bij Wolters Kluwer en daarna als *managing partner* en CEO van Propaganda, een van de Belgische marktleidende contentmarketingbureaus. Hij is ook oprichtend voorzitter van Custo, de Belgische federatie van contentmarketing-*agencies* en covoorzitter van de BAM Expert-groep content marketing. Michel is een gedreven '(content marketing) strategy first'-believer.

EXTRA INSPIRATIE

Heeft dit boek je zin gegeven in meer? En wil je op de hoogte blijven van de meest recente ontwikkelingen op het vlak van content marketing? Dan zijn volgende inspiratiebronnen echte aanraders.

WEBSITES EN BLOGS

- www.ditiscontentmarketing.be: de website van dit boek houdt je op de hoogte van nieuwe ontwikkelingen.
- www.custo.be: op deze site bundelen Belgische contentmarketingbureaus informatie over cases en nieuwe trends.
- www.marketingtribune.nl/content: Nederlandse blog over content marketing.
- contentmarketinginstitute.com: website opgericht door contentgoeroe Joe Pulizzi.
- thecontentcouncil.org: website van de vereniging van content marketeers in de VS.
- the-cma.com: website van de vereniging van content marketeers in het Verenigd Koninkrijk.
- www.hubspot.com/www.marketo.com/newscred.com: drie softwareproducenten die veel informatie over marketing automation delen.
- https://contently.com/strategist/: de website van contentplatform Contently, die heel wat inzichten deelt.
- https://insights.newscred.com: de website van contentplatform Newscred, die heel wat inzichten deelt.
- https://archive.aweber.com/totalannarchy: tweewekelijkse nieuwsbrief van Ann Handley.
- www.spyke.be: site van het contentmarketingbureau met o.a. een podcast en whitepapers.
- https://thefatlady.be/nl/newsletter/: maandelijkse vlog met cases en inzichten die de status quo doorbreken.
- www.propaganda: site van het contentmarketingbureau met o.a. een blog.

BOEKEN

- Lazar Dzamic & Justin Kirby (2018). *The definitive guide to strategic content marketing.* Londen. Kogan Page Limited.
- Cor Hospes (2019). *De power van een contentplatform.* Amsterdam: Boom uitgevers.
- Aart Lensink (2019). *Merken bouwen met content.* Bernotai Publishing
- Aart Lensink (2017). *Aan de slag met content marketing.* Amsterdam: Adfo Groep.
- Aart Lensink (2015). *Formats – the next step in content marketing.* Amsterdam: Adfo Groep.
- Bart Lombaerts (2019). *Meaningful marketing.* Leuven. LannooCampus.
- Bart Lombaerts & Wouter Temmerman (2016). *Content marketing – van marketeer tot uitgever.* Leuven. LannooCampus.
- Joe Pulizzi (2017). *Killing marketing.* Maidenhead: Mcgraw-Hill Education – Europe.
- Joe Pulizzi (2015). *Content Inc.* Maidenhead: Mcgraw-Hill Education – Europe.
- Joe Pulizzi (2014). *Epic content marketing.* Maidenhead: Mcgraw-Hill Education – Europe.
- Joe Pulizzi (2009). *Get content, get customers.* Maidenhead: Mcgraw-Hill Education – Europe.
- Carlijn Postma (2019). *Bingemarketing.* Amsterdam. Boom uitgevers.
- Ebele Wybenga (2013). *The Editorial Age.* Amsterdam: Adfo Groep.

EINDNOTEN

1 http://www.curata.com/blog/the-buyers-journey-demystified-by-forrester/

2 https://www.ubabelgium.be/nl/news-insights/detail/2019/02/04/Digital-Report-2019-de-cijfers-voor-Belgi

3 https://contentmarketinginstitute.com/2008/01/seth-godin-cont/

4 https://contentmarketinginstitute.com/what-is-content-marketing/

5 https://www.marketingprofs.com/charts/2019/41998/2020-b2b-content-marketing-benchmarks-budgets-and-trends-a-first-look-at-new-research en https://www.marketingprofs.com/charts/2019/41998/2020-b2b-content-marketing-benchmarks-budgets-and-trends-a-first-look-at-new-research

6 *Meaningful Marketing.* Bart Lombaerts. LannooCampus. 2018. P. 43.

7 Content Marketing 2020: Benchmarks, Budgets, and Trends – Content MarketingInstitute/MarketingProfs via https://contentmarketinginstitute.com/wpcontent/uploads/2019/12/2020_B2C_Research_Final.pdf

8 Content Marketing 2020: Benchmarks, Budgets, and Trends – Content MarketingInstitute/MarketingProfs via https://contentmarketinginstitute.com/wpcontent/uploads/2019/12/2020_B2C_Research_Final.pdf

9 Content Marketing 2020: Benchmarks, Budgets, and Trends – Content MarketingInstitute/MarketingProfs via https://contentmarketinginstitute.com/wpcontent/uploads/2019/12/2020_B2C_Research_Final.pdf

10 Content Marketing 2020: Benchmarks, Budgets, and Trends – Content MarketingInstitute/MarketingProfs via https://contentmarketinginstitute.com/wpcontent/uploads/2019/12/2020_B2C_Research_Final.pdf

11 Gebaseerd op Neil Platel; https://neilpatel.com/blog/content-marketing-myths/

12 *Sell More Faster, the Ultimate Sales Playbook for Startups,* Amos Schwartzfarb, Wiley.

13 'People don't buy what you do, they buy why you do it.' © Simon Sinek

14 https://pbs.twimg.com/media/DJEmLagXgAIDeM_.jpg

15 Revella, A. (2015). Buyer Personas. In A. Revella, *Buyer Personas.* Canada: John Wiley & Sons.

16 blog.alexa.com/10-buyer-persona-examples-help-create/

17 www.propaganda.be/starten-met-buyerpersonae

18 http://insitemediamarketing.com/2017/02/04/how-to-find-our-content-marketing-sweet-spot/

19 https://www.propaganda.be/nl/content-marketing-blog/content-sweet-spot

20 *Meaningful marketing, Het antwoord op het schisma tussen merk en consument,* Bart Lombaerts EAN: 9789401456005 LannooCampus.

21 BAM on meaningful marketing = https://www.marketing.be/nl/meaningful-marketing-framework

22 *Killing Marketing – how innovative businesses are turning marketing cost into profit* – Joe Pulizzi & Robert Rose, Mc Graw Hill Education, 2018.

23 https://www.growth-hackers.net/content-marketing-tactics-startup-blog/aida-model-attention-interest-desire-action-content-marketing-tactic/

24 https://www.frankwatching.com/archive/2018/02/14/see-think-do-care-de-kracht-van-een-slimme-remarketing-strategie/

25 Model toegepast met contentstappen: https://www.frankwatching.com/archive/2018/02/14/see-think-do-care-de-kracht-van-een-slimme-remarketing-strategie/

26 Model toegepast met content stappen en remarketing: https://en.rockcontent.com/blog/see-think-do-care-best-marketing-model-digital-era/ en https://www.cis.upenn.edu/~nenkova/Courses/cis430/p3-broder.pdf (taxonomy of web search)

27 Hoe Hero, Hub en Hygiene elkaar versterken via https://www.dutchcowboys.nl/uploads/images/fb-congress-2.jpeg

28 https://www.orbitmedia.com/blog/content-marketing-mission-statement/

29 *Epic Content Marketing: How to Tell a Different Story, Break through the Clutter, and Win More Customers by Marketing Less*, Joe Pulizzi.

30 Bron: documentatie afkomstig van LVB, het contentmarketingbureau van Nuon-Vattenfall.

31 'Dettol launches Mission for Health Campaign' – Marketing Week, 2011 https://www.marketingweek.com/dettol-launches-mission-for-health-campaign/

32 Dettol/Mission for Health – Case study – Momentum: https://www.momentumww.com.au/dettol-mission-for-health.

33 B2C Content Marketing 2020: Benchmarks, Budgets, and Trends – Content Marketing Institute/MarketingProfs – https://contentmarketinginstitute.com/wp-content/uploads/2019/12/2020_B2C_Research_Final.pdf

34 2020 B2B Benchmarks, Budgets, and Trends – North America – Content Marketing Institute and MarketingProfs – https://contentmarketinginstitute.com/wp-content/uploads/2019/10/2020_B2B_Research_Final.pdf

35 Malfroid, K. Brand awareness for dummies [Online]. 11 Okt 2018 via https://thefatlady.be/nl/brand-awareness-voor-dummies/

36 Telcher, J. (2018). *Brand Awareness & Thought Leadership.* Whitepaper Contently

37 Silver, S. The free U2 album 'Songs of Innocence' was a debacle for Apple fans on September 9, 2014 [Online]. 9 Sept. 2018 via https://appleinsider.com/articles/18/09/09/the-free-u2-album-songs-of-innocence-was-a-debacle-for-apple-fans-on-september-9-2018.

38 Rose, R. Brand Storytelling Lessons from the Content 2020 Project [Online]. 4 Nov 2012 via https://contentmarketinginstitute.com/2012/11/brand-storytelling-content-2020-3/

39 Liebrecht, C. (2018). Wetenschappelijk bewijs voor effectieve contenttypes en contentvormen. In M. Gerretsen, & I. Machielse (Eds.), *Content marketing en community management* (pp. 132-136). Pearson Education Benelux

40 Boogert, E. ING: Van adverteerder naar uitgever [Online]. 26 Maa 2018 via https://www.emerce.nl/nieuws/ing-adverteerder-uitgever.

41 Riserbato, R. The Content Marketer's Guide to Thought Leadership [Online]. 4 Nov 2019 via https://blog.hubspot.com/marketing/what-is-thought-leadership

42 Sherwin, K. Hierarchy of Trust: The 5 Experiential Levels of Commitment [Online]. 6 Maa 2016 via https://www.nngroup.com/articles/commitment-levels/

43 Cohen, H. How To Build Content Marketing Trust: 3 Tactics [Online] 21 Maa 2018 via https://heidicohen.com/content-marketing-trust/

44 Teicher, J. (2018). *The Content Marketer's Playbook. Lead Generation.* Whitepaper Contently.

45 Mor, Y. en Bear, J. Why customer experience is the Ultimate Marketing Tool. [Online] 2015 en 2019 via https://www.convinceandconvert.com/online-customer-experience/why-customer-experience/

46 Interview met Kristina Halvorson, maart 2020.

47 https://www.meaningful-brands.com/en/our-study

48 Lombaerts, B. (2018). *Meaningful marketing.* Leuven: LannooCampus.

49 Lombaerts, B. (2018). *Meaningful marketing.* Leuven: LannooCampus.

50 Interview met Kristina Halvorson, maart 2020.

51 Becker, Michael. CMI (2019). 5 Techniques to Build a Better Content Platform. Geraadpleegd op 30 april 2020 via https://contentmarketinginstitute.com/2019/10/build-content-platform/

52 BusinessofApps. TikTok Revenue and Usage Statistics (2020). 21 februari 2020. Geraadpleegd op 23 maart 2020 via https://www.businessofapps.com/data/tik-tok-statistics/

53 CMA Industry News (2020). Four brands who are producing great B2B content. Geraadpleegd op 30 april 2020 via http://the-cma.com/news/four-brands-producing-great-b2b-content/

54 Content Marketing Institute (2019). 2020 B2C Content Marketing: An excellent Adventure. Geraadpleegd via https://contentmarketinginstitute.com/2019/12/b2c-content-marketing-research-2020/

55 Crestodina, A. (2020). The social media rule of thirds and 3 best practices for social media management. Geraadpleegd op 3 mei via https://www.orbitmedia.com/blog/social-media-rule-of-thirds/

56 DataReportal (2020). Daily Time Spent Using Social Media by Country. Geraadpleegd via https://datareportal.com/reports/digital-2020-global-digital-overview

57 Lombaerts, B. (2018). *Meaningful marketing.* Leuven: LannooCampus.

58 https://www.finn.agency/nl/blogs/how-to-story-storytelling-tips-vrt-journalist-tim-verheyden

59 Lamarque, C. (2017). *Influencers. Wie zijn ze? Waar vind je hen? En hoe ontsteken ze de vlam?* Uitgeverij Lannoo. Tielt.

60 MarketingProfs (2020). Show the PR Love: How to Build Relationships With the Media. Geraadpleegd op 3 mei 2020 via: https://www.marketingprofs.com/articles/2020/42424/show-the-pr-love-how-to-build-relationships-with-the-media

61 Moraes, M. (2020). Why glossier owns customer relationship building. Geraadpleegd op 3 mei via https://medium.com/@Content_is_Me/why-glossier-owns-customer-relationship-building-5f3a5cd180ae

62 ICMF Barometer. Content Marketing and Content Distribution Current State and New Perspectives. Geraadpleegd op 24 april via http://www.accbelgium.be/sites/default/files/ICMF_Barometer_2019_181205%20%281%29 _0.pdf

63 Revella, A. (2015). Buyer Personas. In A. Revella, Buyer Personas. Canada: John Wiley & Sons.

64 The Fat Lady (2020). Hoe DNS Belgium een unieke positie in de customer journey vond. Geraadpleegd op 30 april 2020 via https://thefatlady.be/nl/case/dns-belgium/

65 The Fat Lady (2020). Native advertising, hoe pak ik het aan? Geraadpleegd op 3 mei via https://thefatlady.be/nl/content-max-index-detail/native-advertising/

66 Vader, C. Content Playbook. Geraadpleegd op 25 april via https://books.google.be/books?id=w9mEDwAAQBAJ&pg=PT215&lpg=PT215&dq=hoe+kies+je+je+kanalen+carolien+vader&source=bl&ots=DbN-nEOwL8&sig=ACfU3U2xrbupCrdabfwyRUglPISydm0fpw&hl=nl&sa=X&ved=2ahUKEwi4_a_-w4bpAhUJsaQKHWELCb8Q6AEwAHoECAoQAQ#v=onepage&q=hoe%20kies%20je%20je%20kanalen%20carolien%20vader&f=false

67 Van Wassenhove, B. (2019). *De Marketingbijbel voor een digitale wereld.* Uitgeverij Lannoo. Tielt.

68 VLCM (2019). Wat marketeers moeten weten over Twitch. Geraadpleegd op 30 april 2020 via http://vlcm.be/2019/04/wat-marketeers-moeten-weten-over-twitch/#.Xqs6slMzZQI

69 Bron: documentatie afkomstig van 2Basics, het marketingbureau van Sanquin.

70 Lensink, A. (2015). *Formats. De next step in contentmarketing.* Amsterdam, Boom Uitgevers.

71 Pulizzi, J. (2015). *Content Inc.: How entrepreneurs use content to build massive audiences and create radically successful businesses.* Mcgraw-Hill Education

72 Wybenga, E. (2013). *The Editorial Age.* Amsterdam: Boom Uitgevers.

73 Temmerman, W. (2016). *Het mediabedrijf met zijn eigen bank.* Media Marketing.

74 Crestodina, A. (2019). How has Blogging Changed? 5 Years of Blogging Statistics, Data and Trends [Online]. 17 Okt 2019 via https://www.orbitmedia.com/blog/blogging-statistics/

75 Handley A. & Chapman C.C. (2012). *Content Rules: How to Create Killer Blogs, Podcasts, Videos, Ebooks, Webinars (and More) That Engage Customers and Ignite Your Business.* Hoboken, New Jersey: John Wiley & Sons Inc.

76 Church, C. (2019). White paper vs. eBook: What's the difference [Online]. 29 Jan 2019 via https://www.brafton.com/blog/creation/white-paper-vs-ebook-whats-the-difference/

77 Ismail, K. (2018). eBooks vs. Whitepapers: Which Performs Best? [Online]. 27 Sep 2018 via https://www.cmswire.com/content-marketing/ebooks-vs-whitepapers-which-performs-best/

78 De Young, N. (2018). Hoe je met longreads je niche claimt en bereik uitbouwt. [Online]. 28 mei 2018 via https://www.comco.be/blog/longreads-in-contentmarketing

79 van Apeldoorn, P. (2014). Longreads: zo zet je ze in voor content marketing. [Online]. 19 mei 2014 via https://www.frankwatching.com/archive/2014/05/19/longreads-zo-zet-je-ze-in-voor-content-marketing/

80 Xhonneux, L. (2020). Whitepapers, e-books, longreads: één pot nat? [Online]. 4 Feb 2020 via https://onlyhumans.com/nl-BE/blog/whitepapers-e-books-longreads-een-pot-nat/

81 Patel, N. Why You Should Create Long-Form Content (And How to Do It). [Online] (geen datum) via https://neilpatel.com/blog/create-long-form-content/

82 Handley, A. et al. (2019). B2C Content Marketing 2020. Benchmarks, Budgets and Trends. [Online] 11 Dec 2019 via https://contentmarketinginstitute.com/wp-content/uploads/2019/12/2020_B2C_Research_Final.pdf

83 Handley, A. et al. (2019). B2B Content Marketing 2020. Benchmarks, Budgets and Trends – North America [Online] 22 Okt 2019 via https://contentmarketinginstitute.com/wp-content/uploads/2019/10/2020_B2B_Research_Final.pdf

84 Pulizzi, J. & Handley, A. (2016). B2C Content Marketing 2017. Benchmarks, Budgets and Trends – North America. [Online] 19 Okt 2016 via https://contentmarketinginstitute.com/wp-content/uploads/2016/10/2017_B2C_Research_Final-rev-10-26-16.pdf

85 Pulizzi, J. & Handley, A. (2016). B2B Content Marketing 2017. Benchmarks, Budgets and Trends – North America. [Online] 16 Okt 2016 via https://contentmarketinginstitute.com/wp-content/uploads/2016/09/2017_B2B_Research_FINAL.pdf

86 Cisco Annual Internet Report 2018-2023. [Online] 9 Maa 2020 via https://www.cisco.com/c/en/us/solutions/collateral/executive-perspectives/annual-internet-report/white-paper-c11-741490.html

87 Timson, E. (2019). Short vs Long Video: Breaking Down the Pros and Cons. [Online] 21 Mei 2019 via https://www.business2community.com/video-marketing/short-vs-long-video-breaking-down-the-pros-and-cons-02201196

88 Fiebelkorn, I.C., Pinsk, M.A., Kastner, S. (2018). A dynamic interplay of frontoparietal cortex as a neural basis for rhythmic spatial attention. *Neuron 99*, 842-853.

89 Mendez, J. (2017). 5 Types of Video Content Perfect for Each Stage of the Customer Journey. [Online] 17 Maa 2017 via https://contentmarketinginstitute.com/2017/03/video-content-customer-journey/

90 Phlypo, I. (2018). Video marketing doorheen je customer journey [+ voorbeelden]. [Online] 29 Okt 2018 via https://www.invisiblepuppy.com/blog/video-marketing-doorheen-de-customer-journey

91 Timmer, S. (2019). Hoe een excellente contentstrategie deze motorkledingzaak groot maakte. [Online] 18 Maa 2019 via https://www.frank.news/nl/article/marketing/hoe-een-excellente-contentstrategie-deze-motorkledingzaak-groot-maakte.html

92 Guttman, A. (2020). Increase in B2B webinars due to COVID-19 in the U.S. 2020 [Online] 26 May 2020 https://www.statista.com/statistics/1119096/increase-in-b2b-webinars-due-to-covid-19-usa/

93 Berger, I. (2017). Gamification: speel met je content marketing [Online] 6 Jan 2017 via https://www.traffic-builders.com/gamification-content-marketing/

94 Handley, A. & Chapman, C.C. (2012). *Content Rules: How to Create Killer Blogs, Podcasts, Videos, Ebooks, Webinars (and More) That Engage Customers and Ignite Your Business.* Hoboken, New Jersey: John Wiley & Sons Inc.

95 Interview naar aanleiding van UBA Trends Day 2017.

96 2020 B2B Benchmarks, Budgets, and Trends – North America – Content Marketing Institute and MarketingProfs – https://contentmarketinginstitute.com/wp-content/uploads/2019/10/2020_B2B_Research_Final.pdf

97 Mediaforta (2019). Visual design voor B2B-content is niet te onderschatten. [Online] 13 Dec 2019 via https://mediafortablog.be/2019/12/visual-design-voor-b2b-content-is-niet-te-onderschatten/

98 Temmerman, W. (2019). *Podcasting: veel hype, weinig merken.* Media Marketing.

99 Newman, N. (2019). *Executive Summary and Key Findings of the 2019 Report.*

100 Temmerman, W. (2019). *Podcasting: veel hype, weinig merken.*

101 Quinn, L. (2019). How to use podcasts to increase brand awareness [Online] 20 Dec 2019 via https://www.lilachbullock.com/podcasts-increase-brand-awareness/

102 Bartelds, J. (2019). Michiel Cremers over een goede branded podcast: 'Heb het niet over jezelf' [Online] 28 Aug 2019 via https://www.adformatie.nl/contentmarketing/michiel-cremers-spreekt-over-branded-podcasts-op-content19

103 Temmerman, W. (2019). *Hoorspelen, de (voor merken) nog onontdekte creatieve speeltuin.* Media Marketing

104 ICMF Barometer. Content Marketing and Content Distribution Current State and New Perspectives. Geraadpleegd op 24 april via http://www.accbelgium.be/sites/default/files/ICMF_Barometer_2019_181205%20%281%29 _0.pdf

105 Huffington Post (2014). How to Define and Use Paid, Owned and Earned Media. Geraadpleegd op 23 mei 2020 via https://www.huffpost.com/entry/how-to-define-and-use-pai_b_4634005

106 Content Marketing Institute (2019). 2020 B2C Content Marketing: An excellent Adventure. Geraadpleegd via https://contentmarketinginstitute.com/2019/12/b2c-content-marketing-research-2020/

107 Vader, C. Content Playbook. Geraadpleegd op 25 april via https://books.google.be/books?id=w9mED-wAAQBAJ&pg=PT215&lpg=PT215&dq=hoe+kies+je+je+kanalen+carolien+vader&source=bl&ots=D-bN-nEOwL8&sig=ACfU3U2xrbupCrdabfwyRUglPISydm0fpw&hl=nl&sa=X&ved=2ahUKEwi4_a_-w4b-pAhUJsaQKHWELCb8Q6AEwAHoECAoQAQ#v=onepage&q=hoe%20kies%20je%20je%20kanalen%20carolien%20vader&f=false

108 Frank News (2019). De perfecte manier om content te maken voor álle kanalen. Geraadpleegd op 23 mei 2020 via https://www.frank.news/nl/article/content/de-perfecte-manier-om-content-te-maken-voor-alle-kanalen.html

109 Blog Hootsuite (2018). Stop Posting the Same Message on Social Media. Geraadpleegd op 24 mei 2020 via https://blog.hootsuite.com/cross-promote-social-media/

110 Blog Convince & Convert (2018). The Winning Social Media Content Strategy TV Networks Use. Geraadpleegd op 24 mei 2020 via https://www.convinceandconvert.com/social-media-strategy/winning-social-media-content-strategy/

111 Blog Convince & Convert (2019). CONTENT IS KING, BUT CONTEXT IS GOD. Geraadpleegd op 24 mei 2020 via https://www.garyvaynerchuk.com/content-is-king-but-context-is-god/

112 The Fat Lady (2020). Hoe DNS Belgium een unieke positie in de customer journey vond. Geraadpleegd op 30 april 2020 via https://thefatlady.be/nl/case/dns-belgium/

113 Becker, Michael. CMI (2019). 5 Techniques to Build a Better Content Platform. Geraadpleegd op 30 april 2020 via https://contentmarketinginstitute.com/2019/10/build-content-platform/

114 Gielen, T. (2017). *E-mail marketing tips, tricks & strategieën.* Uitgeverij Die Keure.

115 Ann Handley (2019). 17 NON-NEGOTIABLE THINGS YOUR EMAIL NEWSLETTER NEEDS RIGHT NOW. Geraadpleegd op 24 mei 2020 via https://annhandley.com/2020-newsletters/

116 Van Wassenhove, B. (2019). *De Marketingbijbel voor een digitale wereld.* Uitgeverij Lannoo. Tielt.

117 The CMA (2019). How print is disrupting the digital world. Geraadpleegd op 24 mei 2020 via http://the-cma.com/news/rethink-ink-print-disrupting-digital-world/

118 Pub (2018). Print is not dead, ook niet voor adverteerders. Geraadpleegd op 30 april 2020 via https://pub.be/nl/print-is-not-dead-ook-niet-voor-adverteerders/

119 CMA Industry News (2020). Four brands who are producing great B2B content. Geraadpleegd op 30 april 2020 via http://the-cma.com/news/four-brands-producing-great-b2b-content/

120 Imec Digimeter (2020). Digitale mediatrends in Vlaanderen. Geraadpleegd via https://www.imec.be/sites/default/files/inline-files/IMEC-Digimeter-Rapport-2020.PDF?utm_source=website&utm_medium=button&utm_campaign=digimeter_rapport_2019

121 Marketingprofs (2019). Seven Ways B2Bs Can Use Social Media to Boost Conversion Rates and Generate Leads. Geraadpleegd op 24 mei 2020 via https://www.marketingprofs.com/articles/2019/41608/seven-ways-b2bs-can-use-social-media-to-boost-conversion-rates-and-generate-leads

122 Marketingprofs (2019). Less Facebook, More Snapchat: How Social Media Habits Vary Among Generations. Geraadpleegd op 24 mei 2020 via https://www.marketingprofs.com/charts/2019/42072/how-social-media-habits-vary-among-generations

123 Backlinko (2020). How to Start (And Grow) a YouTube Channel in 2020. Geraadpleegd op 24 mei 2020 via https://www.youtube.com/watch?v=c_eRcdE8NKA

124 BusinessofApps. TikTok Revenue and Usage Statistics (2020). 21 februari 2020. Geraadpleegd op 23 maart 2020 via https://www.businessofapps.com/data/tik-tok-statistics/

125 VLCM (2019). Wat marketeers moeten weten over Twitch. Geraadpleegd op 30 april 2020 via http://vlcm.be/2019/04/wat-marketeers-moeten-weten-over-twitch/#.Xqs6slMzZQI

126 Pot. K. (2020). Zo organiseer je een succesvol webinar. Geraadpleegd op 30 april via https://www.frankwatching.com/archive/2020/03/30/webinar-organiseren/

127 The Fat Lady (2020). Native advertising, hoe pak ik het aan? Geraadpleegd op 3 mei via https://thefatlady.be/nl/content-max-index-detail/native-advertising/

128 DPG Media (2020). VDAB – Humo's Krasse Knarren via https://www.advertising.dpgmedia.be/nl/case/vdab-humos-krasse-knarren

129 Marketingprofs (2020). SEO vs. Google Ads: Which Approach Is More Effective? via https://www.marketingprofs.com/charts/2020/42935/seo-vs-google-ads-which-approach-is-more-effective

130 DataReportal (2020). Daily Time Spent Using Social Media by Country. Geraadpleegd via https://datareportal.com/reports/digital-2020-global-digital-overview

131 eMarketer. Influencer Marketing: All It's Cracked Up to Be? 18 maart 2015. Geraadpleegd op 23 maart 2020 via https://www.emarketer.com/Article/Influencer-Marketing-All-Its-Cracked-Up-Be/1012230

132 Lamarque, C. (2017). *Influencers. Wie zijn ze? Waar vind je hen? En hoe ontsteken ze de vlam?* Uitgeverij Lannoo. Tielt.

133 E-fluenz (2020). Influencer Marketing: turning your brand into a Friend. (Powerpoint) geraadpleegd via keynote op 3 maart 2020.

134 Moraes, M. (2020). Why glossier owns customer relationship building. Geraadpleegd op 3 mei via https://medium.com/@Content_is_Me/why-glossier-owns-customer-relationship-building-5f3a5cd180ae

135 MarketingProfs (2020). Show the PR Love: How to Build Relationships With the Media. Geraadpleegd op 3 mei 2020 via: https://www.marketingprofs.com/articles/2020/42424/show-the-pr-love-how-to-build-relationships-with-the-media

136 MarketingProfs (2020). Show the PR Love: How to Build Relationships With the Media. Geraadpleegd op 3 mei 2020 via: https://www.marketingprofs.com/articles/2020/42424/show-the-pr-love-how-to-build-relationships-with-the-media

137 Bron: Documentatie afkomstig van Propaganda, het contentmarketingbureau van Belisol.

138 Bear, J. (2012). A field guide to the 4 types of content marketing metrics [Online]. 12 Nov 2012 via https://www.slideshare.net/jaybaer/a-field-guide-to-the-4-types-of-content-marketing-metrics

139 https://www.accbelgium.be/tools-services/custometer

140 Silberbauer Andersen, L. LEGO Kronkiwongi. [Online] via https://shortyawards.com/8th/lego-kronkiwongi

141 Lightspeed, Meet The Chef – IPRA 2019 Golden World Awards [Online] via https://www.marcommit.nl/cases/lightspeed-meet-the-chef/

142 De Belder, A. (2019). Meet The Chef: een miniserie als ode aan de Belgische gastronomie. [Online]. 05 Nov 2019 via https://www.lightspeedhq.be/blog/meet-the-chef-seizoen-2/

143 Interview met Ian Cleary, Mei 2016.

144 Redactie Mediaforta (2020). Zo maak je een dashboard met B2B content metrics. [Online] 03 Maa 2020 via https://mediafortablog.be/2020/03/zo-maak-je-een-dashboard-met-b2b-content-metrics/

145 The state of marketing automation in Belgium. The House of Marketing. Oktober 2018 (whitepaper) via https://www.thehouseofmarketing.be/state-marketing-automation-belgium-2018

146 The state of marketing automation in Belgium. The House of Marketing. Oktober 2018 (whitepaper) via https://www.thehouseofmarketing.be/state-marketing-automation-belgium-2018

147 Rose, R. (2018). Presentatie tijdens Content Marketing World Cleveland (4 september 2018).

148 Lombaerts, B. (2018). *Meaningful marketing.* Leuven: LannooCampus, 48.

149 Denolf, K. (2019). The Fat Five 13: 5 takeaways van Content Marketing World. 15 oktober 2019 via https://thefatlady.be/nl/the-fat-five-13-5-takeaways-van-content-marketing-world/

150 Brenner, M. (2014). 7 content marketing lessons from Red Bull Media House. 25 augustus 2014 via https://insights.newscred.com/7-content-marketing-lessons-from-red-bull-media-house/

151 Brenner, M. (2014). 7 content marketing lessons from Red Bull Media House. 25 augustus 2014 via https://insights.newscred.com/7-content-marketing-lessons-from-red-bull-media-house/

152 (2011) A.S.Magazine nu ook in losse verkoop. 2 maart 2011 via https://www.mediaspecs.be/a-s-magazine-nu-ook-in-losse-verkoop/

153 De LEGO Film via https://www.imdb.com/title/tt1490017/?ref_=tt_dt_bus

154 RTL brengt LEGO Masters naar Nederland via https://www.broadcastmagazine.nl/radio-televisie/televisie/rtl-brengt-lego-masters-naar-nederland/

155 Pulizzi, J. (2015). *Content Inc.: How entrepreneurs use content to build massive audiences and create radically successful businesses.* Mcgraw-Hill Education, p. 258.

156 Pulizzi, J. (2015). *Content Inc.: How entrepreneurs use content to build massive audiences and create radically successful businesses.* Mcgraw-Hill Education, p. 259.

157 Pulizzi, J. (2015). *Content Inc.: How entrepreneurs use content to build massive audiences and create radically successful businesses.* Mcgraw-Hill Education, p. 276.

158 12 juni 2015. What is Zappos Insights via https://www.youtube.com/watch?v=NhQNt1E0cjQ

159 Pulizzi, J. & Rose, R. (2018). *Killing Marketing.* Mcgraw-Hill Education, p. 21.